지휘자
박치용의
—

내 맘에
한 노래
있어

믿음이란 한 알의 밀알이 땅에 떨어져 죽음으로 많은 열매를 맺음과 같이
진리의 열매를 위하여 스스로 죽는 것을 뜻합니다. 눈으로 볼 수는 없으나
영원히 살아 있는 진리와 목숨을 맞바꾸는 자들을 우리는 믿는 이라고 부릅니다.
「믿음의 글들」은 평생, 혹은 가장 귀한 순간에 진리를 위하여 죽거나 죽기를 결단하는
참 믿는 이들의, 참 믿는 이들을 위한, 참 믿음의 글들입니다.

지 휘 자
박 치 용 의

내 — 맘 에
한 노 래
있 어

Song of
Songs

홍성사

일러두기

모테트(motet)는 13세기에 출현하였으며 짧은 성구나 성시에 붙인 무반주 다성음악을 일컫는다. 단선율로 노래하던 중세 시기를 지나 기본 음률 위에 대위 선율을 만들고, 중첩되는 선율이 더 발전하여 화음이 생기면서 다성음악의 틀이 형성된다. 이렇게 만들어진 모테트는 근대적 의미의 서양음악 역사에 최초로 나타난 음악 형식으로 서양음악과 교회음악의 뿌리가 되었다. 순수하고 고상한 양식으로 교회음악을 대표하는 모테트는 후대 음악에 절대적 영향을 끼쳤고 그 형식과 특징은 현대까지도 이어져 내려온다.

머리말

우리 민족은 음악적 재능이 남다릅니다. 특별히 목소리가 좋고 노래를 잘하는 것은 익히 알려진 사실입니다. 클래식 음악에서 대중음악까지 노래를 잘하는 사람이 참으로 많습니다. 아마도 정서적 측면, 골격과 목소리의 특징, 언어 구조나 표현 양식까지 여러 원인이 있으리라 생각됩니다.

기독교는 찬송의 종교라고 말할 정도로 찬송을 중요하게 여기고 그 도구가 되는 음악을 신앙 행위의 핵심 도구로 여겨 왔습니다. 그러한 기독교 전통을 만난 우리 민족은 찬송의 가치를 잘 이해하고, 찬송의 능력과 은혜를 풍성히 체험하며 살아가는 복을 받았습니다.

1989년 서울모테트합창단을 창단하고 30여 년을 하나님 찬송하는 일에 전념해 온 저는 누구보다 찬송의 은혜를 풍성히 누리며 살아왔습니다. 순수한 젊음과 열정으로 시작한 합창단 사역은 모든 단원이 사명감으로 하나되어 놀라운 에너지를 발휘할 수 있었고 음악적으로나 신앙적으로 다른 이들이 가지 않았던 길을 개척해 갈 수 있었습니다. 음악의 본질, 교회음악과 찬송의 가치를 합창단을 통해 깨달아 가는 보람은 정말 특별했습니다.

그런데 합창단을 시작하면서 저에게는 근본적 질문이 생겼고, 그 고민은 10년 가까이 이어졌습니다. '음악은 무엇인가?', '왜 음악인가?', '하나님께서 인간에게 음악을 주신 이유는 무엇인가?' 이에 대한 답을 얻지 못한다면 사도 바울의 고백처럼 평생을 바쳐 주님의 일을 하고도 주님께서 "내가 너를 알지 못하고 도무지 무슨 일을 하였는지 알지 못한다" 하실까 두려운 마음이 생기기까지 하였습니다.

그 고민에 이어 이후 10여 년간 저의 40대를 붙든 고민은 '이렇게 고귀한 음악, 이렇게 귀중한 찬송과 교회음악에 대한 사명과 책임을 서울모테트합창단과 부족한 나에게 맡기신 이유는 무엇일까?', '세상 음악뿐 아니라 교회음악까지도 본질이 훼손되고 그 가치가 나날이 추락하며 선한 영향력이 사라져 가는 현실에서 우리는 무엇을 할 수 있으며 또 반드시 해야 할 일은 무엇이겠는가?' 하는 것이었습니다.

그리고 그 후의 10년은 '어떻게 하면 하나님의 특별 계시인 이 고귀하고 아름다운 음악, 거룩하고 은혜로운 교회음악과 찬송의 가치를 더 깊이 연구하여 올바로 정립할 수 있을까?', '어떻게 하면 우리가 긴 세월 연구하여 깨닫고 정립한 것들을 가르쳐서 후대에 온전히 계승할 수 있을까?'를 구체적으로 고민하는 시간이었습니다.

이처럼 30여 년간 이어졌던 고민, 기도하는 마음으로 탐구했던 음악과 교회음악(찬송)의 본질에 대한 연구, 서울모테트합창단의 활동을 통해 경험한 실제적이고도 전인격적인 음악에 대한 감화, 감동은 그 해결의 기초가 되었습니다.

시편 100편 4절, 전도서 3장 11절, 에스겔 28장 11-13절의 말씀을 통해 음악의 본질적 의미와 가치를, 이사야 43장 21절, 에베소서 5장 18-19절, 골로새서 3장 16-17절을 통해 성도들의 삶에 찬송이 얼마나 중요한 것인지를, 역대상 9장 33절, 25장 1-3절을 통해 찬양 사역자들의 사명과 역할을 깨닫게 되었고, 종교개혁자 마르틴 루터(Martin Luther 1483-1546)의 저서와 편지, 찰스 스펄전(Charles. H. Spurgeon 1834-1892) 목사와 마틴 로이드 존스(Martyn Lloyd-Jones 1899-1981) 목사의 설교와 저서, 데이비드 웰스(David. F. Wells 1939-) 목사의 저서 등을 통해 더 확고히 정리할 수 있었습니다.

《내 맘에 한 노래 있어》는 지난 30여 년간 서울모테트합창단이 노래한 주요한 작품들과 감동의 노래들을 소개하고 해설합니다. 이해를 돕기 위해 음악과 교회음악(찬송)에 대한 제 생각, 제 삶의 여정과 애환, 아울러 서울모테트합창단의 활동과 관련한 이야기 등을 함께 다루었습니다. 또한 서울모테트합창단의 음악과 레퍼토리 소개에 더하여 연관된 다른 작품들을 함께 소개함으로 교회음악과 클래식 음악 안내서로도 기획하였습니다.

특별히 하늘나라에 계신 부모님과 모든 가족, 음악인으로 저를 가르치고 키워주신 모든 선생님, 여기 적힌 내용의 주체이자 30여 년을 동고동락한 서울모테트합창단 가족, 합창단을 위해 기도와 물질로 함께하신 모든 분께 감사드립니다. 글을 다듬고 음원을 정리하느라 수고한 합창단 스탭들, 부족한 글의 출판을 기꺼이 결정해 주신 홍성사 대표님과 모든 관계자 여러분께도 깊이 감사드립니다.

2022년 2월 25일

박 치 용

차례

2부 명성가와 나의 노래

3부 교회음악 명작과 나의 노래

4부 클래식 명곡과 나의 노래

1

찬송가와

나의
노래

1 창조주 하나님을 찬양하라

참 아름다워라 주님의 세계는
저 솔로몬의 옷보다 더 고운 백합화
주 찬송하는 듯 저 맑은 새소리
내 아버지의 지으신 그 솜씨 깊도다

참 아름다워라 주님의 세계는
저 아침 해와 저녁놀 밤하늘 빛난 별
망망한 바다와 늘 푸른 봉우리
다 주 하나님 능력을 잘 드러내도다

참 아름다워라 주님의 세계는
저 산에 부는 바람과 잔잔한 시냇물
그 소리 가운데 주 음성 들리니
주 하나님의 큰 뜻을 내 알 듯하도다

아멘

참 아름다워라

This is my Father's world

때를 따라
아름답게 하셨고

어린 시절, 서울 근교의 시골에서 살았습니다. 지금은 서울에서 30~40분이면 갈 수 있는 곳이지만 당시엔 어른들이 서울까지 60리 먼 길이라고 하셔서, 어린 제겐 그저 막연히 멀게만 느껴지는 곳이었죠. 지금은 서울 생활권에 속하지만 당시엔 개발의 사각지대가 되어 전기도 들어오지 않는, 마치 시골 오지와 같은 마을이었습니다.

우리나라 최고의 원시림으로 알려진 광릉과 광릉수목원이 마을 근처에 있어서 그야말로 천혜의 자연과 벗하며 살았습니다. 학교의 소풍이나 교회의 야외예배 때는 예외 없이 광릉수목원과 광릉에 갔습니다. 해마다 열린 전 교인 야외예배는 아름다운 대자연을 마음껏 누리며 형님들, 누나들, 어른들까지 교회가 하나의 신앙공동체를 이루고 있음을 실감하게 하는 추억의 행사였습니다. 당시만 해도 시골은 먹거리가 풍족하지 않을 때였기에 몇 층씩 쌓아 올린 양은 찬합에 담긴 김밥과 별식에 어린 마음은 설레었습니다.

맑은 공기와 햇살을 만끽하며 야외예배에서 불렀던 〈참 아름다워라〉는 특별했습니다. 주일학교 때 부르던 어린이 찬송이나 성탄 절기 찬송 외에 어른들이 부르던 찬송 중 제일 먼저 익힌 곡이 아니었나 생각됩니다. 아름다운 대자연을 바라보며 어린 시절 불렀던 이 찬송가는 전지전능하신 창조주 하나님과 신묘막측한 그분의 능력에 정서적으로 공감하는 기회가 되었습니다. 눈앞에 펼쳐진 자연과 너무도 일치하는 구절 구절을 통해 믿음의 기초라 할 수 있는 창조신앙이 제 마음에 자리 잡았던 것 같습니다.

이 찬송을 생각하다 보니 "하나님이 모든 것을 지으시되 때를 따라 아름답게 하셨고 또 사람에게 영원을 사모하는 마음을 주셨느니라" 하신 전도서 3장 11절 말씀이 기억나고 큰 은혜가 됩니다. 코로나 시대에 자주 언급되듯 하나님의 창조 질서와 베푸신 은혜에 대한 근본적 깨달음은 자연의 질서를 존중하는 마음과 생명에 대한 경외심으로 드러나게 된다고 하는데, 정말로 그렇다는 생각이 듭니다.

하나님께서 인생을 복되게 해주시려고 주신 최고의 선물 중 하나인 음악(찬송)은 인간이 만든 인위적인 것이 아니고 하나님께서 만들어 주신 자연 중의 자연입니다. 그렇기에 찬송(음악)은 거룩하신 하나님과 그의 한없는 사랑을 온전히 드러내고, 하나님 형상을 따라 지음을 받은 귀한 인생을 노래하고, 더불어 인생으로 기쁨을 누리게 하신 온 우주와 대자연의 섭리를 가장 잘 표현해 주는 최선의 도구가 됨을 다시금 생각하게 됩니다.

창조주 하나님을 찬송하라.
복되게 하신 인생을 노래하라.
더불어 살게 하신 자연을 노래하라.

참 아름다워라(F. L. 셰퍼드)
서울모테트합창단

아름다운 대지(J. 루터)
서울모테트합창단

아름답고 찬란한 세상(J. 루터)
서울모테트합창단

주의 사랑 비칠 때에(찬송가)
서울모테트합창단

주 하나님 지으신 모든 세계
내 마음속에 그리어볼 때
하늘의 별 울려 퍼지는 뇌성
주님의 권능 우주에 찼네
주님의 높고 위대하심을
내 영혼이 찬양하네
주님의 높고 위대하심을
내 영혼이 찬양하네

숲속이나 험한 산골짝에서
지저귀는 저 새소리들과
고요하게 흐르는 시냇물은
주님의 솜씨 노래하도다
주님의 높고 위대하심을
내 영혼이 찬양하네
주님의 높고 위대하심을
내 영혼이 찬양하네

주 하나님 독생자 아낌없이
우리를 위해 보내주셨네
십자가에 피 흘려 죽으신 주
내 모든 죄를 대속하셨네
주님의 높고 위대하심을
내 영혼이 찬양하네
주님의 높고 위대하심을
내 영혼이 찬양하네

내 주 예수 세상에 다시 올 때
저 천국으로 날 인도하리
나 겸손히 엎드려 경배하며
영원히 주를 찬양하리라
주님의 높고 위대하심을
내 영혼이 찬양하네
주님의 높고 위대하심을
내 영혼이 찬양하네

주 하나님 지으신 모든 세계
How great Thou art

여호와는
크신 하나님이시라

   성도들에게 가장 많이 사랑받는 은혜로운 찬송을 꼽을 때 〈나 같은 죄인 살리신〉(Amazing Grace)과 함께 선택받을 곡 중 하나가 〈주 하나님 지으신 모든 세계〉라고 생각합니다. 〈참 아름다워라〉와 함께 자연을 소재로 한 찬송 중 대표적인 곡으로도 이 곡이 꼽힐 것입니다. 매우 아름다운 선율로, 독창으로 노래할 수 있는 가장 좋은 찬송 중 하나입니다.

   이 찬송의 시를 쓴 카를 구스타프 보베리 목사(1859-1940)는 스웨덴에서 평생 정치가이자 저널리스트로 일했던 인물입니다. 19세에 예수 그리스도를 영접하고 곧바로 신학을 공부한 후 고향에서 목회를 하며 1890년부터 26년간 주간지 〈진리의 증인〉에서 일했고, 1891년부터 32년간 상원의원으로 일했습니다. 유명한 설교가로, 유능한 언론인으로, 훌륭한 정치인으로 스웨덴 사회에 큰 족적을 남긴 인물이었습니다. 보베리 목사는 찬송에도 관심이 많아 많은 찬송시를 썼는데 '스웨덴 복음전도 언약교회'

의 찬송집 편집을 맡았다고 전해집니다.

그가 26세였던 1885년 어느 여름날. 스웨덴의 남서 해안을 여행하던 보베리 목사는 갑작스러운 기상 이변을 만납니다. 비바람이 몰아치며 천지가 암흑으로 변했는데 공포를 느낄 정도였다고 합니다. 얼마 후 갑자기 날씨가 개었고, 눈부신 햇빛과 함께 숲에서는 새들의 지저귐과 멀리서 교회 종소리가 수면을 타고 흐르듯 들려왔습니다. 그는 이 상황에 감동을 받았고 하나님이 만드신 대자연의 아름다움과 위대함을 찬미하며 이 시를 썼다고 합니다. 이 찬송 시는 원래 9절까지 있었고, 일하고 있던 주간지 〈진리의 증인〉에 게재하면서 세상에 알려졌습니다. 수년 후 스웨덴 남서부 지역을 여행하던 그는 지역 주민들이 민요에 자신이 쓴 찬송 시를 붙여 흥얼거리는 노래를 듣고 큰 감동을 받습니다. 이렇게 곡은 더 널리 알려지고 후일 작곡가 에릭 에드그렌이 편곡하면서 유명한 찬송이 되었습니다.

그렇게 유명세를 탄 이 찬송은 이후 여러 언어로 번역되고 출판되기 시작했습니다. 우크라이나에서 활동하던 영국 선교사 스튜어트 하인 목사가 3절까지 불리던 찬송에 4절 가사를 추가하면서 지금의 형태를 갖춘 명곡이 되었다고 합니다. 일반적으로 찬송시는 마지막 절에 그 곡의 내용과 이어지는 천국의 소망을 노래합니다. 보베리 목사가 원래 썼다는 9절까지에는 천국 소망의 내용이 있었겠지만 3절까지만 사용됐다면 뭔가 부족하다는 느낌이 있었을 것입니다. 스튜어트 하인 목사의 판단은 매우 적절했고, 천국의 소망을 담은 4절이 추가되면서 1-3절이 더욱 의미를 띠게 된 것입니다. 천국의 소망을 담은 은혜로운 4절을 묵상해 봅니다.

내 주 예수 세상에 다시 올 때
저 천국으로 날 인도하리

나 겸손히 엎드려 경배하며
영원히 주를 찬양하리라

주님의 높고 위대하심을 내 영혼이 찬양하네
주님의 높고 위대하심을 내 영혼이 찬양하네

1940년대 말, 4절까지 완역된 악보가 영국에서 정식으로 출판되어 널리 알려지고 큰 인기를 얻었습니다. 1954년 미국의 순회 부흥사 빌리 그레이엄 목사의 전도팀이 영국을 방문했을 때 이 찬송은 마치 전도 집회의 주제 찬송처럼 불렸습니다. 빌리 그레이엄 목사의 1955년 토론토 집회, 1957년 뉴욕 집회까지 이 찬송은 집회 참가자들의 마음에 큰 은혜와 감동을 주었고 마침내 세계적인 애창 찬송이 되었습니다.

뉴욕 대집회 때는 〈주 예수보다 더 귀한 것은 없네〉의 작곡자이자 명 베이스 찬양 사역자 조지 비벌리 쉬어와 함께한 성가대가 이 찬송을 아흔아홉 번 불러 구름같이 모인 성도들에게 놀라운 감동을 주었습니다. 1974년 서울 여의도 광장에서 개최되었던 빌리 그레이엄 전도팀의 'EXPLO74' 전도 집회에 조지 비벌리 쉬어가 동행했고, 이 곡을 불러 큰 은혜를 끼쳤습니다. 그 영향으로 〈주 예수보다 더 귀한 것은 없네〉와 〈주 하나님 지으신 모든 세계〉는 한국 교회에서도 크게 사랑받는 찬송이 되었습니다.

하나님의 창조 세계를 노래한 찬송들을 묵상하다 보니 오늘날 주요 화두가 된 환경 문제도 생각해 봅니다. 하나님의 창조 질서를 무시하고, 자신들의 안위만을 추구하며 폭주기관차처럼 달리던 인간의 교만과 이기심을 더는 견딜 수 없다는 듯, 자연의 대반격은 이미 오래전 시작되었습니다. 우리나라만 하더라도 최근의 기후 변화는 지난 수십 년간 경험했던 상식과 경험을 무색하게 만들었습니다. 전에 없던 장기간의 폭염이 이어지다가, 이듬

해엔 유례없이 긴 장마가 오고, 또 종잡을 수 없는 가을장마에 이어 10월 중순에 최고 기온이 30도 가까이 오르더니 최저 기온이 0도까지 내려가기도 합니다.

독일과 유럽 대부분 나라들은 EU 창립 때부터 기후 변화와 환경 문제에 공감대가 있었고, 구체적인 공동 대응 계획을 세워 착실히 실행하고 있으며 에너지 및 저탄소 정책 등에 대해 확신을 갖고 시행하며, 과감하게 드라이브를 걸고 있다고 알려져 있습니다. 환경 문제만은 정치적 이념이나 기업과 개인, 그 어떤 이해관계를 가진 집단이라도 엄중히 받아들이는 분위기가 있음을 확실히 느낄 수 있는데 그것을 생각하다 보니 우리의 현실에 대해 답답함과 안타까움을 느끼게 됩니다.

이덕일 선생의 저서 《송시열과 그들의 나라》를 통해 조선 시대 이후 지금까지 자리 잡은 우리 사회의 고질적인 문제를 생각하게 되었습니다. 각종 직업군은 물론 심지어 국가 기관까지도 국가와 민족, 사회 공동체의 이익보다 학연과 지연, 자기 개인이나 소속된 집단의 이해관계를 우선으로 여긴다는 것입니다. 그런 가치관의 굴레를 벗어나지 못하는 지금, 우리 사회가 과연 글로벌 시대 선진국에 합당하게 인류와 자연에 대한 사랑과 책임을 다할 수 있겠는지 질문하게 됩니다. 선진국에 진입했다는 경제지표는 결코 진정한 성적표가 아니라는 것을 인정할 수밖에 없습니다. 경제뿐 아니라 국가 정책의 개혁성과 공직 사회의 청렴성, 기업과 산업의 윤리관과 운영의 건전성, 국민의 의식 수준과 도덕성, 나아가 개개인의 정서적 문제에 이르기까지 선진국으로 평가받을 수 있는지 겸허히 돌아봐야 한다는 생각이 듭니다.

그러한 사회의식과 공동체 의식, 생명 존중 사상은 그 사회의 문화적 정서적 수준과 큰 관련이 있고, 그런 면에서 문화 예술 특히 순수 예술과 음악이 중요한 역할을 해야 합니다. 청소년들의 바람직한 정서 형성을 위한 순수 예술, 특히 음악을 통한 인성 교육이 어느 때보다 필요합니다. 또한, 교회와 그리스도인들이 생명을 살리는 일에 더욱 관심을 가지고 실천에 옮기는 모범을 보여야 한다고 생각합니다.

주 하나님 지으신 모든 세계(E. A. 에드그렌 편)
서울모테트합창단

주 하나님 지으신 모든 세계
남성 아카펠라팀 Home Free

주 하나님 지으신 모든 세계
조지 비벌리 쉬어(1957년 뉴욕 집회)

주 하나님 지으신 모든 세계
조지 비벌리 쉬어(만년의 모습)

위에 계신 나의 친구
그의 사랑 지극하다
이는 예수 그리스도
나의 구주 나의 친구
사랑하는 나의 친구
늘 가까이 계시도다
그의 사랑 놀랍도다
변함없는 나의 친구

나를 위해 죽으시고
나를 구원하셨으니
기쁨으로 경배하며
찬양하리 나의 친구
사랑하는 나의 친구
늘 가까이 계시도다
그의 사랑 놀랍도다
변함없는 나의 친구

내 맘속에 늘 계시고
영원토록 함께하네
가지된 자 하나되리
포도나무 나의 친구
사랑하는 나의 친구
늘 가까이 계시도다
그의 사랑 놀랍도다
변함없는 나의 친구

그날이 와 황금길에
그의 영광 바라보며
그의 팔로 날 안을 때
만나보리 나의 친구
사랑하는 나의 친구
늘 가까이 계시도다
그의 사랑 놀랍도다
변함없는 나의 친구

위에 계신 나의 친구

There's one above all earthly friends

예수 나의 구주
나의 친구

　우리가 사용하는 말 중에 말하거나 듣기에도 좋고 거기에 정겨운 느낌까지 주는 단어들이 있는데 할아버지, 할머니, 엄마 (어머니), 아빠(아버지), 아들, 딸처럼 가족과 관계된 단어들이 그 무엇보다 으뜸일 것입니다. 그리고 그보다 조금은 못하다 하더라도 말의 느낌이 좋고 사람들 마음에 가족과 관련한 단어에 버금가는 깊은 울림을 주는 단어가 '친구'라는 말이 아닐까 생각됩니다. 그래서 예로부터 동서양을 막론하고 가족의 사랑에 버금가는 감동 어린 사랑과 우정을 그려낸 전설이나 설화, 문학 작품 등이 많이 전해져 내려오고 있는 것 같습니다. 아울러 성경에도 여호수아와 갈렙, 다윗과 요나단을 비롯한 아름다운 친구 관계를 기록한 것과 아울러 주님께서 우리의 참 친구 되어 주신다고 하는 말씀이 기록되어 있고, 찬송에서도 그러한 주제로 쓴 곡을 여럿 찾아볼 수 있습니다.

　특별히 참 신이요 참 인간으로 세상에 오신 주님께서 낮고 천한 인간과 참 친구 되어 주셨다고 하는 것이 한없는 은혜가 되면서도 한편으로는 감히 인간이 어떻게 그렇게 생각할 수 있겠는가 하는 마음에 좀 어색하기도 하고 불경스러운게 아닌가 하는 생각이 들기도 합니다. 그러나 이 말씀은 그 자체로서 우리 인간에게는 참으로 신비한 일이요 기적과 같은 일이고 감사한 말씀이 아닐 수 없습니다. 그리고 우리의 가족 관계나 사회 관계에서도 나이에 따른 수직적 관계가 일반적이지만 때로는 부부나 부모와 자식 또는 사회 관계 중에도 서로 간의 친밀감이 높고 다정함을 주고받을 수 있는 관계라면 충분히 친구와 같은 사이가 될 수 있음을 볼 때 하나님께서도 우리를 그렇게 대해 주신다는 말씀은 믿음 안에서 충분히 받아들여질 수 있는 말씀이 아닌가 생각되기도 합니다.

중국의 역사 속에 우정과 관계된 고사성어가 많이 있는데, 막역지교(莫逆之交, 허물없이 아주 절친한 친구 관계), 관포지교(管鮑之交, 깊은 우정의 친구 관계), 수어지교(水魚之交, 매우 밀접한 친구 관계), 금란지교(金蘭之交, 금같이 굳고 난초같이 향기로운 친구 관계), 문경지교(刎頸之交, 대신 목숨을 내주어도 좋은 친구 관계) 등이 있습니다. 이 고사성어 모두를 하나님과 인간의 관계에 적용해 보면 모두 또 다른 차원의 은혜로운 말이 되는데 이들 중 단연 최고 은혜로운 표현은 문경지교(刎頸之交, 대신 목숨을 내주어도 좋은 친구 관계)라고 생각이 됩니다.

성경 속에는 하나님께서 우리의 참 친구가 되어 주신다고 하는 말씀을 몸소 체험하며 살아감으로 누구보다 하나님의 마음을 깊이 깨닫고 동행하며 살았던 인물들이 있는데 구약에서는 아브라함과 모세를 들 수 있고 신약에서는 사도 바울을 들 수 있겠습니다. 아브라함과 이삭과 야곱 등 족장 시대의 믿음의 선진들은 하나님과 허물없는 친구처럼 친밀하게 지냈음을 알 수 있고, 하나님께서도 그에 대한 친밀감을 이사야 41장 8절에서 "그러나 나의 종 너 이스라엘아 내가 택한 야곱아 나의 벗 아브라함의 자손아"라고 하실 만큼 친근하게 말씀하고 계십니다. 그리고 모세는 그 누구보다 하나님과 직접 소통하며 친구처럼 친밀하게 지내는 사람이었습니다. 출애굽기에서 하나님은 모세를 친구처럼 가까이 대하시고 정겹고도 진지하게 얘기를 나누었다고 하는 기록이 모세를 불러내시는 출애굽기 3장에 나와 있고, 11절에는 "모세가 하나님께 아뢰되 내가 누구이기에 바로에게 가며 이스라엘 자손을 애굽에서 인도하여 내리이까"라고 솔직하고도 친밀한 대화를 나누고 있습니다.

이외에도 구약의 주요 인물들은 삶의 중요한 순간마다 아브라함이나 모세와 같이 참 친구 되어 주신 하나님과 친밀한 관계 속에 매일매일 정겹게 때로는 진지하게 교제하는 것을 많이 발견할 수 있습니다. 이는 우리를 극진히 사랑하시는 하나님의 사랑 위에서만 해석할 수 있는 인생의 신비라고 생각하고 신과 인간이 참 친구 될 수 있다는 것 그 자체가 기적 중의 기적이라는 생각이 듭니다.

신약 성경에서도 참 친구 되어 주신 주님에 대해 언급한 곳이 있는데 요한복음 15장의 포도나무 비유입니다. 1절의 "나는 참 포도나무요 내 아버지는 농부라", 5절의 "나는 포도나무요 너희는 가지라"라는 말씀을 통해 인간과 성삼위 하나님과의 올바른 관계로 우리의 존재적 정체성을 알려 주셨습니다. 그리고 12절에는 "내가 너희를 사랑한 것 같이 너희도 서로 사랑하라" 하시며 우리와 참 친구 되어 주신 궁극적인 하나님의 뜻을 알려 주셨고 13절에는 "사람이 친구를 위하여 목숨을 버리면 이보다 더 큰 사랑이 없나니"라고 말씀하셨는데 주님께서 마침내 친구를 위해 목숨을 내어주시기 위해 십자가의 길을 가심으로 먼저 이 말씀에 친히 모범을 보이셨습니다. 또 14절에는 "너희는 내가 명하는 대로 행하면 곧 나의 친구라" 하시며 성도들이 추구해야 할 궁극적 믿음의 내용과 그 믿음에 의한 구체적 행동강령과 그를 통해 맺혀지는 믿음의 열매를 가르쳐 주셨습니다. 그리고 15절에는 "너희를 친구라 하였노니 내가 내 아버지께 들은 것을 다 너희에게 알게 하였음이라" 하시며 우리에게 하나님 아버지의 뜻과 천국의 비밀까지도 알게 하심을 말씀하고 계십니다.

찬송가 편집 순서를 보면 창조주 하나님을 찬양하는 첫 번째 그룹을 지나고 예수님의 생애와 관련한 인간 구원의 이야기가 시작되기 바로 전에 '예수 그리스도'라는 주제를 가진 찬송들이 나옵니다. 사랑스럽고 따뜻하며 아름다운 곡들이 대부분입니다. 지금 사용하고 있는 찬송가에도 '예수 그리스도'를 주제로 한 찬송이 모두 17곡 있는데 그중 5곡이 주님의 참 친구 되어 주심을 구체적으로 표현하고, 친구라는 가사는 없어도 그에 준하는 내용으로 쓰인 찬송이 서너 곡 더 있습니다. 그 찬송들은 여느 찬송들보다 더 부드럽고 정겹고 사랑스러운 분위기로 참 친구 되어 주시는 주님의 따뜻한 사랑을 표현하고 있습니다. 인간적으로 느낄 수 있는 정겹고 부드럽고 사랑스러움을 가득 담아내고 있지만, 그 내면에 담긴 내용은 하나님의 극진한 사랑과 그 사랑을 신비로운 역사를 통해 세상에 나타내신 것, 그리고 그를 통해 하나님께서 종의 몸으로 죽을 수밖에 없었던 인간과 참 친구가 되어 주셨다는 기적의 드라마가 담겨있는 찬송들인 것입니다.

83장 〈나의 맘에 근심 구름〉에는 "내 친구 되시는 구주밖에 다시 없도다"라는 표현이, 86장 〈내가 늘 의지하는 예수〉에는 "미쁘신 나의 좋은 친구"라는 표현이, 88장 〈내 진정 사모하는〉에는 "내 진정 사모하는 친구가 되시는", "나 외로울 때 좋은 친구라"라는 표현이, 90장 〈주 예수 내가 알기 전〉에는 "참 좋은 나의 친구", "내 친구되신 예수님", "내 진실하신 친구여"라는 표현이 있습니다. 위의 찬송들에 이어 92장 〈위에 계신 나의 친구〉에서는 우리와 친구 되어 주신 주님에 대한 감격적인 말씀이 더 많이 나오는 것을 볼 수 있습니다. "위에 계신 나의친구", "나의 구주 나의 친구", "찬양하리 나의 친구", "포도나무 나의 친구", "만나보리 나의 친구", "사랑하는 나의 친구", "변함없는 나의 친구"의 표현들이 그것입니다.

위에서도 언급했듯 겉으로 드러나는 이 찬송의 분위기는 정겹고 부드럽고 한없이 사랑스러운 것이지만, 하나님의 사랑이 성육신을 통해 나타난 놀라운 신비와 그를 통해 참 신이신 하나님이 죽을 수밖에 없는 인간들과 친구 되어 주셨다는 기적 중의 기적을 노래한, 가장 아름다운 곡조의 이면에 드라마틱한 큰 힘을 품고 있는 찬송이라고 생각합니다.

참 친구 되어 주신 하나님을 다시 만날 것을 고대하는 4절입니다.

그날이 와 황금길에 그의 영광 바라보며
그의 팔로 날 안을 때 만나 보리 나의 친구

사랑하는 나의 친구 늘 가까이 계시도다
그의 사랑 놀랍도다 변함없는 나의 친구

위에 계신 나의 친구(B. F. 버츠)
서울모테트합창단

내 진정 사모하는(찬송가)
서울모테트합창단

주 예수 내가 알기 전(찬송가)
서울모테트합창단

예수는 나의 힘이요(찬송가)
서울모테트합창단

주 예수보다 더 귀한 것은 없네
이 세상 부귀와 바꿀 수 없네
영 죽을 내 대신 돌아가신
그 놀라운 사랑 잊지 못해
세상 즐거움 다 버리고
세상 자랑 다 버렸네
주 예수보다 더 귀한 것은 없네
예수밖에는 없네

주 예수보다 더 귀한 것은 없네
이 세상 명예와 바꿀 수 없네
이전에 즐기던 세상일도
주 사랑하는 맘 뺏지 못해
세상 즐거움 다 버리고
세상 자랑 다 버렸네
주 예수보다 더 귀한 것은 없네
예수밖에는 없네

주 예수보다 더 귀한 것은 없네
이 세상 행복과 바꿀 수 없네
유혹과 핍박이 몰려와도
주 섬기는 내 맘 변치 못해
세상 즐거움 다 버리고
세상 자랑 다 버렸네
주 예수보다 더 귀한 것은 없네
예수밖에는 없네

주 예수보다 더 귀한 것은 없네
I'd rather have Jesus

예수밖에는
없네

　미국 나사렛 감리교회 뤼 밀러 목사의 부인인 R.F. 밀러 여사가 쓴 감동적인 시에, 평생을 찬양 사역자로 전도자로 살았던 조지 비벌리 쉬어(George Beverly Shea, 1909-2013)가 작곡한 은혜로운 찬송가입니다. 중후한 저음의 매력적인 음성을 갖고 있었던 쉬어는, 대학교 재학 시절 대공황을 맞게 되었는데 어려운 형편이라 학업을 포기하고 직장 생활을 하며 부친이 목회하는 교회에서 찬양으로 섬기는 일을 하고 있었습니다. 그러던 중 우연한 기회에 NBC 방송 프로그램에 나가 노래를 하게 되었는데 백인이었음에도 그 유명한 흑인영가 〈가라, 모세〉를 불러 큰 인기를 얻게 되었고 그에 이어 시카고 방송국의 전속 가수를 뽑는 오디션에도 응모하여 엄청난 경쟁을 뚫고 합격하였습니다.

　그러한 상황에서 그의 모친은 사랑하는 아들이 혹여 부와 명예만을 따르는 세상적인 삶을 선택하게 될 것을 걱정하고 고민하다가 오래전 밀러 여사에게서 직접 선물로 받고 살아오는 동안 늘 묵상해 오던 이 찬송 시를 아들에게 보내주었습니다. 그렇지 않아도 갈등 중에 있었던 쉬어는 그 말씀을 묵상하며 더 깊은 고민과 갈등의 시간을 보내게 되었는데, 그러던 어느 날 주님의 은혜에 사로잡힌 그는 피아노 앞에 앉아 늘 묵상하던 이 말씀에 맞춰 노래를 부르며 곡을 쓰게 되었다고 합니다. 그리고 그는 이 일을 계기로 평생 찬양 사역자로 살 것을 결심하게 되었다고 합니다. 그는 이후로 참여하는 예배와 집회마다 이 찬송을 불렀고 그때마다 놀라운 은혜와 성령의 역사가 일어나고 많은 성도들에게 특별한 사랑을 받는 곡이 되었으며 '눈물의 찬송'이라는 부제까지 얻게 되었습니다.

　오래전 세상을 떠나신 제 선친께서 가장 좋아하시던 찬송 중 한 곡이 바로 이 곡이었는데 어려운 일 당하거나 맘이 괴로울 때 늘 이 찬송을 부르시던 모습이 기억나고 그 고단한 인생길을 살아내시며 다다른 마음의 결론이 이 찬송에 고스란히 녹아 있었기에 그렇게 자주 부르시지 않았나 하는 생각이 듭니다. 이 찬송을 부르시던 아버지의 모습을 기억하며 주님 허락하신 저의 삶은 또 어땠는지 가사의 내용을 이제까지의 저 자신의 삶과 저의 영혼의 거울에 비추어 봅니다.

　이 세상 부귀와 바꿀 수 없네

　세상적 관심과 누리고 싶은 욕심이 많은 내가 물질적으로 아무 소유가 없고 궁핍할지라도 과연 주님 한 분만으로 만족하는 삶을 살 수 있을지…… 진심으로 자신 없습니다.

　이 세상 명예와 바꿀 수 없네

　정신적 가치를 소중히 여기는 예술가의 삶을 살며 이 세상 누구도 나를 귀히 여겨 주지 않더라도 오직 주님만을 따라가는 삶을 살 수 있을지…… 진심으로 자신 없습니다.

　이 세상 행복과 바꿀 수 없네

　나와 같이 누군가와 무엇을 함께하기 좋아하는 사람이 이 세상에서 누릴 수 있는 모든 행복의 조건들을 자발적으로 포기하며 살 수 있을지…… 진심으로 자신 없습니다.

　세상 즐거움 다 버리고, 세상 자랑 다 버렸네

　삶의 어떠한 상황에서건 사랑의 하나님에 대한 믿음, 예수 그리스도의 은혜에 대한 감사, 성령님의 인도하심에 대한 순종이 과연 내 마음속에 충만하여 이와 같은 신실한 고백을 할 수 있을지…… 진심으로 자신 없습니다.

　이런 저 자신, 탐욕에 물든 세상 욕심과 상한 갈대와 같이 연약한 본성을 감추고 언제나 신실하고 끝까지 견디고 늘 승리할 수 있을 것처럼 생각하고 말하며 다녔습니다. 그러나 돌이켜 생각해 보면 그렇게 부족한 제 생각과 삶의 모든 자리마다 사망을 생명으로 바꾸어 주시는 미쁘신 주님께서 저를 강권적으로 항상 붙들고 계셨음을 고백하게 됩니다. 이제 저도 아버지께서 이 찬송을 자주 부르시던 나이가 되고 보니, 부족한 저를 삶의 상황마다 늘 붙들어 주시고 선한 길로 인도해 주신 주님의 크신 은혜를 깨닫게 되고, 그 귀한 은혜와 감사를 나의 마음에 가득 채우고 늘 찬송으로 고백할 입술의 열매는…… 오직……

　"주 예수보다 더 귀한 것은 없네, 예수밖에는 없네."

주 예수보다 더 귀한 것은 없네(G. B. 쉬어)
서울모테트합창단

주 예수보다 더 귀한 것은 없네(G. B. 쉬어)
조지 비벌리 쉬어

주 없이 살 수 없네(찬송가)
서울모테트합창단

구주를 생각만 해도(찬송가)
서울모테트합창단

2 평생에 선하심과 인자하심이

주는 나를 기르시는 목자요
나는 주님의 귀한 어린 양
푸른 풀밭 맑은 시냇물 가로
나를 늘 인도하여 주신다
주는 나의 좋은 목자
나는 그의 어린 양
철을 따라 꼴을 먹여 주시니
내게 부족함 전혀 없어라

예쁜 새들 노래하는 아침과
노을 비끼는 고운 황혼에
사랑하는 나의 목자 음성이
나를 언제나 불러 주신다
주는 나의 좋은 목자
나는 그의 어린 양
철을 따라 꼴을 먹여 주시니
내게 부족함 전혀 없어라

못된 짐승 나를 해치 못하고
거친 비바람 상치 못하리
나의 주님 강한 손을 펼치사
나를 주야로 지켜 주신다
주는 나의 좋은 목자
나는 그의 어린 양
철을 따라 꼴을 먹여 주시니
내게 부족함 전혀 없어라

아멘

주는 나를 기르시는 목자
While the Lord is my Shepherd

참 위로자 되시는
주님

코로나19가 시작된 이후 긴 시간이 흐르고 형편이 넉넉한 사람이나 어려운 사람이나 모두에게 위로가 필요한 상황이 되었습니다. 코로나19 위로의 노래(Covid19 Song of Comfort)를 만들어 유튜브에 시리즈로 올리게 되었습니다. 제목에 걸맞게 코로나19로 고통당하는 우리 모두에게 위로가 됨은 물론, 어려움을 헤쳐 나갈 용기도 줄 수 있어야 하겠고 미래에 대한 희망의 메시지도 담아야 한다고 생각했습니다. 마스크 뒤에 감춰진 마음의 슬픔과 모진 삶의 고통을 너무도 잘 알고 계신 주님께서 우리의 상처를 싸매어 주시고 위로해 주시고 영원히 품어주실 것이라 믿습니다.

모든 그리스도인들이 어려서부터 배우기도 하고 평생 가까이 두는 말씀을 꼽는다면 요한복음 3장 16절과 시편 23편을 꼽으리라 생각됩니다. 요한복음 3장 16절은 하나님의 사랑과 예수 그리스도의 은혜 안에서 구원의 은총을 입은 성도들의 정체성을 규정해 주고, 시편 23편은 구원받은 성도들이 이 세상에서 살아가며 참 목자 되신 주님께서 인도해 주시고 또한 하늘나라에서 주님과 영원히 살 것이라는 약속의 말씀입니다. 이 두 말씀은 일용할 양식만큼이나 늘 마음에 두고 매일매일 반복해서 되뇌고 입으로 시인해야 하는 말씀이라고 생각합니다.

찬송가 〈주는 나를 기르시는 목자〉는 우리나라 합창음악과 교회음악의 개척자 중 한 분이셨던 고 장수철 선생께서 그의 아내 고 최봉춘 여사의 시에 작곡하신 곡입니다. 곡 전체에 흐르는 봄 햇살같이 따뜻하고 명랑한 분위기와는 달리 이 찬송에는 특별히 애틋한 사연이 어려있습니다. 작곡가 장수철 선생은 극심하게 어려운 때였던 6.25 전쟁 직후, 30대 후반의 늦은 나이에 미국으로 유학을 떠났습니다. 일과 학업을 병행해야 했던 고된 시간을 보내던 중 사랑하는 큰 딸(12세)이 돌연 병사했다는 소식을 전하는 아내의 편지를 받았습니다. 그런데 남편과 떨어져 홀로 어려움을 감당하고 망연자실했을 최봉춘 여사는 그 극단적 슬픔의 편지 끝자락에 하나님을 신뢰하고, 먼 타국에서 가슴 찢으며 괴로워할 남편을 위로하는 이 찬송시를 써 보냈다고 합니다. 그 큰 슬픔 가운데서도 이토록 아름다운 시와 찬송을 만들어 내신 두 분의 신앙의 깊이와 아름다운 성품에 큰 감동을 받습니다. 그리고 이렇게 우리의 마음과 영을 맑히는 귀한 찬송을 만들어 주셔서 후대의 많은 성도들에게 귀한 입술의 열매가 되게 해주심에 깊은 감사를 드립니다.

영원히 죽을 수밖에 없는 우리에게 구원의 은총을 베풀어 주시고 우리 평생에 선하심과 인자하심으로 함께해 주시는 주님 앞에, 우리도 명랑함을 잃지 않고 살아가야 할 의무가 있음을 생각하며 저 자신의 삶과 믿음에 대한 태도 또한 돌아보게 하는 귀하고 귀한 말씀이요 찬송입니다.

코로나19 위로의 노래 영상을 만들기까지 아이디어와 영감을 주시고 성심으로 도와주신 청란교회 송길원 목사님과 오르간 제작자 홍성훈 선생님, 진행을 격려해 주시고 도와주신 재단의 단목이신 양의문교회 김준범 목사님께 깊은 감사를 드립니다.

주는 나를 기르시는 목자(장수철)
서울모테트합창단

선한 목자 되신 우리 주(찬송가)
서울모테트합창단

여호와는 나의 목자시니(H. 스마트)
서울모테트합창단

내 선한 목자(찬송가)
서울모테트합창단

오 신실하신 주 내 아버지여
늘 함께 계시니 두렴 없네
그 사랑 변찮고 날 지키시며
어제와 오늘이 한결같네
오 신실하신 주 오 신실하신 주
날마다 자비를 베푸시며
일용할 모든 것 내려 주시니
오 신실하신 주 나의 구주

봄철과 또 여름 가을과 겨울
해와 달 별들도 다 주의 것
만물이 하나로 드러낸 증거
신실한 주 사랑 나타내네
오 신실하신 주 오 신실하신 주
날마다 자비를 베푸시며
일용할 모든 것 내려 주시니
오 신실하신 주 나의 구주

내 죄를 사하여 안위하시고
주 친히 오셔서 인도하네
오늘의 힘 되고 내일의 소망
주만이 만복을 내리시네
오 신실하신 주 오 신실하신 주
날마다 자비를 베푸시며
일용할 모든 것 내려 주시니
오 신실하신 주 나의 구주

오 신실하신 주

Great is Thy faithfulness

참으로 신실하신
주님

날마다 우리 짐을 지시는 주
곧 우리의 구원이신 하나님을 찬송할지로다(시 68:19).

코로나19 사태가 장기화되면서 사람들의 슬퍼하는 음성과
고통에 신음하는 소리가 도처에서 들려오고 간절히 하나님을 찾
아 울부짖는 소리가 하늘과 땅에 가득합니다. 많은 사람들이 예
외 없이 고통을 당하는 이럴 때일수록 어려운 형편에 있는 약한
이웃들이 더 고통을 당하게 되니 진짜 하나님은 계시기나 한 거
냐고, 계시다면 사랑하시는 사람들에게 어떻게 이런 가혹한 고
난을 주시는지 도무지 이해할 수 없다는 볼멘 원망도 있을 법한
상황입니다.

그렇지만 우리는 그러한 한숨과 원망을 넘어 하나님의 깊으
신 뜻을 헤아려야 할 것 같습니다. 코로나19는 주님께서 우리에
게 주시는 마지막 경고이기도 하지만 우리 인간을 결코 포기하

지 않으시겠다는 약속의 징표가 아닌가 하는 생각이 듭니다. 코로나19는 하나님의 뜻을 멀리한 인간 하나님의 창조 섭리를 무시하며 산 인간, 온갖 탐욕으로 자기 욕심의 노예가 되어버린 인간에 대한 주님의 마지막 경고요, 그동안 과학과 산업의 발달로 인간 스스로 뭔가를 할 수 있다고 여겨온 교만의 산물인 현대 사회를 향한 주님 주시는 마지막 경고라고 생각됩니다.

이렇게 엄한 종말론적 경고를 하시면서도 하나님 앞에서 가증스럽고 역겨운 우리 인간을 쓸어버리지 않으시고 불쌍히 여기사 기필코 구원하시려는 너무도 신실하신 하나님의 구원의 메시지를 코로나19라는 도구를 통해 역설적으로 드러내신 것 아닌가 생각이 됩니다.

지금은 고난의 때라, 도처에서 주님을 찾아 부르짖고, 주님은 도대체 우리를 위해 일을 하고 계신 거냐고 애절하게 호소하고 있습니다. 그렇지만 주님은 지금같이 어려운 때 사람들 마음이 주님을 향해 부르짖을 때만 일하심이 아니라 예전과 같이 사람들이 주님의 뜻을 구하지 않고 제멋대로 살아가고 있을 때에도 '참으로 신실하게' 일하고 계셨습니다. 우리의 영이 깨어 있지 못하고 나태함에 빠져 있을 때에도 '참으로 신묘막측하게' 우리를 위해 일하시고 놀랍게 섭리하고 계셨다는 것을 생각할 때 정말로 감사하고 큰 은혜가 됩니다.

오 신실하신 주(W. M. 러니언)
서울모테트합창단

주 자비하신 중에서(W. M. 드로베크)
서울모테트합창단

하나님이 말씀하시기를(찬송가)
서울모테트합창단

나의 믿음 약할 때(찬송가)
서울모테트합창단

아 하나님의 은혜로 이 쓸데없는 자
왜 구속하여 주는지 난 알 수 없도다
내가 믿고 또 의지함은
내 모든 형편 잘 아는 주님
늘 돌보아 주실 것을 나는 확실히 아네

왜 내게 굳센 믿음과 또 복음 주셔서
내 맘이 항상 편한지 난 알 수 없도다
내가 믿고 또 의지함은
내 모든 형편 잘 아는 주님
늘 돌보아 주실 것을 나는 확실히 아네

왜 내게 성령 주셔서 내 맘을 감동해
주 예수 믿게 하는지 난 알 수 없도다
내가 믿고 또 의지함은
내 모든 형편 잘 아는 주님
늘 돌보아 주실 것을 나는 확실히 아네

이 짧은 인생 살 동안 내 갈 길 편할지
혹 환난 고통당할지 난 알 수 없도다
내가 믿고 또 의지함은
내 모든 형편 잘 아는 주님
늘 돌보아 주실 것을 나는 확실히 아네

주 언제 강림하실지 혹 밤에 혹 낮에
또 주님 만날 그곳도 난 알 수 없도다
내가 믿고 또 의지함은
내 모든 형편 잘 아는 주님
늘 돌보아 주실 것을 나는 확실히 아네

아 하나님의 은혜로 (나는 밝히 알도다)
I know whom I have believed

나는
확실히 아네

　많은 성도들이 좋아하는 찬송인 〈아 하나님의 은혜로〉(나는 밝히 알도다)입니다. 이 찬송은 하나님의 사랑과 구원의 은혜에 대한 깨달음과 영원히 변치 않을 주님의 약속을 믿고 의지하는 성도들의 마음을 잘 표현하고 있고, 그 가사의 내용을 너무도 자연스럽고 아름다운 선율로 표현하고 있습니다.

　제가 아직 이 찬송을 모르던 어린 시절 이 찬송을 특별히 좋아하게 된 일이 있었습니다. 초등학교 5학년으로 기억이 됩니다. 교회에서 주일학교 절기 행사로 성극을 하게 되었는데, 마태복음 25장에 나오는 '열 처녀의 비유' 이야기를 소재로 한다는 것이었습니다. 그때 저는 초등학교 저학년 때와는 달리 고학년이 되어 연극을 제대로 한다는 것에 대한 기대감에 맘이 꽤 흥분되어 있었습니다. 그런데 그 기대에 부풀었던 마음이 이내 사라지고야 마는 상황이 벌어졌습니다. 왜냐하면, 성극에 나오는 주요 배역은 모두 6학년 선배들이 맡고 저에게 주어진 배역은 슬기로운 다섯 처녀에게 기름을 파는 기름장수였기 때문이었습니다. 그리고 나중에 성경을 자세히 보니 기름장수는 성경에는 언급되지도 않은 가상의 인물이었고 당연히 기름을 파는 장면도 각색되었던 것이었습니다.

연극에 대한 기대감이 컸던 만큼 실망감도 컸기에 연극을 하기 싫다는 마음까지 갖게 될 즈음 전혀 생각지도 못했던 반전의 상황이 벌어졌습니다. 그 이유는 바로 이 〈아 하나님의 은혜로〉 찬송 때문이었습니다. 연습이 있던 어느 날, 연출을 맡으신 선생님께서 저에게 새로운 임무를 주셨는데 연극에 나오는 주요 인물도 아니고 긴 시간 출연하지도 않는 제가 슬기로운 다섯 처녀에게 기름을 퍼주며 이 찬송의 4절을 독창으로 노래해야 한다는 것이었습니다. 이후로 저는 절망의 늪에서 새 생명을 얻은 사람처럼 노래하며 연기하는 것이 너무도 즐거웠고, 주연급 선배들의 역할 중에서도 그렇게 주목받는 장면이 없었기에 저에겐 마치 주연을 연기하는 것처럼 행복한 경험이 되었습니다. 그야말로 제 인생에 처음 노래한 아리아(Aria)였던 것입니다.

그 일은 이 찬송의 가사 내용을 제대로 알 수도 없었고 깊이 공감하기도 힘들었던 어린 제가 어른들이 누리던 귀한 찬송의 은혜를 누리게 되고 찬송이 갖고 있는 힘과 능력에 대하여 마음 깊이 정서적으로 공감할 수 있게 해준 참 귀한 추억의 사건이었습니다. 이 성극을 통해 찬송의 마지막 절에서 강조하는 종말적 신앙의 중요성을 어렴풋이라도 느끼는 기회가 되었고, 찬송가 가사의 은혜 넘치는 메시지가 아름다운 음악과 조화를 이뤄, 어린 저의 마음에 각인됨으로 평생 잊지 않고 간직하게 된 인생 찬송이 되었습니다. 특히 어려울 때 마음의 위로와 힘이 되어 주는 그런 평생의 벗이 된 찬송입니다.

주 언제 강림하실지 혹 밤에 혹 낮에
또 주님 만날 그곳도 난 알 수 없도다

내가 믿고 또 의지함은
내 모든 형편 잘 아는 주님
늘 돌보아 주실 것을 나는 확실히 아네

소개하는 음원은 기존 찬송가를 편곡한 것인데 한 절 가사를
추가하여 총 다섯 절로 구성되어 있습니다. 명곡 〈여호와는 나의
목자시니〉를 작곡한 고 나운영 선생께서 편곡하신 곡입니다. 원
곡의 은혜로움이 편곡을 통해 배가되어 더욱 은혜가 됩니다.

 아 하나님의 은혜로/나는 밝히 알도다(J. 맥그라나한, 나운영 편)
서울모테트합창단

 그 크신 하나님의 사랑(찬송가)
서울모테트합창단

 놀랍다 주님은 큰 은혜(찬송가)
서울모테트합창단

 웬 말인가 날 위하여(찬송가)
서울모테트합창단

내 맘에 한 노래 있어 나 즐겁게 늘 부르네
이 노래를 부를 때에 큰 평화 임하도다
평화 평화 하나님 주신 선물
그 놀라운 주의 평화 하나님 선물일세

주 십자가 지심으로 날 구원해 주셨으며
주 예수님 고난받아 나 평화 누리도다
평화 평화 하나님 주신 선물
그 놀라운 주의 평화 하나님 선물일세

나 주님께 영광 돌려 참 평화가 넘치도다
주 하나님 은혜로써 이 평화 누리도다
평화 평화 하나님 주신 선물
그 놀라운 주의 평화 하나님 선물일세

이 평화를 얻으려고 주 앞으로 나아갈 때
주 예수님 우리에게 이 평화 주시도다
평화 평화 하나님 주신 선물
그 놀라운 주의 평화 하나님 선물일세

내 맘에 한 노래 있어

There comes to my heart

평강의 주께서
너희에게 평강을 주시고

우리의 인사말 중에 가장 널리 쓰이는 말은 "안녕(安寧)하세요"일 것입니다. 그리고 성도들이 격을 갖춰 인사할 때는 "평안(平安)하신지요"라는 표현을 많이 씁니다. 그만큼 인생을 살아가는 동안 가장 중요한 화두가 평안(평강)이 된 것은 되도록 시련과 고난을 피하고 평안한 삶을 살길 원하는 마음에서 나온 표현이라고 생각됩니다.

〈내 맘에 한 노래 있어〉는 평안을 갈구하는 인생에게 오직 하나님만이 주실 수 있는 참 평강의 은혜를 노래합니다. 이 찬송과 연결된 성경 구절은 데살로니가후서 3장 16절 "평강의 주께서 친히 때마다 일마다 너희에게 평강을 주시고 주께서 너희 모든 사람과 함께 하시기를 원하노라"입니다. 이 찬송과 쌍둥이 같은 찬송인 〈내 영혼의 그윽히 깊은 데서〉의 4절은 "이 세상의 험한 길 가는 동안 참된 평화가 어디 있나?"라고 질문합니다. 과연 이 질문에서 자유로운 인생이 있을까요? 가난한 자나 부한 자나 지식이 있는 자나 없는 자나 명예가 높은 자나 낮은 자나 모두 인생에 임하는 시련과 고난을 결코 피해 갈 수 없을 것입니다. 그 고난이 고난으로 끝나지 않는 길은, 인생에 임하는 고난과 시련을 없애거나 피해 가는 것이 아니고 오직 평강의 왕이신 우리 구주 예수 그리스도 안에 거하는 방법 외에는 없다고 성경은 일관되게 끊임없이 가르치고 계십니다.

저는 물론 이 세상의 모든 부모들은 자신들의 평생 십자가인 자녀들의 문제로 늘 고민하고 때론 밤을 지새우기도 합니다. 한예종 교수이자 음악평론가인 홍승찬 선생께서 부모의 삶에 대해 쓴 짧고 애틋한 글 하나를 소개합니다.

> 부모 노릇보다 힘든 일은 어디에도 없죠. 낳느라 몸을 다치고
> 기르면서 마음이 문드러집니다. 죽어서도 벗을 수 없는
> 걱정이고 한숨이죠. 해 보지 않고는 짐작도 못 할 수고이자
> 보람입니다. 나를 버리고 던져서 얻는 자랑이고 기쁨이죠.
> 살아야 할 까닭이며 삶의 끝입니다.

이렇게 애틋한 자식의 문제에서 진정 자유로운 부모가 어디에 있겠습니까? 그렇기에 국가적으로 어려운 현대사 속에 살아온 우리 부모님 세대를 포함한 우리나라 대다수의 부모들이 자식에게 세상적 스펙이나 물질적 안정이라도 물려주지 못하면 큰 죄인이 되는 양 안절부절 못하며 마치 자식들의 노예처럼 사는 게 일반입니다.

둘째 아이가 중학교에 들어갈 무렵 저희 가정은 아이의 진학과 미래 진로와 관련해 꽤 심각한 고민과 갈등이 있었습니다. 저는 나름 계속 고민하고 기도하고 했지만 가족 모두를 만족시킬만한 해법을 찾기가 어려운 상황에 결국 저희 교회를 담임하시던 이재철 목사님께 상담을 청했습니다. 그때 목사님께서는

"이 세상을 살아가는 모든 사람들이 그의 형편이 어떻든 간에 모두 같은 무게의 삶의 짐을 지고 온갖 시련과 고통을 겪으며 살아요. 그런데 우리나라 부모들은 세상적인 학벌과 스펙, 물질적 백그라운드를 만들어 주면 그 고난을 면케 하거나 고통을 제해 준다고 생각하지만 그건 착각이에요. 그렇기에 부모가 자식들이 성인이 될 때까지 슬하에 두고 양육하며 장차 겪게 될 그 어떤 시련과 고난이라도 스스로 이겨낼 수 있는 마음의 힘과 신앙의 힘을 길러 주는 것이 진정 부모의 역할이에요"라고 말씀해 주셨습니다.

그렇습니다. 정말 너무도 당연하고 명쾌한 답입니다. 다만 사람들이 연약하기에 세상의 그릇된 가치관에 맞서 싸워 나간다는 것이 참 힘든 일이지요. 그러므로 성경은 평강의 왕으로 오셔서 우리 인간에게 참 평안의 길을 열어주신 주님을 의지하며 사는 것만이 세상의 온갖 풍파 속에서도 참 평안을 누리는 길이라 가르쳐 주십니다. 또한 우리 인생은 원죄로부터는 해방됐으나 현존하는 죄의 문제에 매여 있기에 언제나 육신의 정욕과 이생의 자랑으로부터 자유로울 수 없습니다. 그렇기에 예수 그리스도 안에서 새로운 피조물로 살아가는 삶을 통해서만 인생에 닥치는 모든 시련과 고난 가운데서도 화평함과 평안함을 누리는 참 평강의 삶을 살게 될 것이라고 가르쳐 주십니다.

이 글을 읽으시는 모든 분의 삶에 하나님의 평강이 늘 충만하시길 기원합니다.

내 맘에 한 노래 있어(P. 빌혼)
서울모테트합창단

공중 나는 새를 보라(찬송가)
서울모테트합창단

주 안에 있는 나에게(찬송가)
서울모테트합창단

칸타타 BWV67 중, "너희에게 평강이 있을지어다"(J. S. 바흐)
서울모테트합창단

3 장래의 영광 비추사

겸손히 주를 섬길 때 괴로운 일이 많으나
구주여 내게 힘 주사 잘 감당하게 하소서

인자한 말을 가지고 사람을 감화시키며
갈 길은 잃은 무리를 잘 인도하게 하소서

구주의 귀한 인내를 깨달아 알게 하시고
굳건한 믿음 주셔서 늘 승리하게 하소서

장래의 영광 비추사 소망이 되게 하시며
구주와 함께 살면서 참 평강 얻게 하소서

아멘

겸손히 주를 섬길 때
O Master, Let me walk with Thee

인내로써 우리 앞에 당한
경주를 하며

〈겸손히 주를 섬길 때〉는 제가 성인이 된 이후 특별히 좋아한 찬송 중 하나입니다. 이 찬송의 가사는 30대 초반 이후 저의 인생 목표이자 삶의 지침이 되는 말씀으로 지금까지 마음속에 자리 잡고 있습니다. 이 찬송과 이어지는 성경 본문은 히브리서 12장 1, 2절 말씀입니다.

이러므로 우리에게 구름 같이 둘러싼 허다한 증인들이
있으니 모든 무거운 것과 얽매이기 쉬운 죄를 벗어버리고
인내로써 우리 앞에 당한 경주를 하며, 믿음의 주요 온전케
하시는 이인 예수를 바라보자 그는 그 앞에 있는 기쁨을
위하여 십자가를 참으사 부끄러움을 개의치 아니 하시더니
하나님 보좌 우편에 앉으셨느니라(히 12:1-2)

이 말씀은 구원의 은총을 입은 성도들이 이 세상을 살아가

며 겪게 되는 온갖 일들과 때때로 닥쳐오는 시험과 환란을 어떻게 대할지 모본을 제시해 주고 있습니다. 특히 예수 그리스도께서 이 세상에 오셔서 친히 겪으신 고난을 어떻게 여기시고 이겨내셨는지를 기준 되는 예시로 보여주며 사람들로 하여금 삶의 어려운 순간마다 "믿음의 주요 온전케 하시는 이인 예수를 바라보자"라고 말씀하고 계십니다.

부족한 제가 20대 후반의 어린 나이에 서울모테트합창단을 창단하고 운영하면서 지휘자로서, 또한 경영자로서, 감당하기에 버거운 일들을 마주했던 저의 젊은 날의 하루하루는 그 이전까지의 생각과 경험으로는 상상치도 못했던 일들과 맞닥뜨려져 그야말로 모든 것을 피하고 싶을 정도로 무게감에 짓눌린 시간들이었습니다. 지휘자로서 늘 마음속에 찾아오는 음악에 대한 끝없는 질문, 단장으로서 운영과 재정에 최종 책임을 져야 하는 경영의 문제, 거기에 더해 공동체의 리더로서 일을 감당하면서 배워 나갈 수밖에 없었던 인간관계와 리더십의 문제 등은 벗을 수 없는 멍에와 같았습니다.

보통 자기 자신의 삶과 관련해 오직 앞만 바라보며 불확실한 미래에 대해 치열하게 고민하는 나이인 20대 후반에서 30대 초반, 이와 같이 제게 맡겨진 모든 버거운 짐들과 함께 일상적으로 마주쳐야 하는 절체절명의 상황들은 성경에서 말씀하시는 "사방에서 욱여싸임을 당한다"는 말씀을 실제로 겪는 나날이었습니다.

30대 초반이었던 1995년 어느 날, 섬기던 교회의 한 봉사부서 헌신예배에 참석했습니다. 그날따라 합창단 창단 이후 누적된 정신적, 육체적 피로감이 몰리는 듯한 날이었고 '이후로 합창단의 일들을 어떻게 감당할 수 있을까' 끝없는 고민에 사로잡혀 있던 때였습니다. 그날 설교 말씀은 교회 공동체 안에서 섬김이로 부름받은 참된 의미와 바람직한 섬김의 자세를 말씀하시는 것이었고, 설교에 이어 불렀던 화답의 찬송가가 바로 〈겸손히 주를 섬길 때〉였습니다.

　그날 설교하셨던 목사님의 설교 말씀도 제 마음에 큰 은혜가 되었고, 찬송가 1절로부터 4절까지의 모든 가사의 내용은 그동안 깊은 고민에 빠져있던 저의 마음속에 머물러 있는 끝없는 질문에 하나하나 마치 맞춤형 답을 들려주시는 주님의 친절하신 음성을 듣는 것 같았습니다. 저는 그날 밤 드렸던 예배와 그 시간 선포된 설교말씀, 찬송의 가사를 통해 감당해 온 지난 시간에 대한 큰 위로를 받았음은 물론, 앞으로 감당해야 할 시간에 대한 도전을 받는 시간이었고, 그날 밤의 그 감동과 깨우침의 은혜는 제 인생에 큰 변화를 가져다주었고, 이후로 제 신앙과 삶에 지표가 되는 말씀과 찬송으로 삼게 되었습니다.

　미국 펜실베니아 출신의 워싱턴 글래든(1836-1918) 목사가 쓴 이 찬송 시는 자신이 편집자로 일하던 〈주일 오후〉(Sunday Afternoon) 잡지에 '하나님과 함께'(Walking with God)라는 제목의 기도시로 발표되었습니다. 글래든 목사는 목회와 사회개혁 운동을 함께 했는데 사회악을 고발하고 노사문제 등을 다루다 보니 어려움도 많았고 조금은 급진적인 사상과 본인의 과격한 표현 때문에 사람들로부터 수많은 공격을 당하기도 했습니다. 이와 같이 사회개혁 운동과 신앙적 문제와 관련한 것들을 리드해 가다 보니 그의 앞에는 언제나 많은 어려움이 뒤따랐고, 거기에 많은 공격을 당하다 보니 자기의 편이 하나도 없다고 생각하던 어느 날, 주님의 말씀에 감동되어 이 찬송시를 썼다고 전해집니다.

　이 찬송을 작곡한 영국 성공회의 헨리 스미스 목사(1825-1898)는 옥스퍼드 베일리얼 대학을 졸업하고 1850년 목사가 되었는데 요오크타운의 성 미카엘 교회 목회와 군목으로 프랑스에 파견되어 지브롤터 주교좌 참사회원(Canon of the Cathedral)으로 섬겼던 인물입니다. 그리고 이 찬송은 원래 스미스 목사가 편집해 발표한 '교회 곡조 찬송가'(Church Hymns with Tunes)에 '영혼의 햇빛 예수님'(Sun of my Soul)이라고 발표되었던 곡이고 후에 글래든 목사의 요청으로 가사를 바꾸어 다시 발표한 찬송이라고 하는데, 전통적 코랄 스타일에 가사의 내용을 아름답게 담아낸 은혜로운 찬송입니다. 가사를 묵상해 봅니다.

겸손히 주를 섬길 때 괴로운 일이 많으나
구주여 내게 힘 주사 잘 감당하게 하소서

겸손은 참된 믿음으로 가는 통로가 되고, 겸손히 주님을 따르는 사람은 괴로운 일들을 많이 당하게 될 것입니다. 그러나 그들은 오직 주님께서 주시는 힘을 통해서만 그 모든 시험과 고통을 감당할 수 있을 것이라고 말씀하십니다.

인자한 말을 가지고 사람을 감화시키며
갈 길을 잃은 무리를 잘 인도하게 하소서

살아가는 동안 함께하는 모든 이에게 인자와 겸손으로 대할 것이며, 그것을 통해서만 그들에게 인격적인 감화를 일으킬 수 있고, 마주하는 이 세상의 모든 주님을 모르는 사람들을 온전히 섬기며 살아갈 수 있기 때문이라고 말씀하십니다.

구주의 귀한 인내를 깨달아 알게 하시고
굳건한 믿음 주셔서 늘 승리하게 하소서

믿음 안에 살아가며 맡기신 사명을 인내로써 온전히 감당하려면 모든 무거운 것과 얽매이기 쉬운 죄를 벗어버려야 하고, 우리에게 주어질 생명의 면류관이신 주님을 바라봄으로 주어진 모든 싸움에서 승리할 수 있을 것이라고 말씀하십니다.

　　장래의 영광 비추사 소망이 되게 하시고
　　구주와 함께 살면서 참 평강 얻게 하소서

　　그리스도와 연합하여 영광의 자리에 함께할 그 날을 믿는 믿음 안에서만 험한 세상 속에서도 참 소망의 삶을 살 수 있을 것이고, 결국은 이 땅에서도 예수 그리스도와 동행함으로 천국의 기쁨과 평강을 맛보고, 나누며 살게 될 것이라고 말씀하십니다.

 겸손히 주를 섬길 때(H. P. 스미스)
서울모테트합창단

 주여 내게 가르쳐 주소서(T. 애트우드)
서울모테트합창단

 주님의 마음을 본받는 자(찬송가)
서울모테트합창단

 주의 기도(A. H. 말로트)
서울모테트합창단

주 예수 내 맘에 들어와 계신 후 변하여 새사람 되고
내가 늘 바라던 참 빛을 찾음도 주 예수 내 맘에 오심
주 예수 내 맘에 오심 주 예수 내 맘에 오심
물밀듯 내 맘에 기쁨이 넘침은 주 예수 내 맘에 오심

주 예수 내 맘에 들어와 계신 후 망령된 행실을 끊고
머리 털 보다도 더 많던 내 죄가 눈보다 더 희어졌네
주 예수 내 맘에 오심 주 예수 내 맘에 오심
물밀듯 내 맘에 기쁨이 넘침은 주 예수 내 맘에 오심

내 맘에 소망을 든든히 가짐은 주 예수 내 맘에 오심
의심의 구름이 사라져 버림도 주 예수 내 맘에 오심
주 예수 내 맘에 오심 주 예수 내 맘에 오심
물밀듯 내 맘에 기쁨이 넘침은 주 예수 내 맘에 오심

사망의 음침한 골짜기 가다가 밝은 빛 홀연히 보고
저 멀리 하늘 문 환하게 보임도 주 예수 내 맘에 오심
주 예수 내 맘에 오심 주 예수 내 맘에 오심
물밀듯 내 맘에 기쁨이 넘침은 주 예수 내 맘에 오심

나 이제 천성에 올라가 살기는 주 예수 내 맘에 오심
천성을 향하여 내가 곧 가리니 그 기쁨 비길 데 없네
주 예수 내 맘에 오심 주 예수 내 맘에 오심
물밀듯 내 맘에 기쁨이 넘침은 주 예수 내 맘에 오심

주 예수 내 맘에 들어와
Since Jesus came into my heart

오직 너희의 심령이
새롭게 되어

　　사람의 성격을 심리 유형으로 구분하는 연구 작업이 지난 100여 년간 많이 이루어졌고, 그 결과물들은 개인의 정서 문제와 사회 심리적 갈등을 해소하는 데 많이 활용되었습니다. 기독교 심리학에서도 기질과 관련한 성경적 연구가 많이 이루어지고 있습니다. '나'와 '너', '우리'를 알고 서로 소통하며 사는 문제가 얼마나 중요하고도 어려운 문제인지 알 수 있습니다. 제가 어린 나이에 합창단을 창단하고 일하면서 힘든 순간을 겪을 때마다 '나는 왜 이럴까?' '저들은 왜 저럴까?' '우리는 또 왜 이럴까?' 하는 생각을 했고, 그 영향으로 심리학에 관심을 갖게 되었습니다. 심리학과 기독교 심리학 책들을 한동안 옆에 끼고 지내기도 했습니다.

　　이제 와서 생각해 보면 저 자신을 포함하여 우리 사회가 성격의 문제와 성품의 문제가 다르다는 것을 올바로 인식하지 못하고 판단하거나 말하는 경우가 많았습니다. 심리적 성격 유형과 기질은 마음의 기호가 외형적으로 나타나는 경향성일 뿐인데 유교적 서열 문화가 그러하듯 마치 어떤 성격과 기질이 더 우월하거나 열등한 것처럼 인식하는 경향이 있었습니다. 불편한 진실입니다만 우리 사회가 성격 유형과 기질을 차별적으로 이해하는 이유는 성품을 그릇 이해하기 때문이라 생각됩니다. 성품은 인간의 영과 육과 혼의 결정체 같은 것이고 우리의 성격과 기질을 담아내는 그릇과 같은 것인데, 마치 성격이 성품을 담는 그릇인 것처럼 거꾸로 이해하고 곡해하는 경향이 있었습니다.

심리학에 관심을 뒀던 시절, 해마다 시행했던 합창단 수련 행사에 'MBTI 성격 유형'이나 '성령과 기질'과 관련한 전문가를 초빙하여 검사도 해보고 강의를 듣기도 하였습니다. 그때마다 강사들이 놀라며 말하는 것이 있었습니다. 보통 우리 사회 공조직이나 전문직에 있는 분들을 검사해 보면 몇백 명을 조사해도 MBTI 16가지 성격 유형과 성령과 기질 12가지 기질이 모두 나오는 경우가 거의 없는데 우리 합창단 식구들은 불과 30여 명 정도임에도 모든 기질이 다 나오니 너무 놀랍고 과연 예술가답다는 말씀이었습니다. 이는 예술가로서 각자 타고난 순수한 성격 유형이 훌륭히 보존되었다는 뜻도 있지만, 흔히 하는 농담처럼 조직이 콩가루 같아 분위기가 어지럽고 일사불란한 운영이 어려울 수 있다고 덧붙이시는 것이었습니다.

각자 하나님이 주신 고유한 성격 유형과 기질이 있지만, 사회화 과정에서 경직된 교육 방식과 서열문화, 성품과 성격에 대한 그릇된 이해가 이러한 안타까운 현상을 만들어 냈다고 생각합니다. 그것은 사람들이 가진 원래의 성격 유형과 기질이 이렇다저렇다 얘기하는 것으로 끝날 문제가 아닐 것입니다. 천지를 창조하신 하나님의 형상(성품)대로 지음 받은 인간에 대한 기본적 인식의 부재요, 인간의 고귀한 성품과 그에서 나오는 순수성과 창의력을 마비시키는 일이기에 결코 가벼운 문제가 아닙니다.

이와 같은 현상의 결과로 지금 우리 사회에 만연해 있는 성공 지상주의, 사회의 부조리, 가치관의 타락, 배금주의 등이 야기하는 갈등과 혼란, 정신적 문제는 너무도 큽니다. 그로 인해 그 누구도 참행복을 향유하기 힘든 상황이 되어 버린 것 같아 안타까운 마음입니다. 그렇기에 이러한 현상은 오래전부터 우리 사회 발전의 한계를 규정짓는 부정적인 문제가 되어 왔습니다. 진정으로 이 문제를 직시하고 해결해 나가는 노력을 하지 않으면 성숙한 사회 공동체를 이루어가기 어렵지 않을까 걱정도 됩니다.

우리 사회는 하나님의 형상과 성품을 따라 지음 받은 인간 됨의 참 의미와 가치에 무관심했습니다. 무한한 가능성을 가진 우리 인간의 타고난 성격 유형과 기질을 온전히 담아낼 훌륭한 성품을 키워내는 전인적 교육에 소홀했습니다. 욕망을 채우는 수단으로서 필요한 성격 유형과 기질만을 강조해 왔고 그러한 기준과 목적에 부합하지 않으면 색안경을 끼고 바라보며 마치 사회 부적응자인 듯 여기는 사회를 만들어 왔습니다. 얼마나 몰인격적이고 인간의 존엄을 무시하는 일인지요! 인간을 창조하신 하나님의 섭리에 도전하는 그릇된 욕망의 산물입니다. 우리 사회가 갖고 있는 가장 약하고 아픈 부분입니다.

저희 가정에 첫 아이가 태어났을 때의 일입니다. 태어나서 처음 교회에 출석했던 날, 이재철 목사님께서 해주셨던 축복 기도 중 한 대목은 아직까지도 진한 감동과 깊은 울림으로 남아 있습니다.

하나님께서 이 아이를 이 가정을 통해 세상에 보내신 것은,
이 세상의 수많은 사람들 중에 하나님께서 꼭 이 아이를
통해서만 이루실 일이 있기 때문이라고 믿습니다.

그렇습니다. 한 사람 한 사람은 하나님의 섭리로 세상에 보내진 것이고, 그만을 위해 예비하신 하나님의 귀한 뜻을 이루기 위한 특별한 존재로서 세상에 태어났습니다. 가정과 사회, 나아가 교회들조차 이러한 마음으로 아이들을 양육하고 대접하고 있는지 모두가 진심으로 고민할 문제라고 생각합니다.

성품이 중요합니다. 성품은 지식과 지혜와 재능, 성격 유형과 기질을 담아내는 그릇입니다. 이 그릇은 지식과 지혜와 재능, 성격 유형과 기질을 온전히 어거할 수 있습니다. 성품으로 어거되지 못한 지식은 자기 자랑거리에 불과하고, 성품으로 어거되지 못한 지혜는 얄팍한 처세술에 불과하고, 성품으로 어거되지 못한 재능은 그저 가볍고 현란한 기교에 불과하고, 성품으로 어거되지 못한 성격 유형과 기질은 남을 찌르는 이기심으로 나타나기 때문입니다. 하나님께서 흙으로 인간을 빚으시고 생기를 불어 넣으셔서 생령이 된 것같이, 온전한 성품은 우리의 지식과 지혜, 재능과 성격(기질)에 생명을 불어넣습니다. 그렇지 못한 것은 그럴싸한 모양은 있으나 실제로는 죽어 있고 함께하는 이들도 죽게 하는 존재가 될 것이기 때문입니다.

성경도 창조주 하나님을 믿는 성도들이 말씀의 충만과 성령의 충만함으로 맺게 되는 모든 성령의 열매가, 눈에 보이는 특별한 능력이나 이적이 아니고 성품적인 것임을 알려줍니다.

오직 성령의 열매는 사랑과 희락과 화평과 오래 참음과 자비와 양선과 충성과 온유와 절제니 이 같은 것을 금지할 법이 없느니라(갈 5:22-23).

이는 하나님을 믿는 믿음과 믿음의 성숙은 성품의 변화로 나타난다는 것이며 성품의 변화 없이는 믿음이 있다고 말할 수 없음을 확실하게 가르쳐 줍니다. 성품에 관심을 갖고 집중하는 일이야말로 하나님의 창조적 구원 역사에 동참하는 것입니다.

이 글을 쓰며 지나온 저의 삶에 나타난 성품과 성령의 열매들을 헤아려 봅니다. 하나님께 영광 돌리는 찬양의 도구로 산다했지만, 지식과 지혜, 성격과 기질을 어거할 수 있는 성령의 열매를 추구하며 신실하게 살았느냐 물으시는 주님의 물음 앞에 부끄러운 마음입니다. 하나님께서 허락하신 저의 남은 시간에 알팍한 지식과 알량한 지혜, 모난 성격과 날카로운 기질을 확실하게 어거할 수 있는 온전한 성품 갖도록 힘쓰기를 원합니다. 그 성품을 가능케 할 성령의 열매를 풍성히 맺기 위해 더욱더 말씀 충만, 더욱더 성령 충만하기를 기도드립니다.

주 예수 내 맘에 들어와(C. H. 가브리엘)
서울모테트합창단

성령의 열매(R. 쇼, A. 파커)
서울모테트합창단

칸타타 BWV34, "오 영원한 불길 사랑의 샘"
(성령강림 칸타타, J. S. 바흐)
스위스 트로겐 교회 합창단&오케스트라, 지휘/루돌프 루츠

칸타타 BWV172, "노래 소리여, 울려퍼져라"
(성령강림 칸타타, J. S. 바흐)
스위스 트로겐 교회 합창단&오케스트라, 지휘/루돌프 루츠

내 주는 강한 성이요 방패와 병기되시니
큰 환란에서 우리를 구하여 내시리로다
옛 원수 마귀는 이때도 힘을 써
모략과 권세로 무기를 삼으니
천하에 누가 당하랴

내 힘만 의지할 때는 패할 수 밖에 없도다
힘 있는 장수 나와서 날 대신하여 싸우네
이 장수 누군가 주 예수 그리스도
만군의 주로다 당할 자 누구랴
반드시 이기리로다

이 땅에 마귀 들끓어 우리를 삼키려 하나
겁내지 말고 섰거라 진리로 이기리로다
친척과 재물과 명예와 생명을
다 빼앗긴대도 진리는 살아서
그 나라 영원하리라

아멘

내 주는 강한 성이요
A mighty fortress is our God

루터와 바흐의
발자취를 따라서

급격하게 변화하는 시대에 한 세대 전 사건이나 이슈만 하더라도 쉽게 잊혀지고 중요한 일로 공감되어지기 힘든 것이 일반입니다. 하물며 어떤 특별한 사건이라 하더라도 그것의 의미를 되새기고 그 정신과 가치를 오늘의 사회와 개인의 생각과 행동 양식에까지 깃들게 한다는 것은 더욱 힘든 일이 아닌가 생각이 됩니다. 그런 의미에서 500여 년이 지난 종교개혁의 의미가 오늘을 살아가는 우리에게 무슨 가치가 있으며 그 배경과 과정 그리고 이후에 벌어진 역사적 흐름 속에 우리는 무엇을 배우고 이 시대의 교회와 오늘을 살아가는 성도들의 삶의 양식에 어떻게 적용을 해야 하는 건지 판단하기란 정말 쉽지 않은 일입니다.

저는 2015년부터 5년 동안 매해 루터와 바흐의 발자취를 순례하는 소중한 경험을 하였습니다. 찾았던 장소마다 어려 있는 역사적 사건과 소소한 구체적인 일화들을 접하며 많은 감동을 받았습니다. 들었던 역사적 사건들의 상황을 머릿속에 그리며 내가 그 시대에 살았다면 어떤 입장을 취했겠으며 또 그 상황을 어떻게 견뎠을까 상상을 하며 개혁자들의 강인한 의지와 그에 따른 고단한 삶 또한 볼 수 있는 기회가 되었습니다.

경북 영주(풍기)에 소수서원이라는 유서 깊은 명소가 있습니다. 퇴계 선생이 세웠다 하고 우리나라에서 제일 오래된 사립대학으로 알려져 있습니다. 국내 다른 모든 서원들이 그렇듯 소박하고 단아한 경치를 품은 명소로서 많은 관광객들이 찾는 꽤 유명한 곳입니다. 그 소수서원과 서원에서 공부하던 선비들과 관련해 전해 내려오는 이야기가 있습니다. 조선 세종대왕의 6남이었고 폐위되었던 단종과 가까웠던 금성대군이 귀양살이를 하던 중 단종의 복위를 계획하다가 발각되어 그와 그의 가족들과 추종세력인 선비들이 모두 몰살되었는데 죽임당한 이들의 피가 7킬로미터(약 20리)를 흘러 내려갔다고 합니다. 그래서 이후 피가 흘러간 마지막 지점의 마을 별칭이 피끝리(마을)가 되었다고 하니 잔인한 숙청의 비극을 실감케 합니다.

순례했던 도시들 가운데 비참하고 가슴 아픈 비극의 역사를 간직한 도시가 있었습니다. 화려하거나 유적지가 많은 것도 아닌 소박한 뮐하우젠(Mühlhausen)이 그곳인데 방문할수록 애잔한 마음이 드는 도시입니다. 종교개혁자 중 한 사람이고 루터와는 다르게 교회 개혁뿐 아니라 국가 사회 개혁을 함께 이뤄야 한다는 생각으로 매우 적극적이고도 과격한 방법을 선택해 농민 전쟁까지 치르며 개혁을 하려 했던 토마스 뮌처의 본거지였던 곳입니다.

즉 로마가톨릭교회에만 항거한 것이 아니고 당시 정치권력에도 항거를 했다는 것인데 전쟁에 패하면서 몰살된 농민들의 수가 10만여 명에 이른다 하고 그들의 피가 수십 킬로를 흘러내려 갔다고 전해지고 있으니 그 참혹함은 상상 이상일 것입니다. 그리고 실패한 혁명으로 인해 뮐하우젠은 독일 역사 가운데 수

백 년 동안 정치 사회적으로 가장 홀대받고 배척의 대상이 돼 왔으며 그 영향이 현대까지도 이어지고 있다고 하는 슬픔의 도시입니다.

뮐하우젠은 중세시대 제조업과 무역이 성행한 유럽에서 가장 크고 발달한 대도시였다고 하는데 농민 전쟁 사건의 영향으로 지금은 옛 명성의 흔적을 찾을 수 없는 조금은 초라한 분위기의 소도시가 돼버렸습니다. 독일의 종교개혁 관련 성지를 찾다 보면 이런 애잔한 감동을 주는 곳이 너무도 많고 옛 명성은 간 곳 없는 그곳의 소박하고 애틋한 분위기가 마치 시간이 멈춰 버린 듯한 조금은 특별한 도시의 분위기를 느끼곤 합니다.

루터와 같이 성경을 중심으로 교회 개혁을 주장한 개혁자들이나 뮌처와 같이 성령 운동과 함께 사회개혁까지 주장했던 개혁자들이나 그 개혁의 노선과 관계없이 개혁자로서 겪어야 했던 외로움과 고독, 갈등과 원망, 비난과 조롱 그리고 끊임없는 죽음의 위협 등은 그저 삶의 안락함만을 추구하는 수준에 머물러 있는 저와 같은 보통 사람들의 머리로는 상상할 수 없는 고통이었을 것입니다.

그 슬프고 애잔한 맘을 갖게 하는 쓸쓸한 분위기의 뮐하우젠에서의 여정 가운데 그나마 마음을 달래줬던 일은 약관의 바흐가 봉직했던 성 바실리 교회와 그곳에서 바흐가 직접 설계했다는 가장 독일적이라고 하는 오르간을 볼 수 있다는 것이었습니다. 특히 그 오르간의 전면 나무판에 새겨져 있는 'SOLI DEO GLORIA'(오직 주님께만 영광)라는 바흐 평생의 지표가 된 말씀이 젊은 시절부터의 바흐의 신앙고백이었음을 얘기하는 것 같아 마음에 늘 깊은 감동과 위로를 받습니다.

루터는 여러 차례 자신이 사제가 되지 않았다면 음악가가 되었을 것이라고 고백한 바 있습니다. 이는 단순히 음악을 좋아하는 수준이거나 음악을 하고 싶다는 희망의 표현 정도가 아니고 음악가로서의 충분한 자질을 갖추고 있었음을 여러 기록과 남긴 작품을 통해 알 수 있습니다.

특히 그가 음악의 의미와 가치에 대한 설명이나 각종 표현을 하는 것을 보면 음악을 어떠한 차원으로 이해하고 있는지를 알 수 있습니다. 루터는 절친이었던 르네상스 시대 독일을 대표하는 작곡가 루트비히 젠플에게 보낸 편지를 통해 다음과 같이 말합니다.

> 친구여 내가 생각하기에
> 이 세상의 모든 일 가운데
> 하나님을 알게 하고(정情)
> 하나님 아는 지식을 풍성하게 하고(지知)
> 하나님께 가까이 가게 하는 것은(의意)
> 음악밖에 없다고 생각한다네

이 글은 이 세상 누구의 말이나 글에서도 찾을 수 없을 정도로 음악의 본질에 대해 완벽하게 정리한 최고의 표현이고 음악의 가치에 대한 최고의 찬사라고 생각됩니다.

Soli Deo Gloria
오직 주님께만 영광

내 주는 강한 성이요(M. 루터)
서울모테트합창단

 교향곡 5번 "종교개혁"(F. 멘델스존)
프랑크푸르트 라디오 심포니 오케스트라

 "내 주는 강한 성이요" 주제에 의한 교향적 환상곡(C. 슈프렝어)
바이마르 시립교회 루터란 심포니

 내 주는 강한 성이요
비텐베르크교회 2017년 종교개혁 기념예배

4 시와 찬미와 신령한 노래로(시편 찬송)

세상 나라 군왕들은 왜 분노하는가
어찌하여 헛된 일을 왜 경영하는가

기름 부음 받은 자를 왜 대적하는가
주의 결박, 그의 맨 것 왜 끊으려는가

하늘에 계신 주께서 비웃으시리라
주의 노를 발하시며 책망하시리라

내가 왕을 거룩한 산 시온에 세웠다
그는 나의 아들이라 나의 독생자라

세상 관원 임금들아 지혜를 얻으라
여호와를 경외하라 떨며 섬기어라

그 아들에 입 맞추라 주 진노하신다
여호와께 피하는 자 복이 있으리라

시편 2편 '세상 나라 군왕들은'

은혜의 열매,
찬송

　창조주 하나님과 하나님 지으신 자연과 하나님의 형상대로 지음을 받은 우리 인생에 대해 깊이 생각을 하게 한 코로나19의 위험과 지난 시간을 뒤로하고 이제 또 새롭게 맞이하는 주일 여명에 하나님을 찬송하는 것, 창조주를 노래하고 그의 구원을 노래하는 것에 대해 생각해 봅니다. 내용으로나 방법으로나 순전한 찬송이 어떤 것이어야 하는가? 우선 찬송의 대상이신 하나님께 집중할 수 있어야 한다는 것입니다.

　그런데 요즘 찬송의 내용이나 방법이 찬송의 주체이자 대상이신 하나님께 집중하기보다 찬송하는 사람들이 주체가 되는 모습으로 개념과 방향이 바뀌어 가는 것 같아 안타까운 마음이 듭니다. 이러한 현상이 CCM은 물론이고 클래식 찬양에 이르기까지 가리지 않고 나타나는 것으로 볼 때, 찬송이 무엇이며, 찬송의 대상은 누구이며, 찬송의 방법은 어떠해야 하는지 교역자로부터 평신도에 이르기까지 잘못 인식하고 잘못 가르치는 것 아닌지 우려가 됩니다.

　우리는 찬송의 도구인 음악의 본질과 가치에 대해 근본적 관심과 올바른 이해가 절대적으로 부족하다고 생각이 됩니다. 음악의 기능과 역할, 유익성과 유해성 등에 대한 관심과 연구가 전무하다 할 정도로 교회음악과 찬송에 대한 개념이 올바로 정립되기 어려운 현실입니다. 예배에서의 중요한 역할을 넘어 은혜의 열매요, 성도들의 신앙 정서의 요체요, 신앙 행위의 핵심인 찬송과 그 찬송의 도구인 음악을 성경적으로나 신학적으로 연구하지 않고, 이를 일선 목회자들의 개인적 기호사항처럼 방임하는 위험한 상황이 되어버렸습니다.

　그리하여 찬송의 주체이신 거룩하신 하나님을 온전히 높이고, 거룩한 교회의 세상과 구별됨을 드러내고, 경건한 성도들의 삶을 변화시킬 최고의 방법인 찬송의 은혜를 외면하고 포기하는 걱정스러운 상황이 되어버렸습니다. 찬송과 찬송의 도구인 음악에 대한 개념과 가치의 기준을 세상적 판단 논리에 무책임하게 의존하게 되었고, 모든 찬양의 현상이 정서적으로 세상 음악의 유행을 모방하는 수준이 되어 버린 한국 교회의 현실이 답답하고 안타깝습니다.

　인생 최대 목적은 창조주 하나님을 기뻐하고 그를 높이고 찬송하는 것이라 했는데 찬양의 행위에서 가장 중요한 찬송, 그 찬송의 도구인 음악에 너무도 무관심하고 무지한 나머지 사탄에게 큰 틈을 내주어 교회와 성도들이 큰 위험에 노출되어 있는데도 전혀 자각조차 하지 못하는 현실에 우려와 슬픔을 느낍니다.

　찬송은 하나님의 하나님 되심에 그 초점이 맞춰져야 하고, 오직 그분께만 집중할 수 있게 해야 하는데, 요즘은 인간이 하나님 앞에서 퍼포먼스 하듯 자신의 감정 상태를 드러내고, 자기가 하고 싶은 말을 무한 반복 되뇌는 것을 찬송으로 착각하는 경향이 있습니다. 찬송의 주체(주인)가 하나님이 아니라 찬양하는 사람들 자신이 돼버린다는 것인데, 마치 미신과 유사종교, 이단 등에서 자신들의 (귀)신을 불러내는 행위와 유사하기에 이것은 기독 신앙의 뿌리를 뒤흔들 수도 있는 일임을 우려하지 않을 수 없습니다.

그 대안으로서 음악적인 기교나 화려함을 자제하고, 말씀에 집중할 수 있는 곡조로 노래하는 시편 찬송을 연구, 보급하는 일이 시작되었고, 이제 많은 교회와 목회자와 성도들이 이 일에 동참하고 있습니다.

인간이 과학과 물질문명을 통해 쌓아올린 현대 사회의 바벨탑은 마치 창조주 하나님을 대체할 수 있을 것만 같고, 그럴싸한 위대한 업적을 이뤄 온 인류와 일부 영웅시되는 인간들이 노아 시대의 네피림처럼 특별한 존재로 여겨집니다. 특히 대중들을 열광케 하는 많은 엔터테이너들이 시대정서를 이끌어 가고 이를 우러러보고 흠모하는 시대가 되어버렸습니다. 이러한 시대에 찬송의 본질과 그 능력을 회복시키고자 하는 이 시편찬송 운동은 방주를 만들던 노아와 같이 참 어리석어 보이고 비난과 조롱의 대상이 될 수도 있습니다. 이를 위해 사역하는 주의 종들을 기억해 주시고 하나님을 온전히 찬송하는 일에 관심과 동참 부탁드립니다.

이 백성은 내가 나를 위해 지었나니
나의 찬송을 부르게 하려 함이라(사 43:21).

찬송이야말로 하나님을 힘입을 수 있는 성도들의 가장 훌륭한 믿음의 행위요 의무이며 특권입니다.

시편 2편 "세상 나라 군왕들은"(J. 털)
서울모테트합창단

시편 27편 "주는 나의 빛이요"(S. 그로스베너)
서울모테트합창단

내 영혼이 은총 입어(찬송가)
서울모테트합창단

노래로 하나님께 찬양(L. v. 베토벤)
서울모테트합창단

여호와여 도우소서 이 인생 중에서
경건하며 충실한 자 없어지나이다

거짓하며 아첨하는 마음과 입술들
자랑하는 혀를 주는 미워하시도다

가련하며 궁핍하여 탄식을 하는 자
저를 그 안전지대에 두리라 하시네

흙 도가니에 일곱 번 단련한 은같이
여호와의 그 말씀은 순결하시도다

악과 거짓 인생 중에 높아지는 이때
악인들이 처처에서 횡행하는도다

주여 우리 지키시사 이 세대로부터
영영토록 보존하며 붙잡아 줍소서

시편 12편 '여호와여 도우소서'

시와 찬미와
신령한 노래

술 취하지 말라 이는 방탕한 것이니 오직 성령의 충만을
받으라 시와 찬미와 신령한 노래들로 서로 화답하며 너희
마음으로 주께 노래하며 찬송하며(엡 5:18, 19).

그리스도의 말씀이 너희 속에 풍성히 거하여 모든 지혜로
피차 가르치며 권면하고 시와 찬미와 신령한 노래를 부르며
마음에 감사함으로 하나님을 찬양하고 또 무엇을 하든지
말에나 일에나 다 주 예수의 이름으로 하고 그를 힘입어
하나님 아버지께 감사하라(골 3:16, 17).

위의 두 성경 본문에 '시와 찬미와 신령한 노래'라는 말씀이
나옵니다. 성도들이 세상의 모든 육체의 소욕을 멀리하고 말씀
충만, 성령 충만으로 해야 할 최우선 덕목이 하나님께 찬송하는
것임을 명하고 계십니다. 여기에 나오는 시, 찬미, 신령한 노래,

이 세 가지의 개념에 대하여 교회에서 오랫동안 여러 가지 해석이 있었고 그 내용이 조금씩은 달랐다는 것을 알 수 있습니다.

예를 들면, 시는 시편을 의미한다 하고 찬미는 회중찬송을 의미한다 하고 신령한 노래는 오늘날의 복음성가라는 의견이 있는가 하면 성가대(찬양대)가 부르는 음악적으로 수준 높은 성가를 의미한다는 주장까지 있어 왔습니다. 그런데 초대교회 시절 지중해 연안에 흩어져 있던 디아스포라 유대인들을 위해 편찬했던 70인역 성경에 의하면 이 세 가지 찬송의 형태에 대해 모두 '시편을 노래하라'의 의미로 쓰여져 있음을 볼 수 있습니다. 그만큼 시편은 찬송의 표준이 됨은 물론, 성도들의 삶 전체에 하나님을 향한 믿음과 그 믿음의 열매로서의 찬송과 찬양의 표준이 됨을 일깨워 줍니다.

양의문교회 김준범 목사님(서울모테트음악재단 단목)은 15년여 세월 동안 심혈을 기울여 시편 찬송가를 편찬(고려서원)하셨고 지난 10년간 서울모테트합창단은 시편 찬송을 계속 녹음해 왔습니다.

우리가 계속 써 온 기존의 찬송가와 성가곡들도 듣는 모든 분들께 은혜와 감동을 누리게 하지만 시편 찬송만이 주는 또 특별한 은혜가 있습니다. 그리고 오늘과 같이 어려운 때에 곤고한 인생이 험한 세상을 살아가며 겪는 삶의 모든 질고와 고통을 하나님 앞에 내려놓고 노래하는 시편이야말로 우리가 하루도 거르지 않고 묵상해야 할 말씀이 아닌가 생각됩니다.

올려 드리는 시편 찬송이 찬송으로서의 의미뿐 아니라 생활 속에서 늘 시편 말씀을 묵상하고 읊조릴 수 있는 좋은 방법이 되리라 생각합니다. 이 글을 읽으시는 모든 분들이 시편 찬송의 은혜를 충만히 누리실 수 있기를 바랍니다.

시편 12편 "여호와여 도우소서"(J. 크뤼거)
서울모테트합창단

 시편 48편 "하나님이여 우리"(J. M. 하이든)
서울모테트합창단

 찬송으로 보답할 수 없는(찬송가)
서울모테트합창단

 여호와를 찬양하라 열방들아(G. P. 텔레만)
서울모테트합창단

여호와 내 목자시니
부족함 없도다
푸른 초장 쉴 만한 물가
날 인도하시네

내 영혼 소생시키며
주 이름 위하여
의의 길로 인도하시는
내 목자 되시네

주 지팡이와 막대기
날 안위하시니
사망 골짝 날 해치 못해
주 함께하시네

내 원수의 목전에서
상을 베푸시고
기름으로 바르셨으니
내 잔이 넘치네

주 선하심 인자하심
날 따르오리니
내가 정녕 여호와 집에
영원히 거하리

시편 23편 '여호와는 나의 목자'

어머님 기도 음성
귓가에 들리네

　시편 23편처럼 은혜롭고 위로되는 말씀이 또 어디에 있을까
요. 이 시편은 그리스도인들이 험한 인생길 살아가는 동안 평생
누릴 수 있는 최고의 영적 휴양지와 같아서, 언제든 찾아가 쉬고
위로받고 재충전하고 새 힘을 얻을 수 있는, 그야말로 '어머니의
품'과 같은 말씀입니다.

　이 세상에서 가장 존경하는 인물이 누구냐고 물었을 때 자
신의 부친을 꼽는 사람은 흔히 볼 수 있는데 '어머니'라고 대답
하는 사람은 많지 않은 것 같습니다. 왜 그런 것일까 생각해 보았
습니다. 이 세상 모든 어머니의 삶이 아버지의 삶에 비교하여 그
렇게 존경할 만한 가치가 없어서일까요? 아니면 이 세상 모든 어
머니의 사랑과 희생은 너무도 당연한 것으로 받아들여져 사람들
이 진정 그 가치를 몰라서 그럴까요? 그럴 리가 없습니다. 결코
그럴 수 없습니다.

　이 세상 모든 사람이 품고 있는 어머니에 대한 생각은, 그 어

떤 이성과 논리로써 쉽게 규정할 수 없는 존재이고 그 어떤 미사여구로도 다 표현할 수 없는 분이며 그 어떤 도량으로도 절대 측량할 수 없는 사랑과 희생의 원천이기에 이 세상 그 무엇에 견주어 비교할 만한 대상이 될 수 없는 고귀한 존재이기 때문일 것입니다.

그렇기에 인간을 구원하시려는 하나님의 극진하신 사랑과 그 뜻을 이루시기 위해 죽기까지 순종하시고 부활의 첫 열매 되어 주심으로 구원의 완성을 이루어주신 주님의 은혜를 깨닫게 해 주시려고 어머니를 주셨다는 말이 더 은혜롭게 다가옵니다.

이 세상에 아무리 평범하고 하찮아 보이는 여인이라도 그 누군가의 어머니는 이 세상에 가장 위대한 업적을 남긴 그 어떤 훌륭하고 존경받을 만한 아버지보다 더 위대하고 훌륭한 분입니다. 그런 '어머니'라는 위대한 분의 한없는 사랑을 받은 우리는 모두 참 행복한 존재입니다.

많은 사람들이 철이 없는 시절엔 어머니의 사랑과 희생의 가치를 제대로 알지도 못하거니와 또 그 사랑과 희생을 너무도 당연한 것이라고도 생각하다가 나이가 들거나 어머니와 세상에서 이별하고 나서야 자신의 어리석음을 뼈저리게 깨닫고 눈물로 후회하는 경우가 많음을 볼 수 있습니다. 청파교회 김기석 목사님께서는 "'어머니'라는 분은 이 세상에서 '나'라는 존재를 있는 그대로 100퍼센트 이해해 주고 받아주시는 유일한 분입니다"라고 말씀하셨습니다. 한 어머니의 아들인 저는 참 행복한 사람인 동시에 그 사랑과 희생을 너무도 당연한 것으로만 여기며 살았던 참으로 어리석은 불효자입니다.

제 나이 40대 초반 어느 날, 어머니 연세 일흔이 넘으셨을 때의 일입니다. 제가 사는 집에서 그리 멀지 않은 거리에 큰형님 가족과 함께 사시던 어머니를 찾아뵈었는데 어머니께서 검은색 하드커버로 된 책 한 권을 제 손에 쥐여 주셨습니다. 50대 초반에 아버지와 사별하신 어머니는 예순 무렵부터 공부를 시작하셔서 바이블 스쿨을 시작으로 신학 공부에 이어 상담심리 대학원까지 10여 년을 공부에 매진하셨는데 그때 마침 대학원 졸업 논문을 완성하신 것이었습니다. 어머니의 대학원 논문집 제목은 "우울증의 치료와"로 시작되었고, 저는 그 제목을 유심히 바라보고 있었습니다. 그러는 저를 또 지긋이 바라보시던 어머니는 마치 제 마음을 읽으신 듯, 제목을 정하신 이유와 당신의 살아오신 이야기를 전에 없이 자세히 얘기해 주셨습니다.

가정을 돌보지 않고 타지를 돌아다녔던 아버지로 인해 극심한 생활고를 겪으며 사셨던 어머니는, 명석한 머리와 남다른 노력으로 초등학교 수석 졸업에 중학교 전 학년 장학생이 되었음에도 결국 생활고를 견디지 못하여 중학교를 다 마치기 전에 학업을 포기하셨고, 소녀 가장 생활을 하게 되셨습니다. 그런 어머니를 안타까이 여겼던 선생님들과 학교장의 특별 추천으로 사범학교 출신이 아님에도 초등학교 교사가 되어 몇 년간 교사 생활을 하셨던 것, 본인도 너무 힘든 상황임에도 야학 선생이 되어 더 어려운 이들을 위해 한글과 음악을 가르치며 봉사하셨던 일, 초등학교 시절 풍금을 잘 치고 싶은 마음에 종이에 건반을 그려놓고 피나는 연습을 거쳐 교회 반주와 함께 학교와 야학에서 음악 수업을 도맡아 하셨던 일 등을 말씀해 주셨습니다.

어려운 환경에서 성장함으로 우울감을 떨쳐버릴 수 없는 자신이 어떻게 온전히 자식을 키울 수 있을까 하는 마음에 큰아들을 낳은 후로 평생 새벽기도를 쉬지 않으며 삶의 모든 문제에 하나님을 의지한 일, 또한 고통 어린 삶의 여정 동안에 겪었던 수많은 어려움을 부단한 인내심과 신앙의 힘으로 버티시며, 어머니를 아시는 모든 분의 기억 속에 아주 선명히 남아 있을 그 명품 웃음으로 승화시켜 살아오신 나날을 말씀해 주셨습니다.

마흔이 넘은 철없는 아들은 그때에야 비로소 한 남자의 아내이자 형제들의 어머니가 아닌 자연인으로서의 어머니, 한 여인으로서의 어머니의 삶을 처음 제대로 공감하는 계기가 되었고 그동안의 무심한 마음을 뉘우치고 진심으로 감사하고 존경하는 마음을 갖게 되었습니다. 그 어머니께서 돌아가신 지 여러 해가 되었고, 떠나신 어머니를 생각하며 그리움과 애틋함, 죄송함과 회한이 교차하는 맘을 금할 수 없습니다. 이제는 그 은혜를 갚을 길 없는 처지가 된 것이 안타깝고 서글프기도 합니다.

김정준 목사님의 시에 박재훈 목사님이 곡을 쓰신 〈어머님 노래〉를 통해 나의 어머니, 우리 모두의 어머니를 기억하고 그 한없는 사랑과 희생을 기려 봅니다.

어머님 노래

김정준 시 │ 박재훈 곡

언제나 바라봐도 늘 보고 싶은 분
기쁠 때 슬플 때에 늘 보고 싶은 분
모든 것 주시고도 더 주시려는 이
어머님 한 분 이외 또 어디 있으랴

내 항상 거스려도 다 용서하시고
날 웃게 하시려고 어머님 우시네
집 떠나 먼 곳에서 내 방황하여도
어머님 기도 음성 귓가에 들리네

죄인을 구하려고 독생자 보내신
그 사랑 알게 하려 어머님 주셨네
그 손을 마주 잡고 드리는 예배는

천년이 하루같이 즐거운 때일세

어머님 크신 사랑 뉘 감히 알리오
안다고 하는 것이 모르는 것이오
갚는다 장담해도 못 갚을 것이니
내 평생 기도 중에 어머님 부르리

시편 23편 "여호와 내 목자시니"(J. S. 어빈)
서울모테트합창단

여호와는 나의 목자시니(H. 스마트)
서울모테트합창단

여호와는 나의 목자시니(F. 슈베르트)
서울모테트합창단

The Lord is my Shepherd
여호와는 나의 목자시니("레퀴엠" 중, J. 루터)
서울모테트합창단

내 눈을 들어 산을 향하네
나의 도움이 어디에
나의 도움이 천지 지으신
여호와에게서로다

여호와께서 너를 붙들어
실족지 않게 하시며
너를 지키는 주 여호와는
졸지도 아니하시리

이스라엘을 지키시는 자
주무시지 아니하며
네 우편에서 너를 지키며
너의 그늘이 되시리

여호와께서 너를 지키사
낮의 해나 밤의 달이
너를 상치도 너를 해치도
못하도록 지키리라

여호와께서 너를 지키사
모든 환란 면케 하며
너의 영혼과 너의 출입을
영영토록 지키리라

시편 121편 '내가 산을 향하여'

여호와는 너를
지키시는 자라

　제가 스무 살, 아직 철들기 전 아버지와 이별한 뒤 벌써 40년이 다 되어 가고 소소한 기억과 추억들은 점점 잊혀져 갑니다. 그러나 우러나는 그리움은 진정 뼈에 사무친다고 하는 것이 어떤 의미인지를 알 수 있습니다. 한국 기독교 초기 교세가 가장 강했던 곳 중 하나였던 황해도 신천에서 태어나신 아버지는 일제 강점기 시절 대부흥사 김익두 목사님께서 담임하셨던 신천서부교회에서 자라고 평양신학교에서 공부하셨습니다. 공산정권이 학교를 폐교시켜 학업을 중단하게 되었고 이어진 전쟁으로 삶의 모든 기반이 송두리째 날아가 버리는 상황 속에 도저히 신학 공부를 계속 이어갈 수 없는 안타까운 상황을 겪으셨습니다.

　비록 목회자의 꿈을 이루지는 못하셨지만, 청교도적 신앙을 바탕으로 바른 신앙과 절제된 삶의 자세로 평생 그리스도인의 모본이 되어 주셨고, 그 신앙의 그루터기 위에 저와 저의 형제들 그리고 저희의 자식 세대들까지 그 덕을 누리며 살 수 있게 해주셨습니다. 비록 일찍 돌아가셔서 부자간의 정을 나눌 시간은 많지 않았으나 오히려 그 귀한 신앙의 정신과 거룩한 삶의 유전은 하나님 은혜 안에 제 몸과 마음에 더욱 강하게 뿌리내렸음을 시간이 갈수록 더 깊이 느끼고 있습니다.

아버지께서 가정예배를 드리거나 성경 말씀을 가르쳐 주실 때는, 구약에서는 욥, 시편, 잠언, 전도서를 신약에서는 마태복음의 산상수훈과 로마서를 자주 말씀하시곤 하셨습니다. '신학 공부도 하셨다는데 그 많은 말씀 중 왜 매일 욥, 시편, 잠언, 전도서야?' 투덜댔던 저는 잠언에 자주 나오는 표현 "내 아들아" 하는 말씀 때문에 평소 저희 4형제에게 하시고 싶었던 말씀을 대신해 주어 그런가 보다 어린 마음에 그렇게 생각했습니다.

그러나 이제 저도 중년의 시간을 보내며 아버지께서 그 고단한 삶을 마치셨던 나이에 이르러 생각해 보니, 제게도 구약의 욥, 시편, 잠언, 전도서와 신약의 산상수훈과 로마서의 말씀이 삶의 자리마다 고난의 시간마다 가장 자주 묵상하고 가장 사랑하는 말씀이 되었고 특히 평생 그 시편을 연구하고 시편을 노래하는 교회음악인의 길을 가고 있는 것이 결코 우연이 아니라는 생각이 들고 주님의 섭리에 감사를 드립니다.

아버지께서 시편을 가르치실 때 가장 자주 가르치셨던 말씀이 '성전에 올라가는 노래'인 시편 121편입니다. 시편 120편에서 134편까지의 시들은 모두 '성전에 올라가는 노래'인데 그 시편들은 모두 감사와 감격의 내용을 담고 있는 찬양가들로서 이스라엘 백성들이 성전에 올라간다고 하는 것이 얼마나 특별하고 감격적인 일이었는지를 잘 보여주는 시편들이라고 하겠습니다.

이 시편 121편을 묵상하며 그와 관련해 또 어떤 내용의 글을 써야 하는가 하는 마음이 생기자, 이내 저는 늘 그랬듯이 저도 모르게 욥기와 잠언, 전도서를 펼쳐서 묵상하기 시작했습니다.

"기록된바 의인은 없나니 하나도 없으며"라고 하신 로마서의 말씀처럼 인간의 한계를 깨닫게 해주는 욥기의 그 극적인 말씀, 한 구절 한 구절 금과옥조 같은 인생의 매뉴얼을 기록한 잠언, 삶에 대한 철저한 회의와 철저한 회개의 고백들인 전도서의 말씀들이 성경의 중심인 시편의 말씀을 정말 다양한 각도와 다양한 차원에서 해석을 해주고 있다는 생각이 들었습니다.

우리의 부모님과 자녀들, 그리고 주님께서 천국의 모형으로 주신 복된 가정과 더불어 살게 하신 친지와 이웃을 생각하며 모든 인생이 평생 묵상할 거룩한 삶의 노래인 시편과 시가서의 말씀들을 찬송과 함께 묵상할 수 있게 해주신 주님께 깊이 감사드립니다.

시편 121편 "내 눈을 들어 산을 향하네"(스코틀랜드 민요)
서울모테트합창단

시편 103편 "내 영혼아 여호와를"(N. 두갈)
서울모테트합창단

나의 눈을 들리라(G. E. 존)
서울모테트합창단

주 너를 지키시리(J. 루터)
서울모테트합창단

여호와가 포로들을
돌리실 때에 우리가
꿈꾸는 것 같았도다
웃음 가득하였도다

열방중에 말하기를
여호와가 우리 위해
대사를 행하셨도다
모두 크게 외치어라

여호와가 우리 위해
대사를 행하셨으니
우리들은 기쁘도다
참 기쁘고 즐겁도다

주여 우리 포로들을
시내 같이 돌리소서
울며 씨를 뿌리는 자
기쁨으로 거두리라

울며 씨를 뿌리려고
나가는 자들은 정녕
기쁨으로 그의 단을
가지고 돌아오리

시편 126편 '여호와가 포로들을'

에벤에셀,
임마누엘

이 시편 본문의 내용을 요약 정리하면 다음과 같습니다.

하나님은 우리에게 구원을 베푸셨고 그 구원은 우리를 기쁘게 하고 우리의 입술에 찬양이 넘치게 하셨고 우리 평생에 구원의 노래를 부르게 하셨다(1-3절).

아직도 그 놀라운 구원의 은총을 누리지 못하는 사람들을 위해 우리는 기도하고 섬겨야 할 것이다(4절).

앞으로도 우리는 눈물로 씨를 뿌리고 울면서 씨를 뿌려야 할 의무가 있고 그리하면 정녕 그 열매로서 기쁨으로 단을 거두리란 믿음으로 살 것이다(5, 6절).

하나님께서 베푸신 구원의 은총을 입은 우리 인생의 궁극적인 가치와 최선, 최우선의 의무가 무엇인지를 가르쳐 주고 있는 이 말씀은, 우리 모두에게 마음의 기쁨과 입술의 열매인 찬송을 통해 평생 구원의 노래를 부르라고 명령하십니다. 인생들이 은혜의 열매요 구원의 노래인 찬송을 부르는 것이 얼마나 중요한 것인지, 그것에 더해 하나님을 노래하는 일을 평생의 업으로 삼는다고 하는 것이 얼마나 복된 일인지 다시금 깨닫습니다.

그러나 이 세상에는 하나님 베푸신 구원의 은총을 모르고 인생에 주신 참 기쁨을 누리지 못하는 사람들이 너무도 많기에 그들에게도 구원의 노래를 부를 수 있게 인도하는 일이 우리 평생에 주어져 있음을 생각하게 해줍니다. 그렇기에 우리에게 주어진 사명은 이전에도 그러했듯 이후에도 눈물로 씨를 뿌리는 일이 될 것임을 말씀하십니다. 그리고 그 거룩한 의무를 성실하게 감당하는 자들에게는 반드시 기쁨으로 단을 거두리라는 약속의 말씀도 주심에 큰 은혜가 됩니다.

저와 서울모테트합창단의 지난 30여 년의 세월 함께해 주신 에벤에셀의 하나님께 감사드리고 지금도 우리와 동행해 주시는 임마누엘의 하나님을 찬송합니다. 지난 세월 하나님께서 우리 합창단을 통해 하시고자 했던 일이 무엇이며 이후로도 더 이루어 가기 원하시는 것이 무엇인지를 생각해 보게 됩니다.

시편 126편 "여호와가 포로들을"(E. 밀러)
서울모테트합창단

 하나님의 진리 등대(찬송가)
서울모테트합창단

 예수 따라가며(찬송가)
서울모테트합창단

 예수로 나의 구주 삼고(찬송가)
서울모테트합창단

2

명성가와

나의
노래

1 해와 달, 별들도 우리 위한 것

예수님은 나의 기쁨 되시니
나의 마음에 위로와 소망 되시도다

예수님은 나의 모든 고난을 막으시고
그분은 나의 삶의 참 힘이 되시도다

나의 눈에 즐거움과 참 빛이 되시고
나의 영혼의 참 보배와 기쁨 되시도다

그러므로 나의 마음과 나의 시선은
결단코 주님을 떠나지 않겠나이다

Jesus bleibet meine Freude,
meines Herzens Trost und Saft,

Jesus wehret allem Leide,
er ist meines Lebens Kraft,

meiner Augen Lust und Sonne,
meiner Seele Schatz und Wonne;

darum laß ich Jesum nicht
aus dem Herzen und Gesicht.

바흐 | 예수는 우리의 기쁨

J. S. Bach | Jesus bleibet meine Freude

나의 기쁨,
나의 소망 되시는 주님

〈예수는 우리의 기쁨〉은 바흐의 작품뿐 아니라 모든 클래식 음악 중에서도 가장 많이 알려지고 사랑받는 곡이라고 생각합니다. 저는 이 곡을 초등학교 어린 시절, 집에 있던 일체형 전축에 올려진 해적판 LP를 통해 마치 비 오는 날 녹음한 것 같은 음질로 처음 들었는데 이 곡의 특별한 가치는 물론이고 누구의 연주인지도 모르고 들었지만 그저 마냥 좋은 곡이었습니다.

이후 중학교 들어갈 무렵 영국의 데카(Decca)에서 나온 바흐의 대 히트곡 모음 음반을 통해서 슈투트가르트 챔버의 거장 카를 뮌힝어(Karl Münchinger 1915-1990)가 연주한 바흐의 다른 명곡들을 접할 수 있게 되었는데 그때 〈마태수난곡〉의 첫 곡과 마지막 곡, 관현악모음곡 중의 〈G 선상의 아리아〉, 〈브란덴부르크 협주곡〉 등과 함께 또 이 곡을 감상하게 되었습니다.

그리고 교회의 중고등부에 올라갔을때 그 당시 유행하던 예술제(문학의 밤)가 우리 교회에서도 열리게 되었고, 그 예술제 제목이 '예수는 우리의 기쁨'이었습니다. 이 곡이 예술제의 마지막을 장식했고 그 덕에 까까머리 중학교 1학년이었던 제가 이 곡의 알토를 부르며 바흐의 음악을 처음 노래하는 기쁨과 영광을 맛보았습니다.

그리고 예술제 순서 중에 청소년들의 감성을 자극하는 순서로 문학 작품 낭송이 있었는데 '아낌없이 주는 나무'라는 작품을 빵떡 모자 쓴 고등학생 누나가 낭랑한 소리로 낭송을 했고 그 배경 음악을 바흐의 〈G 선상의 아리아〉로 했던 꽤 고상한 분위기의 예술제였습니다.

당시 저희 교회는 서울에 인접한 지역의 출석 교인 수 200명 남짓에 중고등부 학생 다 합쳐도 70-80명 정도인 비교적 작은 규모 교회였는데 예술제가 소문이 나서 원근 청소년들이 몰려오는 바람에 교회 유리창을 열고 밖에서도 볼 정도였습니다. 이러한 모든 추억들이 제가 음악을 접하고 공부하는 데 큰 도움이 되었고 어린 제게 정서적으로 좋은 영향을 끼친 것 같습니다.

오래전 세계 각국의 민요와 그 민족들의 타고난 음악성과의 관계를 연구했다는 학자의 연구 결과를 들은 적이 있습니다. 세계의 모든 민족들 가운데 3박자 계통의 민요를 갖고 있는 민족들에게서 남다른 뛰어난 음악성이 나타난다는 것이었죠. 왜 3박 계통의 민속 음악이 민족 간, 사람 간의 음악성에 관련 있을까 생각을 해보게 됩니다. 얼마 전 한 미술 작가분께서 "하나님께서 창조하신 세상의 모든 것들은 곡선으로 되어 있고 직선으로 되어진 것들은 모두 인간이 만든 것이다"라고 말하는 것을 들은 바 있습니다. 그 말을 듣고 저도 모르게 "아, 정말 그렇구나" 하며 무릎을 치고 깊이 공감을 하게 되었습니다. 물론 모든 음악은 리듬이나 화성 선율면에서 모두 곡선적 요소를 갖고 있지만 그중 3박자 계통은 그 곡선적 아름다움의 극치를 보여주는 최고의 리듬이 되기 때문이라고 생각됩니다.

음악을 연주함에 있어서도 다른 박자들보다 가변성과 의외성이 많은 3박 계통의 음악을 해석하고 표현하는 것이 훨씬 어렵고 그만큼 완벽하고도 아름다운 리듬이 되는 것 당연하다고 생각이 됩니다. 우리나라 민요들의 대부분이 3박 또는 겹3박 계통으로 이루어져 있음을 볼 때 우리 민족이 클래식 음악과 대중음악을 통틀어 세계적으로 높은 음악성을 인정받고 있는 것, 당연한 결과라는 생각이 듭니다.

바흐의 〈예수는 우리의 기쁨〉은 4분의 3박자로 되어 있고 한 박자 한 박자가 셋잇단음으로 이루어진 복합 3박 형태의 리듬으로 구성된 곡입니다. 3박자 음악으로서의 자연스러움과 풍부한 음악성에 더해, 한 박 한 박 매 음들도 셋잇단음으로 된 작은 3박을 안고 가는 곡이라 더욱 자연스럽고 아름다운 곡으로 만들어진 최고의 걸작이 되었다고 생각합니다. 물론 이 곡이 애초에 그러한 3박 스타일로 쓰인 것은 예수 그리스도를 조명하고 예수 그리스도의 탄생 이야기를 소재로 한 대강절 칸타타로서 바로크 당시의 전통적으로 쓰이던 목가적 분위기를 표현하기 위해 쓰여진 곡이지만, 그런 이론적 설명이 아니더라도 곡 자체로서 최고의 아름다움과 가치를 가진 곡입니다.

거기에 바흐로 하여금 그러한 아름다운 곡을 만들어 내게 한, 영감을 불러일으킨 텍스트는 더 은혜롭고 아름다운 내용이기에, 모든 이에게 영원히 들려지고 모든 이들이 영원히 불러야 할 신앙과 찬송의 최고의 유산이요, 귀하고 귀한 하나님의 선물이라 생각합니다. 우리말로 부르는 가사는 오랜 세월 불리어 귀에 익은 가사이지만 전체적으로 의역이 되어 있어서 원문을 더 정확히 번역한 가사를 올려드립니다.

Soli Deo Gloria
오직 주님께만 영광

 예수는 우리 기쁨(J. S. 바흐)
서울모테트합창단

 예수는 우리의 기쁨(두 대의 피아노를 위한 변주곡, J. S. 바흐)
피아노/루카스 유센, 아르투스 유센

 칸타타 BWV147 "마음과 입술과 행위와 삶으로"(J. S. 바흐)
스위스 트로겐교회 합창단 & 오케스트라, 지휘 / 루돌프 루츠

 예수는 우리의 기쁨(오보에와 코랄 연주, J. S. 바흐)
오보에/알브레히트 마이어

아름다운 대지에
넓게 드리워진 하늘
창조주 하나님이
우리 위해 펼치신 놀라우신 솜씨라
즐거운 감사의 노래 부르나이다
다 함께

밝은 낮과 어둔 밤
높은 산과 낮은 계곡
예쁜 꽃 푸른 나무
해와 달과 별들도 우리 위한 것이니
즐거운 감사의 노래 부르나이다
다 함께

부모 형제 가족과
인연 맺은 모든 이들
서로가 주고받는
사랑하는 기쁨도 주의 크신 은혜니
즐거운 감사의 노래 부르나이다
다 함께

우리들을 위하여
마련하신 모든 선물
창조주 하나님이
하늘에서 씨뿌려 대지에 핀 꽃이니
즐거운 감사의 노래 부르나이다
다 함께

아름다운 대지

For the beauty of the Earth

우리 위해 펼치신
놀라우신 솜씨라

　　우리나라 교회음악 출판계에 신선한 변화의 바람을 몰고 온 한 교회음악 출판사가 1990년대 초 문을 열었습니다. 몇 해 전 불의의 사고로 세상을 떠나신 고 최장욱 대표께서 설립한 선민음악이 바로 그 출판사입니다. 당시까지만 해도 기독교계뿐만 아니라 우리나라 전반에 지적 재산권에 대한 개념이 제대로 형성되어 있지 않았기에 저작권 문제를 제대로 해결한 악보를 출판하는 것은 물론이요 오프라인 매장에 악보를 내지 않고 통신 판매를 통해 회사를 운영한다고 하는 것은 여러 가지 운영의 불편과 재정의 위험을 감수하는 가히 혁신적인 일이었습니다. 그렇지만 당시까지 우리 사회와 교회는 악보를 불법 복사하는 것에 대하여 별 거리낌이 없던 시기였기에 선민음악의 운영 방침은 우리 사회와 교회의 기존 문화와 정서에 대하여 마치 전쟁을 선포하는 것과 같은 일이었습니다.

　　이는, 그때까지 오랜 세월 어려운 여건에서 교회음악 발전에 기여해왔던 기존 교회음악 출판사들에겐 운영상에 큰 부담을 갖게 되는 일이었고, 저작권에 대한 인식이 부족했던 우리 교계와 악보를 직접 사용하는 일선 교회와 교회음악 지도자들에겐 추가되는 경제적 부담은 물론 악보의 구입과 사용에 있어서 여러 가지 불편을 감수해야 하는 일이었기에 때로는 서로 간의 이해 부족으로 불편한 일이 생기기도 했습니다.

선민음악을 설립하기 전 무역업을 하던 최 대표님은 음악에 대한 사랑과 교회음악에 대한 남다른 관심을 가진 분이셨는데 본인이 섬기는 교회의 예배와 교회음악 사역자들에게 도움을 주고자 수년에 걸쳐 해외 출장 때마다 바쁜 시간을 쪼개어 악보를 구해 오다가 한국 교회와 음악계에 이것이 정말 필요한 일이라는 것을 깨닫고 선민음악을 설립하게 되었다고 합니다. 그분의 수십 년에 걸친 눈물 어린 수고와 노력, 그리고 지치지 않는 열정과 추진력은 한국 교회와 교회음악(예배음악), 나아가 우리나라 합창음악과 음악문화 발전에 크게 기여했으며 교회음악 출판과 저작권에 대한 새로운 인식이 우리 사회에 뿌리내리게 하는 데 절대적인 공헌을 했다고 생각합니다.

선민음악은 출판사 운영과 저작권 문제에 있어서 혁신적인 역할을 함과 동시에 한국 교회에 교회음악의 새로운 레퍼토리의 소개는 물론 당시 외국에서 성행하던 새로운 형태의 합창과 교회음악 세미나를 국내에 도입 정착시키는 데도 크게 기여했습니다. 당시까지 우리가 사용하던 교회 성가들은 작곡된 지 꽤 오래된 곡들이 대부분이었는데, 선민에서 저작권 문제가 해결된 미국과 유럽의 주옥같은 새로운 성가곡들을 국내에 소개함은 물론, 그 곡들을 작곡한 주요 작곡가들을 초청하여 교회음악 세미나를 개최함으로 그야말로 새로운 교회음악 문화를 선도했음은 이론의 여지가 없다고 생각합니다.

'폭발 교회음악 세미나'라는 이름으로 1990년대 중반부터 선민음악 주최로 교회음악 세미나가 열렸습니다. 1997년 주강사는 영국의 작곡가요 지휘자요 음악학자인 존 루터(John Rutter 1945-)였는데 선민음악은 여러 해 전부터 존 루터의 교회음악 작품들과 성가곡들을 국내에 독점적으로 보급하고 있었습니다. 그 세미나의 마지막 날 세미나를 총 정리하는 연주회에서 저희 합창단은 존 루터의 유명 성가들을 연주했고 마지막 순서로 주 강사인 존 루터의 지휘로 그의 대표작인 글로리아(Gloria)를 연주하는 순서가 있었습니다. 서울모테트합창단이 작곡자와 협연하는 영광스러운 기회를 갖게 되었고 저와 단원들 모두 오래도록 기억에 남는 감동적인 특별한 경험을 하였습니다.

그때 만났던 존 루터의 더없이 순수해 보이는 맑은 눈망울과 겸손하고도 소박한 말투 그리고 자연스럽고도 기품 있는 음악 해석과 표현은, 왜 그의 음악이 명랑하고 즐겁지만 가볍지 않고 현대적이지만 충분히 고전적이고 단순하고 소박하지만 한없이 고상함을 느끼게 하는지 알 수 있는 기회가 되었습니다.

한국을 다녀간 존 루터는 후에 영국의 음악인들에게 서울모테트합창단과 연주했던 시간을 매우 소중하게 기억하고 있고 그 합창단의 음악적 역량이 매우 뛰어났으며 지휘자와 단원들 간의 음악적 신뢰가 깊게 느껴졌는데 그들이 한국어로 연주한 곡 중에 〈아름다운 대지〉에 깊은 감동을 받았다고 말하고 이후 기회가 되면 그 합창단을 다시 한 번 만나기를 소망한다고 말했다고 합니다.

여기 소개하는 곡은 그가 작곡한 대표적인 성가곡 〈아름다운 대지〉(For the beauty of the Earth)입니다. 이 곡을 부를 때마다 20여 년 전 만났던 그 순수한 눈망울의 존 루터가 기억남은 물론 그 만남을 주선해 주었던 한국 교회음악의 새 시대를 여는 데 크게 기여하신 열정의 아이콘 선민 최장욱 대표님을 기억하게 됩니다. 저희 합창단이 그동안 이 곡을 수없이 많이 연주해 왔고 녹음도 여러 번 했는데, 여기에 소개하는 음원은 바로 존 루터를 만나고 함께 연주했을 즈음인 1990년대 후반에 녹음한 자료입니다.

아름다운 대지(J. 루터)
서울모테트합창단

아름답고 찬란한 세상(J. 루터)
서울모테트합창단

주의 동산으로(W. 톰슨)
서울모테트합창단

주 너를 지키시리(J. 루터)
서울모테트합창단

하나님께서 사랑 많으사
세상에 독생자 주셨으니
누구나 믿으면, 그를 믿으면
멸망찮고
영생을 얻으리라

하나님께서 아들을 세상에 보내심은
이 세상을 정죄하시려 함이 아니요
세상을 구원하려 하심이라

하나님께서 사랑 많으사
세상에 독생자 주셨으니
누구나 믿으면, 그를 믿으면
멸망찮고
영생을 얻으리라

하나님께서 사랑 많으사
구원 주셨네

하나님께서 사랑하셨다

God so loved the world

영생을 얻게 하려
하심이라

주님의 고난을 기억하고 묵상하며 그를 통해 자신의 죄성과 하나님의 사랑을 깊이 깨닫게 되는 사순절과 고난주간의 막바지에 와 있습니다. 모든 것이 해피엔딩으로 마무리되는 스토리를 아는 성도들에겐 지금은 그야말로 평화롭고 은혜로운 복된 부활 전야(성 토요일)의 시간입니다.

그러나 주님께서 온갖 조롱과 수치를 당하시고 너무도 무기력하게 고통 중에 돌아가시는 모습을 보았던 무지한 백성들과 사흘 만에 다시 살아날 것을 예언하신 주님의 말씀을 들었던 주님의 제자들마저도 뿔뿔이 흩어져 도망가고 말았습니다. 그들이 맞이한 주님 돌아가신 다음 날은 그 얼마나 큰 절망의 날이었겠는지, 내가 그 시대에 살았다면 어떤 모습의 인간이었겠는지, 자문하며 부끄러운 나의 모습과 마주하며 절망하게 됩니다. 그러나 이와 같이 절망적인 우리를 버리지 않으신 '하나님의 사랑', 이것만이 모든 것의 답이 됨을 생각하며 감사 또 감사하게 됩니다.

　교회의 절기를 나타내는 교회력에서 주님의 고난을 기념하고 부활을 소망하며 죄에 빠진 우리의 모습을 묵상하고 돌이켜 회개하는 절기인 사순절은 하나님의 사랑과 주님의 은혜를 더욱 깊이 깨닫게 하는 시간입니다. 교회의 전례로서 인류 구원의 역사를 이루기 위해 주님께서 당하신 고난을 기념하는 전통은 매우 중요한 것으로 인식이 되어왔고 그래서 40일간을 지키는 사순이 아니라 그보다 더 긴 오순절, 육순절, 칠순절까지 지키는 경우도 있었다고 합니다. 그만큼 사순절의 핵심인 십자가의 신앙은 우리 기독교의 상징이 되었고, 주님의 부활과 구원의 역사를 더욱 간절히 소망하는 성도들의 경건 생활을 상징하는 전례로 자리 잡았음을 알 수 있습니다.

　교회음악 분야에서도 사순 절기는 매우 중요하게 여겨져 왔고 이 기간을 위해 작곡된 작품들이 특별히 많았고 역사에 길이 남을 걸작 수난 음악 역시 많이 작곡이 되었습니다. 여기 소개할 곡은 영국의 작곡가 존 스테이너(John Stainer 1840-1901)가 작곡한 수난절 오라토리오《십자가의 처형》(The Crucifixion)에 나오는 〈하나님께서 사랑하셨다〉(God so loved the world)입니다.

　작곡가 존 스테이너는 유년기 영국 교회의 소년합창단 단원으로서 정통 교회음악을 익혔으며 옥스퍼드 대학에서 오르간으로 박사학위를 받고 런던의 성 바울 교회의 오르가니스트와 궁정 대학의 교수로서 활동하며 영국의 교회음악 발전에 지대한 공헌을 한 오르간 연주가요 작곡가요 학자입니다. 그의 대표작인《십자가의 처형》(The Crucifixion)은 영국 교회와 영어권 교회음악에 큰 영향을 주었으며 〈만 백성 기뻐하여라〉, 〈저 들 밖에 한밤중에〉, 〈네 번 아멘〉, 〈일곱 번 아멘〉 등 우리가 즐겨 부르는 다수의 찬송가를 작곡했습니다.

하나님이 세상을 이처럼 사랑하사 독생자를 주셨으니 이는
저를 믿는 자마다 멸망치 않고 영생을 얻게 하려 하심이니라

이 곡의 텍스트는 요한복음 3장 16절을 쓰고 있는데 어린
시절 이 성구를 그냥 외우기도 했지만 노래로도 암송을 해서 늘
노래했던 기억이 납니다. 그만큼 기독 신앙의 핵심을 담은 말씀
이었기 때문이라 생각이 됩니다. 참으로 귀한 말씀에 너무도 적
절한 음률로 쓰여진 이 곡은 존 스테이너의 최고 걸작일 뿐만 아
니라 영국의 교회음악과 나아가 성가곡과 교회음악의 역사에 가
장 아름답고 완전한 찬송으로 꼽을 최고의 명곡입니다.

하나님께서 사랑하셨다(J. 스테이너)
서울모테트합창단

십자가의 처형(J. 스테이너)
길포드교회합창단

성부의 어린 양이(찬송가)
서울모테트합창단

헨델의 메시아 중, "양떼같이"
서울모테트합창단

할렐루야
전능하신 주 예수
할렐루야
주께 영광 있으라

찬양하자 전능하신 우리 주 하나님께
다 소리 합하여 주님께 찬양 드리자
찬양하자 주님께
전능하신 우리 주 하나님께
다 찬양 드리자

주께 영광을 돌리세
할렐루야
존귀한 성자 예수 영원히 주께 영광 돌리자
할렐루야
존귀한 성자 예수 세세토록 주께 영광 돌리자

주 찬양

주 앞에 찬양 드리자 영원토록

영원토록 주께 찬양 드리자

영원토록 주 찬양

주 찬양

영원히 주 찬양

할렐루야 아멘

천사의 합창

Chor der Engel

음악은
하나님의 언어이다

어릴 때부터 특별히 좋아한 음악가들이 있습니다. 저 자신의 삶과 신앙에 대하여 진지한 고민을 시작하던 학생 시절, 그들의 삶과 음악에 대한 관심은 특별한 것이었고, 그들의 삶과 신앙에 관한 의문과 질문은 어린 저에겐 꽤 진지한 것이었고 때론 심각한 고민거리가 되기도 하였습니다. 왜냐하면, 내가 그렇게도 좋아하고 존경하는 위대한 음악가들을 그들의 음악뿐만 아니라 신앙과 철학, 행동 양식에 이르기까지 모든 면에서 절대적으로 따르고 싶었기 때문입니다.

중학교 들어갈 무렵 저는 서양음악의 역사와 장르에 대하여 구체적인 지식이 전혀 없었고 더욱이 독일가곡이라는 것이 무엇인지 전혀 몰랐습니다. 우연히 독일의 음반사 그라모폰에서 나온 세기의 성악가 바리톤 디트리히 피셔 디스카우(Dietrich Fischer-Dieskau 1925-2012)의 괴테 시에 의한 슈베르트 가곡 음반을 접하게 되었습니다. 노래의 가사 뜻도 잘 모름은 물론 슈베르트 음악의 특별함도 전혀 모르던 저에게, 피셔 디스카우의 고상한 음악성과 지적이고 절제된 음색으로 표현되는 슈베르트 음악은, 저의 마음속에 숨겨져 있던 음악적 감수성을 일깨워 줌은 물론, 저를 전문적인 클래식 음악의 신세계로 안내해 주는 중요한 역할을 해주었습니다.

그 영향으로 독일가곡은 저의 음악 편력은 물론 음악인으로서의 삶에 있어서 가장 중심에 위치하는 음악이 되었으며 지적이고 고상한 음악성으로 노래하는 피셔 디스카우의 노래는 저의 음악 기초를 다지게 하는 기준과 같은 것이었고, 이후로 저의 모든 음악 공부와 음악 활동에 아이디어 보물 창고와 같은 역할을 해주었습니다. 제가 전문 음악인으로 성장하기까지 작곡과 성악, 그리고 합창과 교회음악의 훌륭하신 은사님들을 만나고 가르침을 받았는데, 그 은사님들과 함께 피셔 디스카우는 제 마음속 평생의 은사님으로 함께 자리하고 있고 제 서재에 있는 200여 장의 그분이 남긴 음반들을 들을 때면 어린 시절 설레던 마음이 그대로 살아나곤 합니다.

어린 시절의 저의 최고 간절한 소원이었던 그분과의 만남이나 그분께 직접 가르침을 받는 행운은 누리지 못했지만, 그분의 음악은 제가 어린 시절 가르침을 받았던 모든 은사님들이 주시는 귀한 가르침의 말씀들을 제대로 알아들을 수 있는 통로가 돼주었다고 해도 과언이 아니라고 생각합니다.

그런데 저에게 그렇게 절대적인 우상과도 같았던 피셔 디스카우에게 실망하고, 꽤 진지하고 심각한 의문과 질문을 갖게 했던, 지금에 와서는 얼굴에 미소를 머금게 하는 일이지만 당시엔 꽤 심각한 고민을 하게 했던 에피소드가 있습니다.

제가 서울예고 2학년에 재학 중이던 어느 날의 일입니다. 저와 함께 피셔 디스카우를 꽤 좋아하던 동급생 한 친구(기타리스트 장승호)가 놀란 얼굴로 제게 다가와 "치용아, 너 피셔 디스카우가 담배 피우는 거 알아?"라고 말해 주었는데, 그 소리에 담배 피우는 피셔 디스카우 사진을 함께 보며 놀라움을 금치 못했던 일이 기억납니다. 그때까지만 해도 매우 순수했으나 술·담배를 죄악시하던 다소 경직된 신앙관이 우리의 정서를 지배했던 시기였기에, 예술가곡뿐만 아니라 교회음악의 전문 솔리스트였던 피셔 디스카우가 어떻게 담배를 피울 수 있을까? 그리고 그 많은 연주활동을 감당하는 성악가가 담배를 피우면서 도대체 목 관리를 어떻게 한다는 것인가? 하는 나름의 진지한 실망 섞인 의문과 질문으로 꽤 오래 혼란스런 마음으로 지냈던 일이 기억납니다.

그 무렵부터 저에게는 또 다른 심각한 의문과 질문이 늘 따라다녔는데 바로 루트비히 판 베토벤(Ludwig van Beethoven 1770-1827)의 삶과 음악, 그리고 신앙과 영성에 관한 것이었습니다. 어릴 때부터 유난히 좋아했고 나이가 들어갈수록 더욱 좋아하게 된 베토벤의 음악은 저에게 그 어떤 음악보다 정서적 안정감과 위로를 주었고 삶과 음악에의 도전 정신을 일깨워 준 음악이 되었는데, 그렇게 위대한 음악을 쓴 인간 승리의 베토벤은 과연 신앙이 있었을까? 신앙이 있었다면 어떠한 신앙의 소유자였을까? 하는 것이었습니다.

어린 시절 접할 수 있었던 베토벤과 관련한 유일한 자료였던 프랑스의 대작가 로맹 롤랑의 《베토벤의 생애》를 비롯한 각종 자료를 보아도 그의 인생에 온갖 장애와 고통을 불굴의 정신으로 극복한 영웅적인 인간 승리의 베토벤, 그의 인간적 위대함에만 초점을 맞춘듯했고 그의 신앙과 영성 등에 관한 궁금증을 해소해 줄 만한 자세한 기록들은 도무지 찾기가 어려웠습니다.

베토벤의 음악을 들으며 악보를 보고 있노라면, 그러한 인간 승리의 위대함을 느끼게 하는 모든 주제와 변주 그리고 음악의 구조적 견고함과 그 놀라운 창의력의 배후에 인간의 재능과 통찰력을 뛰어넘는 그 무엇이 있음을 분명히 느끼겠는데, 그에 대하여 설명을 해주는 자료나 글을 찾기 어려웠기에 어린 날의 저에게는 꽤 진지하고 심각한 질문거리였고 풀고 싶은 고민거리 중 하나였습니다.

과연 베토벤은 어떤 사람이었을까? 고통으로 점철된 삶을 산 베토벤의 신앙이 너무 궁금했고 그가 느끼고 표현하려 했던 하나님의 세계는 더욱 궁금했습니다. 후에 자세히 알게 되었지만, 오라토리오《감람산 위의 그리스도》와 또 그 작품과 관련한 여러 가지 상황들을 통해 그 질문들에 대한 명확한 해답을 얻을 수 있었습니다.

베토벤이 32세 되던 해인 1802년, 베토벤은 청각 상실에서 오는 육체적·정신적 고통이 극에 달해 스스로 생을 마감할 마음으로 '하일리겐슈타트의 유서'를 작성하기에 이르렀고 모든 면에서 삶의 극단적인 상황에 놓여 있었습니다. 그러나 그 유서가 결코 그를 죽음으로 이끌지는 못했는데, 성령님의 특별한 인도하심으로 자신의 고통스러운 처지를 통해 주님 당하신 고난의 의미와 구원의 은총을 깊이 깨닫게 되었고, 복음 안에서 자신의 삶과 음악을 새로이 바라볼 수 있게 되어 하나님이 부르시는 날까지 음악을 통해 인류를 위해 봉사하리라는 다짐을 새로이 하게 됩니다.

당시에 베토벤은, 하나님의 본체이셨던 성자 예수 그리스도께서도 성부 하나님의 뜻에 순종하시기 위해 자기를 비워 종의 형체를 가지시고 그토록 심한 고통을 당하셨는데, 하물며 연약하고 죄악된 인간들이 하나님께 순종하는 삶이 얼마나 고통스런 일인지를 깨달았습니다. 결국 그리스도께서 아버지의 뜻에 죽기까지 순종하심으로 하나님께서 그를 높여주신 것처럼 우리 인생도 그렇게 할 때 주님과 함께 죽음이 생명으로 바뀌는 놀라운 승리를 경험하게 된다는 것입니다. 이러한 죽음의 고통을 극복하고 얻은 신앙적 깨달음 위에 쓴 작품이《감람산 위의 그리스도》

이고 그 깨달음의 결론으로서의 환희와 승리의 노래가 바로 '천사의 합창'(할렐루야)입니다.

"음악은 하나님의 언어이다"라고 말한 베토벤은, 《감람산 위의 그리스도》를 통해 다함 없는 하나님의 사랑과 자기의 뜻을 포기하고 죽기까지 순종하신 예수 그리스도의 은혜를 가장 진지한 음악의 언어로 표현했는데, 이 작품을 계기로 그의 삶에 대한 가치관이 바뀜은 물론 작품의 세계에까지 큰 변화를 갖게 함으로 인류의 역사상 가장 위대한 인간 승리의 예술가로 기억되게 하는 계기가 되었습니다.

천사의 합창(L. v. 베토벤)
서울모테트합창단

Christus am Ölberge/감람산 위의 그리스도(L. v. 베토벤)
본 베토벤 오케스트라

겨울 나그네(F. 슈베르트)
바리톤/디트리히 피셔 디스카우

피아노 협주곡 5번 '황제'(L. v. 베토벤)
피아노/크리스티안 지메르만, 빈 필하모닉 오케스트라,
지휘/레너드 번스타인

2 나의 기도를 기억하소서

모든 지각에 뛰어난 주님 평강
예수 안에서
너희 마음과 생각을 지키시리라
네 맘과 생각 지키시리

성부 성자 성령
전능하신 주님의 축복
항상 너희와 함께하리
항상 너희와 함께하시리라

아멘

평강의 하나님

The peace of God

모든 지각에 뛰어난
주님 평강

이 성가를 부를 때면 머리에 언제나 함께 떠오르는 찬송이 있습니다. 바로 〈내 영혼의 그윽히 깊은 데서〉인데요. 〈평강의 하나님〉처럼 빌립보서 4장 7절 말씀을 주 텍스트로 만들어진 곡입니다.

내 영혼의 그윽히 깊은 데서 맑은 가락이 울려 나네
하늘 곡조가 언제나 흘러나와 내 영혼을 고이 싸네

내 맘속에 솟아난 이 평화는 깊이 묻히인 보배로다
나의 보화를 캐내어 가져갈 자 그 누구랴 안심일세

내 영혼의 평화가 넘쳐남은 주의 축복을 받음이라
내가 주야로 주님과 함께 있어 내 영혼이 편히 쉬네

이 땅 위에 험한 길 가는 동안 참된 평화가 어디 있나
우리 모두 다 예수를 친구 삼아 참 평화를 누리겠네

(후렴) 평화 평화로다 하늘 위에서 내려오네
그 사랑의 물결이 영원토록 내 영혼을 덮으소서

　두 곡의 가사를 통해 평안(평강)을 묵상하고 있자니 '한국기
독교선교 100주년기념교회'를 담임하셨던 이재철 목사님께서
몇 해 전 가정 주일에 설교하신 말씀이 기억납니다. 그날의 설교
말씀 일부를 인용해 올립니다.

　아주 특별한 경우를 제외하고 이 세상에 태어난 모든
　사람들은 어린 시절에 눈물 없는 시절을 보내는 것이
　일반입니다. 그것은 자식이 모르는 사이 부모가 자식을 위해
　눈물겨운 인생을 살아주기 때문입니다. 그런데 그 꿈같은
　어린 시절이 끝나면 인간은 죽을 때까지 눈물겨운 인생을
　살아갑니다.
　입시 공부를 하는 학생의 눈물겨운 고통을 부모의 눈물로
　대신할 수 없고, 사회의 온갖 폭풍을 맞닥뜨리며 살아가는
　청년들의 눈물 어린 고통을 부모의 눈물로 대신할 수 없음은
　물론이고, 늙은 부모의 고달팠던 인생과 늙어서도 그 짐을 쉬
　내려놓을 수 없는 눈물겨운 고통을 자식들의 눈물로 대신할
　수도 없습니다.
　우리 자식들의 눈에서 평생 눈물을 닦아주실 하나님,
　우리 자식들의 평생에 그들을 위해 울어주실 하나님,
　우리 부모님이 평생 흘린 눈물을 영원히 닦아주실 하나님,
　우리 부모님이 생을 마칠 때 우리 부모님을 영원히 품어주실
　하나님, 그 하나님이 우리 가정의 아버지가 되고 계십니까?

우리 평생의 눈물을 닦아주시고 우리 평생에 대신 울어주시는 하나님께서 우리 인생과 가정의 참 주인 참 아버지가 되신다고 하는 것은 너무도 큰 은혜가 아닐 수 없습니다. 그 하나님께서 이 땅 위의 험한 인생길 살아가는 동안 참된 평안을 찾아 헤매는 우리 모두에게 평강의 하나님 되심을 믿습니다.

평강의 하나님(J. 루터)
서울모테트합창단

Laudate Dominum/주를 찬양하라(W. A. 모차르트)
서울모테트합창단

Wie der Hirsch schreit/사슴이 시냇물을 찾아 헤매듯 (F. 멘델스존)
서울모테트합창단

Rejoice in the Lord always/주님 안에서 기뻐하라(H. 퍼셀)
콜레기움 보칼레 헨트

예수께서 팔리시던 밤에
제자들 불러 모으시고
떡을 떼어 저들에게 주시고
잔을 채워 저들에게 주시며
나의 몸과 나의 피니
기억하라

예수께서 잡히시던 밤에
괴롬에 싸여 기도하셨네
이 잔을 지나가게 하소서
이 고통 거두어 주소서
나의 아버지여 나의 기도를
기억하소서

의심과 고뇌에 빠진 밤에
내 맘에 주님 찾아오셔서
주의 몸과 피를 내게 주시며
겟세마네 기도 들려주시니
주가 항상 함께하심을
기억하라

주를 기억하라

기억하라

Remember me

나의 고난을 기억하고
나의 사랑을 잊지 말라

1950년대 말 제작되어 많은 인기를 얻었던 이탈리아의 음악 영화 〈물망초〉(Vento di Primavera)가 기억납니다. 당시 독일의 인기 배우였던 사비네 베트만(Sabine Bethmann)과 최고 인기를 누리던 세계적인 명 테너 페루치오 탈리아비니(Feruccio Tagliavini)가 직접 출연하여 주옥같은 명곡들을 직접 들려주었던 추억의 명작입니다.

당대 큰 인기를 누리는 성악가였지만 홀아비였던 이탈리아의 성악가 알도와 사랑의 상처를 갖고 살아가던 독일 출신의 엘리자베스는 운명적인 만남과 사랑으로 결혼에 이르게 되고 더없이 행복한 나날을 보내게 됩니다. 그러나 그 달콤한 시간도 잠시, 어느 날 엘리자베스의 옛 연인이 연락해 와 이전의 일로 자신을 오해한 그녀의 맘을 풀어주고 사랑을 고백하며 자신에게 돌아와 달라고 애원하는데, 이에 갈등과 고민을 거듭하던 엘리자베스가 결국 옛 연인에게 돌아가기로 마음을 먹게 됩니다.

운명의 날. 그날에도 알도는 연주를 하게 되는데, 연주 중에 그 유명한 〈물망초/날 잊지 말아요〉(Non ti scordar di me)를 노래하게 되고 안타깝게도 그 곡을 노래하는 알도를 뒤로하고 엘리자베스는 음악회장을 떠납니다. 그 모습을 바라보며 애절하게 흐느끼는 듯 노래하는 알도의 노래에 관객들은 더 열광적인 박수를 보내는데, 그 장면은 역설적으로 극의 슬픔을 더해주는 명장면으로 기억됩니다. 허탈하고 절망적인 마음으로 집에 돌아온 알도는 엄마를 찾는 어린 아들을 재우며 하염없이 흐르는 눈물과 함께 슈베르트의 자장가를 노래하는데, 그런 애절한 장면이 이어지던 중 갑자기 눈을 뜬 아들이 깜짝 놀라며 "엄마" 하는 외침과 함께 영화는 '해피엔딩'으로 끝을 맺습니다.

알도의 가련한 처지에 너무도 어울리는 탈리아비니의 곱고 애잔한 음색으로 들었던 〈물망초/날 잊지 말아요〉의 가슴 저리게 아름다운 선율에 많은 사람들이 감동을 받았고 국내에선 60년대와 70년대 두 번이나 극장가에서 개봉되어 큰 인기를 끌었던 영화입니다.

이와 같이 우리의 삶에 일어나는 희로애락과 온갖 사랑과 이별의 이야기들이 우리의 마음에 진한 감동을 주기도 하고 때로는 애절한 감정을 느끼게도 하는데 우리 인간을 향한 하나님의 일방적이고 절대적인 사랑 이야기와 이를 이루시기 위해 죽기까지 순종하신 주님 고난의 이야기는 인류 최대의 감동 스토리가 아닐 수 없습니다. 그렇습니다. 죽기까지 순종하시어 아버지의 뜻을 이루신 주님의 은혜와 독생자 예수 그리스도를 죽음에 내어 주시기까지, 연약하고 가련한 우리를 사랑하신 그 위대하신 사랑의 하나님께서 우리를 향해 오늘도 말씀하십니다.

기억하라(Remember Me)
나의 고난을 기억하고 기념하라

날 잊지 말아라(Non ti scordar di me)
너희를 향한 나의 사랑을 잊지 말아라

온유하고 겸손하신 주님의 따뜻한 음성을, 또한 애절한 맘으로 우리를 부르시는 하나님의 사랑의 음성을, 주님 만나게 될 영광의 그날까지 삶의 모든 자리에서 늘 들을 수 있기를 바라고 이를 위해 말씀 안에 늘 영적으로 깨어 있는 신실한 주의 자녀로 살아갈 수 있기를 간절히 소망하며 기도합니다.

기억하라/Remember me(D. 가브너)
서울모테트합창단

"보라 하나님의 사랑을"(오라토리오 '사도 바울' 중/F. 멘델스존)
서울모테트합창단

하나님이 세상을 이처럼 사랑하사(W. A. 시아워커)
서울모테트합창단

Non ti scordar di me/물망초(E. 쿠르티스)
테너/페루치오 탈리아비니

May you see God's light on the path ahead
when the road you walk is dark.

May you always hear even in your hour of sorrow,
the gentle singing of the lark

When times are hard may hardness never turn
your heart to stone.

May you always remember when the shadows fall
You do not walk alone

당신이 어두운 길을 걸을 때에
당신의 길을 인도하는 하나님의 빛을 볼 수 있기를

당신이 슬픔에 잠겨 있을 때에도
종달새의 부드러운 노래를 들을 수 있기를

힘든 순간에도
그 힘듦이 당신의 마음을 돌처럼 굳어지게 하지 않기를

어둠 속에서도 언제나 기억할 수 있기를
당신이 혼자 걸어가는 것이 아니라는 것을

당신은 홀로 걷는 것이 아닙니다
You do not walk alone

모두에게 전하는
위로의 노래

서울모테트음악재단 안에는 세 그룹의 합창 공동체가 있습니다. 프로로서 합창과 교회음악의 모범이 되고자 30여 년의 세월을 한결같이 걸어온 서울모테트합창단, 아마추어로서 음악과 찬송의 가치를 배우고 그를 통해 복음을 전하는 아마추어 합창 그룹인 서울베아투스합창단, 인생을 위한 최고의 선물이자 하나님을 향한 최고의 찬양 도구인 음악을 통해 삶과 신앙을 배워 나가는 서울모테트청소년합창단입니다.

서울모테트합창단은 하나님 주신 음악의 지고 지선을 추구하며 가장 자연스러운 소리에서 나오는 이상적인 정제된 하모니를 들려주고, 서울베아투스합창단은 신앙과 인생의 연륜과 순수한 열정이 묻어나는 깊이 있고 성숙한 영적인 소리를 들려주고, 서울모테트청소년합창단은 하나님께서 주신 인간 본연의 순수함이 무엇인가를 깨닫게 하는 소리를 들려주는 합창단입니다.

우리나라의 열악한 교육 여건으로 전국에 단 몇 개의 청소년합창단이 있을 뿐인데 저희 재단에서 단원 수급은 물론 여러 가지 어려움을 감수하고도 청소년합창단을 창단하고 운영하는 것은 30여 년 전 열악한 환경을 무릅쓰고 창단하고 운영해온 서울모테트합창단의 정신과 잇대어 있다고 생각합니다.

음악적 전문성에 있어서 서울모테트합창단만은 못하고 소리의 깊이 면에서는 베아투스합창단만은 못할지도 모르지만 청소년합창단의 소리에는 무언가 알 수 없는 더 큰 힘과 신비로운 마력이 있음을 느끼게 합니다. 저는 청소년합창단이 부르는 찬송 소리를 들을 때면 온몸의 전율과 함께 마음속을 휘젓는 놀라운 감동에 빠지곤 하는데 그 노래의 가사를 생각이나 삶으로 충분히 이해하고 공감할 수 없는 나이인 그들의 입으로 나오는 고백이 어떻게 그렇게 감동적인지 도무지 설명할 길이 없습니다.

하나님께서는 모세를 통해 신앙의 전승 수단으로서 노래를 지어 가르치라고 신명기 31장을 통해 말씀하셨습니다. 이스라엘 백성들이 형통하고 평안할 땐 늘 하나님을 버리고 패역한 길로 갔는데 그럴 때 하나님께서는 자신의 모습을 그들에게 감추시겠다 말씀하십니다. 그럴 때를 대비해 하나님은 어떤 분이시고 조상들에게 어떻게 역사해 오셨는지를 노래로 지어 전하게 하셨습니다. 그러므로 찬송이야말로 하나님의 존재와 하나님의 역사, 하나님의 능력이 가리워진 것 같은 오늘날과 같은 시대에도 최고의 신앙 정신의 보루요 최선의 신앙 전승 수단이 되는 것입니다. 그렇기에 점점 더 암울해지는 미래 세대를 위한 신앙 교육, 정서 교육에 음악과 찬송이 최고의 보물이라고 확신합니다.

청소년합창단의 단원 한 사람 한 사람을 보면 아직 어리고 미숙한 어린이 혹은 청소년인데 그들의 소리가 합쳐졌을 때 천지만물을 창조하시고 또한 그 만물을 새롭게 하시는 하나님의 최고의 작품을 만나는 신비한 감격에 빠지곤 합니다. 이것이야말로 하나님이 우리 인생에 주신 귀한 선물인 음악이 가진 신비요 영적인 악기인 음성의 힘이라고 생각합니다. 그 신비한 마력을 가진 청소년합창단의 노래를 통해 큰 어려움 가운데서도 한 해 동안 모두 각자의 자리를 지키며 눈물겨운 수고를 마다하지 않은 모든 분들이 놀라운 하늘의 위로를 받으실 수 있기를 소망합니다.

You do not walk alone/당신은 홀로 걷는 것이 아닙니다 (E. 하겐버그)
서울모테트청소년합창단

Credo Mass KV257(credo) (W. A. 모차르트)
서울모테트청소년합창단

너 하나님께 이끌리어(G. 노이마르크)
서울모테트청소년합창단

하늘나라 동화(이강산)
서울모테트청소년합창단

주께서 이스라엘을 지키시리라
근심 중에 있는 네게 힘을 주시리
힘을 주시리

근심 중에 있는 네게 힘을 주시리
주께서 이스라엘을 지키시리라

너를
주께서 이스라엘을 지키시리라

주께서 이스라엘을 지키시리라
He, watching over Israel

모두에게 전하는
희망의 노래

코로나의 위기를 겪으면서 여러 생각에 빠지기도 하고, 회상에 젖기도 합니다. 특별히 돌아가신 부모님 생각을 더 하게 되고 그분들의 인생의 굴곡과 삶의 고단함을 조금은 더 이해할 수 있게 된 것 같습니다.

1920년대 중반에 태어나신 선친께서는 동년배의 어른들과 마찬가지로 주권을 뺏긴 나라에서 태어나 인생의 황금기에 일제 강점기와 6·25 전쟁, 그리고 절대 빈곤의 시대를 관통하여 그 모진 삶을 살아 내셨습니다. 그런 선친의 가장 좋아하시는 성경 구절이 시편 121편이었는데 제가 어렸을 땐 그냥 아버지께서 좋아하시는 성구 중 하나겠거니 하고 생각을 했었는데, 나이가 들어가며 생각해 보니 선친께서 그 모진 인생길 고비 때마다 생명줄 같이 붙들고 사신 말씀이었다는 생각이 들어 제게도 더 큰 은혜와 감동이 되는 말씀이 되었습니다.

멘델스존의 걸작 오라토리오《엘리야》에 나오는 이 곡은 하

나님을 경외하는 주의 백성들을 끝까지 지켜주시고 한없는 위로
와 평강으로 인도해 주시겠다는 하나님의 신실하신 약속의 말씀
을 너무나도 아름답고 완벽한 합창으로 표현한 곡입니다.

시편 121편

내가 산을 향하여 눈을 들리라
나의 도움이 어디서 올꼬
나의 도움이 천지를 지으신
여호와에게서로다

여호와께서 너로 실족지 않게 하시며
너를 지키시는 자가 졸지 아니하시리로다
이스라엘을 지키시는 자가 졸지도 아니하고
주무시지도 아니하시리로다

여호와는 너를 지키시는 자라
여호와께서 네 우편에서 네 그늘이 되시나니
낮의 해가 너를 상치 아니하며
밤의 달도 너를 해치 아니하리로다

여호와께서 너를 지켜 모든 환란을 면케 하시며
또 네 영혼을 지키시리로다
여호와께서 너의 출입을
지금부터 영원까지 지키시리로다

1989년 서울모테트합창단이 창단되어 우리나라의 교회음
악을 위해 헌신하는 가운데 좀 더 다양한 방법의 교회음악을 위

한 활동과 교회음악 교육의 필요성을 생각하게 되었습니다. 그를 위한 첫걸음으로 아마추어로서 음악과 찬송에 대한 남다른 관심과 재능을 가진 성도들을 모집하여 교회음악을 연구하고 보급하는 것을 목적으로 순수 아마추어 합창단인 서울베아투스합창단을 2007년 창단하게 되었습니다.

프로 음악가 못지않은 목소리와 음악성을 갖춘 많은 분이 함께 해왔고 지난 십여 년간 교회음악 연구와 연주 활동에 있어서 훌륭한 발걸음을 이어가고 있습니다. 특히 그들의 영성 깊은 개개인의 소리도 훌륭하지만 조화롭게 정제되어 나오는 합창의 하모니는 프로들도 흉내 내기 힘들 정도로 깊이 있고 거룩한 울림을 만들어 내고 있습니다.

서울모테트합창단이라는 이름이 의미하는 상징적인 가치는 '모테트'라는 단어에 있는데, 모테트라는 역사적인 음악 양식을 통해 그들이 어떠한 양식과 어떠한 가치의 음악을 추구하며 어떠한 수준의 음악을 선보이는 사람들인가를 상징적으로 말해주고 있습니다. 이와 같이 서울베아투스합창단이 의미하는 상징적인 가치도 '베아투스'라는 단어에 있는데, 시편 1편에 나오는 첫 단어인 '복되도다'(Beatus)라는 단어를 통해 그들이 부르고자 하는 노래의 내용이 어떤 것인지를 나타내고 있습니다. 즉 하나님의 크신 은혜를 깨달은 성도들이 최선의 음악을 통해 우리를 구원하신 사랑의 하나님을 영원히 찬양함을 그 내용으로 삼고 노래하는 합창단이라는 것입니다.

그동안 서울베아투스합창단이 만들어 온 소리와 음악은 참으로 그들의 이름에 손색이 없는 것이었습니다. 앞으로 베아투스합창단을 중심으로 하여 교회음악을 가르치고 보급하는 교육 프로그램과 이를 발전시키기 위한 다양한 활동을 해나가려는 꿈을 가지고 있습니다. 코로나19로 인해 그 어느 때보다 더 간절한 소망을 갖게 되는 때에 우리의 참 소망 되시는 주님께서 주시는 희망의 메시지를 최고의 명곡과 베아투스합창단의 영성 깊은 소리로 함께 나눌 수 있기를 바랍니다.

 "주께서 이스라엘을 지키시리라"
(오라토리오 '엘리야' 중/F. 멘델스존)
서울베아투스합창단

 작은 미사/Missa Brevis in D, KV194(W. A. 모차르트)
서울베아투스합창단

 여호와 기다려(A. 포트)
서울베아투스합창단

 내 구주 예수를 더욱 사랑(J. E. 로버츠)
서울베아투스합창단

3 슬픔이 있는 곳에 기쁨을

<table>
<tr><td>⟨평화의 기도⟩</td><td>주여 나를 평화의 도구로 써 주소서</td></tr>
<tr><td>⟨하늘의 아버지⟩</td><td>주는 거룩하시니이다</td></tr>
<tr><td>⟨오 주의 자비하심을⟩</td><td>온전한 마음을 주소서, 주님을 위해 살도록</td></tr>
<tr><td>⟨주와 함께 걸어가라⟩</td><td>내 믿음 변치 않도록 날 도와주소서</td></tr>
<tr><td>⟨평화의 기도⟩</td><td>참된 평화가 어디 있나</td></tr>
</table>

주여 나를 평화의 도구로 써 주소서

미움이 있는 곳에 사랑을
상처가 있는 곳에 용서를
분열이 있는 곳에 일치를
의혹이 있는 곳에 믿음을 심게 하소서

주여 나를 평화의 도구로 써 주소서

오류가 있는 곳에 진리를
절망이 있는 곳에 희망을
어둠이 있는 곳에 광명을
슬픔이 있는 곳에 기쁨을 심게 하소서

위로받기보다는 위로하며
이해받기보다는 이해하며
사랑받기보다는 사랑하며

자기를 온전히 줌으로써
영생을 얻기 때문이니

주여 나를 평화의 도구로 써 주소서

평화의 기도(김영자 | 박영근)

Prayer of peace

주여 나를 평화의 도구로
써 주소서

　　예로부터 우리 민족의 명석한 머리와 뛰어난 예술성은 여러 면에서 증명이 되어 왔고 특히 예술적 능력에 대해서는 클래식 예술은 물론 대중 예술에 이르기까지 널리 알려지고 국력과 함께 그 빛을 더해가고 있습니다. 클래식 음악 중에서도 특히 성악 분야의 우수함은 정말로 놀라운 일이 아닐 수 없는데 현재 세계 유수 극장의 주요 전속성악가 중 상당수가 한국의 젊은 성악가들로 채워져 있고 음악의 시스템 면에서 세계를 선도하고 있는 독일의 대부분 극장에서 한국의 솔리스트와 합창단원들이 없으면 밝고 힘 있는 소리가 필요한 이탈리아 오페라를 올릴 수 없다는 말이 나올 정도이니 우리 민족의 노래하는 재능은 가히 특별하다 하겠습니다.

　　그러나 성악에서는 우리 동양 사람들에게 근본적으로 두 가지 측면에서의 결정적인 핸디캡이 있다고 생각되는데, 첫 번째는 골격(체격)과 체력의 문제요 두 번째는 언어에서 오는 문화와 정서적인 문제 그리고 그에 따른 행동 양식의 문제입니다. 서양 사람들보다 비교적 체구가 작고 근육의 힘도 약한 편이며 발성에 지대한 영향을 주는 두개골과 구강 구조 또한 서양 발성에 불리한 점이 많습니다. 그리고 기악과는 달리 언어로 하는 예술이기에 그 언어와 사고방식에서 오는 정서적 한계도 뛰어넘어야 하는 성악 분야는 기악과 비교해 세계적 수준에 이른다고 하는 것이 좀 더 힘든 문제가 아니겠는가 생각이 됩니다.

이러한 근본적 한계를 뛰어넘어 지금과 같은 한국 성악의 르네상스와 같은 시대가 열린 것이 참으로 놀라운데, 그야말로 한국인에겐 노래와 관련한 특별한 유전자가 있는 것 같습니다. 이러한 현상에 대해 누군가 심층적 연구를 해주었으면 좋겠다는 생각이 들 정도입니다.

우리나라가 절대 빈곤의 시대를 뒤로하고 지금 누리는 번영의 발판을 놓아가던 시절인 1970년대부터 학생 사회에 하나의 트렌드 같은 현상이 일어났습니다. 고등학교(특히 남고)마다 중창팀이 생겨 단순 동아리 활동을 넘어 나름 클래식 음악 문화를 선도하는 역할을 했는데 그 현상의 효시 역할을 한 것이 숭실고등학교 합창단(중창단)과 대광고등학교 합창단(중창단)이었습니다. 숭실이나 대광처럼 합창반을 갖추지 못한 학교라도 중창단은 많이 있었고 그마저도 없는 학생들은 교회 학생들끼리라도 중창팀을 만들어 활동하는 분위기였습니다. 지금 중년 이상의 성악가 중에 꽤 많은 분이 이러한 중창 활동에 기초해 음악의 길에 들어선 분들이라고 알고 있습니다.

당시 까까머리에 일본식 제복 스타일의 검은 교복을 입은 여드름 오빠들이 어깨보다 더 넓은 보폭으로 약간은 뻣뻣하게 서서 나름 진지한 표정으로 노래하던 최고의 레퍼토리가 바로 이 〈평화의 기도〉였습니다. 그 미완의 소리, 약간은 어색한 듯한 분위기의 그 남성 중창의 매력적인 소리는, 후에 알게 된 영국의 세계적 남성 앙상블인 킹스싱어즈나 미국의 챈트클리어의 완벽한 하모니를 능가하는, 그 이상의 감동을 전하는 시대의 아이콘과 같은 모습이었습니다.

〈평화의 기도〉는 원래 작곡을 전공하신 김영자(안드레아, 영원한 도움의 성모 수녀회) 수녀님이 1970년대 유신독재 시절 너무도 암울한 우리나라의 현실을 아파하며 쓰신 곡으로 작곡가 고 박영근 선생께서 편곡하여 숭실고등학교 합창단(지휘, 이영두)에 헌정하며 알려지기 시작하였습니다.

고요한 마음의 심연에 귀 기울이며 깊은 영적 묵상으로 이끄는 진지함과 한없이 따뜻하고 아름다운 선율과 화음으로 감동을 주는 곡인데, 매우 조용한 곡인데도 마음을 강하게 뒤흔드는, 그야말로 정중동이라는 것이 어떤 느낌인지를 명확히 설명하는 듯한 명곡입니다. 이 곡이 주는 멜로디와 화성의 아름다움과 함께 그러면서도 전적으로 가사에 집중할 수 있는 음악의 흐름은, 듣는 모든 이에게 거룩한 옷을 입혀 주는 것과 같은 특별한 감동을 줍니다. 특별히 우리나라 작곡가의 작품으로서 가히 명성가 중의 명성가로 길이 보존되고 불릴 소중한 가치가 있는, 한국 교회음악의 귀중한 보석이라고 생각합니다.

평화의 기도(Prayer of Peace) / 김영자 곡, 박영근 편
서울모테트합창단

평화의 기도
숭실OB남성합창단

구주와 함께 나 죽었으니(찬송가)
서울모테트합창단

죽도록 충성하여라(F. 멘델스존)
서울모테트합창단

거룩하고 거룩하신 주
주님은 전능하사
우리의 모든 것 숨김없이 아시매
고합니다

아버지여 우리 기도
들어 주옵소서
능력의 주시여 나의 믿음
도우소서

내 영혼 불타고 마음은 즐거워
주 하나님 놀라운 역사를 온 세계에
오 하나님, 하나님 거룩한 그 이름
전하오리

오 나의 주여
오 하나님, 하나님 거룩한 그 이름
전하오리

하늘의 아버지

Heavenly Father(Largo)

주는
거룩하시니이다

이스라엘의 찬송 중에 거하시는
주여 주는 거룩하시니이다
내가 주의 이름을 형제에게 선포하고
회중에서 주를 찬송하리이다(시 22:3, 22).

찬송이 가지는 참된 의미와 교회음악의 가치를 생각할 때 이보다 더 은혜가 되고 감사 감격한 말씀이 또 있을까 하는 생각이 드는 참으로 귀한 말씀입니다. 하나님의 사랑과 구원의 은총을 깨달은 주의 백성들이 삶의 고백으로서 드리는 찬송이 하나님께서 거처하시는 집이 되고, 하나님께서 그곳을 가장 편안히 느끼시고 기뻐하시고 가장 위대한 역사를 이루시는 그런 곳이 된다는 것이니, 얼마나 감사하고 영광스러운 말씀인지요!

그렇습니다. 눈에 보이지 않고 만질 수 없고 인간의 이성과 논리로 온전히 설명할 수 없는 음악의 속성이 믿음의 눈으로 바라보는 신비로운 하나님의 세계와 너무나도 닮았습니다. 그렇기에 음악은 하나님의 하나님 되심과 그분의 위대하심과 신비로운 섭리를 가장 잘 표현할 수 있는 최선의 도구가 되는 것이기에 너무 당연하고 은혜로운 말씀이라 생각이 됩니다.

시편 22편의 말씀은 장차 인류의 구원자로 오실 메시아께서 죄인들을 구원하시기 위하여 당하실 고난에 대하여 구체적으로 예언하는 말씀입니다. 그 고통스러운 한 구절 한 구절 사이에 주의 백성들에게 베푸신 여호와 하나님의 은총을 상기시키며 성경 어디에도 찾기 힘든 표현 "이스라엘의 찬송 중에 거하시는 주여"라는 표현을 쓰고 있습니다. 그리고 그 다음 구절이 "주는 거룩하시니이다"입니다. 이것은 하나님의 거룩하심, 즉 신성(神聖)을 가장 적절히 온전하게 표현할 수 있는 도구가 바로 찬송(음악)임을 다시 한번 가르쳐 주고 있는 것입니다.

헨델의 〈하늘의 아버지〉(Largo)는 원래 교회음악으로 작곡된 것이 아니고 헨델이 평생에 걸쳐 성공을 위해 힘썼던 오페라 아리아임을 많은 분들이 알고 계실 것입니다. 때로는 가장 화려함을 갖고 있고 때로는 초절정의 단순함으로 표현되는 바로크음악 중에 바흐와 헨델의 느린 음악들이 우아함과 고상함의 최상을 느끼게 해주는데 이 곡 또한 그러한 느낌의 대표적인 곡이라 생각됩니다. 그리고 아름다운 곡조에 우리말 가사도 너무도 적절하게 잘 붙여서 이 곡을 연주할 때마다 노래하고 지휘하는 연주자들이 더 감동을 받는 그런 성가곡입니다. 듣는 모든 분에게 거룩하신 주님의 위로가 함께하시길 기원합니다.

하늘의 아버지(G. F. 헨델)
서울모테트합창단

Ombra mai fu/그리운 나무 그늘(G. F. 헨델)
카운터테너/안드레아스 숄

G선상의 아리아(J. S. 바흐)
Voices of Music

Dank sei dir, Herr/감사하라 주님께(G. F. 헨델)
알토/아프예 헤이니스

오 주의 자비하심을
우리에게 베푸사

죄 용서하소서
은총으로 우리를 고치소서

악을 이기고
선을 행하도록

온전한 마음을 주소서
주님을 위해 살도록

아멘

오 주의 자비하심을

Lord for thy tender mercy's sake

온전한 마음을 주소서,
주님을 위해 살도록

이 곡의 원제는 〈Lord for thy tender mercy's sake〉인데 미사(missa) 통상문의 첫 구절인 'Kyrie eleison'(주여 우리를 긍휼히 여기소서)과 같은 의미를 품고 있는 내용입니다. 구원의 은혜를 입은 주의 백성들의 예배에 임하는 마음가짐뿐만 아니라 전능하신 하나님 앞에서의 인간의 태도를 실존적으로 규정짓는 매우 중요한 신앙과 신학의 중심적인 내용이라는 생각이 듭니다.

영국의 신학자 이안 머레이(Ian Murray) 목사님은《오래된 복음주의》(The Old Evangelicalism)라는 책을 통해 모든 설교자는 자신이 하는 설교의 주제가 어떠한 것이든 간에 설교의 내용에 듣는 모든 사람이 죄인이라는 것을 자각하게 하는 내용이 반드시 전제되어야 한다고 말했습니다. 그렇지 않으면 하나님의 사랑과 예수그리스도의 은혜를 바르게 이해할 수 없고 감화 감동하시는 성령의 은사는 더더욱 기대할 수 없는 것이라는 말씀입니다.

종교개혁 이후 근대로 오면서 모든 사람들은 하나님 말씀을 더 손쉽게 배우고 알아갈 수 있는 길이 생겼고 현대에 와서는 누구든지 필요하면 신학도 배울 수 있는 더 다양한 길이 생겼습니다. 그러나 현대에 와서 말씀은 넘쳐나는데 온갖 세상 것들에 경도된 인간에게 믿음은 더 어려운 문제가 되어 도무지 눈에 보이지 않는 하나님과 그 하나님의 섭리가 눈에 보이는 것들에 자리를 내주는 상황이 된 것 같습니다. 그러니 보이지 않는 하나님과 하나님의 섭리를 전 인격적으로 깨닫기가 너무 어렵게 되었고 하나님을 찾는 순서도 거꾸로 가는 세상이 되어 버렸습니다.

영국의 마틴 로이드 존스(Martyn Lloyd-Jones) 목사님은 한 설교에서 성령님은 오직 우리 주 예수 그리스도를 조명하기 위해 존재하는 분이시고, 예수 그리스도는 오로지 하나님 아버지를 조명하기 위해 존재하는 분임을 말씀하고 있습니다. 즉, 성 삼위 하나님을 부를 때 하나님, 예수님, 성령님 해야 하는 것이 언젠가부터 성령님, 예수님, 하나님 순으로 바뀌더니 이제는 성령님, 성령님, 성령님으로 완전히 바뀌어 버린 것 같습니다.

이러한 신비주의적 신앙의 흐름은 음악이 갖고 있는 '지', '정', '의'의 전 인격적인 내용에서 오는 고상함과 거룩함을 점점 더 외면합니다. 그리고 음악 속에 내재된 감정적 기능만 강조해 이성이 작동되지 않는 성령님, 성령님, 성령님의 도구로 더 자극적으로 사용됩니다. 그리하여 음악을 통한 거룩한 성도들의 하나님을 향한 신실한 찬송의 역사는 점점 약해지고, 그 귀한 찬송과 음악이 사람들의 마음을 인위적으로 선동하고 흥분시키는 위험한 도구로 이용되고 있는 현실에 너무도 안타까움을 느낍니다.

Kyrie eleison
Christe eleison
Kyrie eleison

주여 우리를 긍휼히 여기소서
그리스도여 우리를 긍휼히 여기소서
주여 우리를 긍휼히 여기소서

오 주의 자비하심을(R. 패런트)
서울모테트합창단

기억하소서(R. 패런트)
서울모테트합창단

오 주여 기도 들으소서(C. W. 글룩)
서울모테트합창단

'Aus der Tiefe'/내가 깊은 곳에서
(칸타타 BWV131 중, J. S. 바흐)
서울모테트합창단

주님과 함께 걸어가라
하늘의 평강이 너를 지키리라

너를 지키시는 어린양이
빛을 비추시리

나 처음 주를 믿을 때 평안을 주시고
내 영혼 소생시키사 영생을 주셨네

주님과 함께 걸어가라
어린양이 너를 인도하시리라

주께 돌아가라 주의 말씀 앞으로
너를 슬프게 하는 죄악을 다 용서하시리

너를 지키시는 주와 함께
언제나 걸으면 힘을 얻으리

네가 가는 길에 등불을 밝히사
생명 길로 인도해주시리

주와 함께 걸어가라
———————————
A closer walk with God

내 믿음 변치 않도록
날 도와주소서

이제까지 살아오는 동안 특별히 좋아하는 찬송이 몇 곡 있습니다. 20대 청년 시절 이후로 좋아한 찬송은 〈주여 지난밤 내 꿈에〉입니다.

주여 지난 밤 내 꿈에 뵈었으니
그 꿈 이루어 주옵소서
밤과 아침에 계시로 보여주사
항상 은혜를 주옵소서

마음 괴롭고 아파서 낙심될 때
내게 소망을 주셨으며
내가 영광의 주님을 바라보니
앞길 환하게 보이도다

세상 풍조는 나날이 갈리어도
나는 내 믿음 지키리니
인생 살다가 죽음이 꿈같으나
오직 내 꿈은 참되리라

(후렴)
나의 놀라운 꿈 정녕 이루어져
장차 큰 은혜 받을 표니
나의 놀라운 꿈 정녕 이루어져
주님 얼굴을 뵈오리라

30대 초반 이후로 좋아한 찬송은 〈겸손히 주를 섬길 때〉입니다.

겸손히 주를 섬길 때 괴로운 일이 많으나
구주여 내게 힘주사 잘 감당하게 하소서

인자한 말을 가지고 사람을 감화시키며
갈 길을 잃은 무리를 잘 인도하게 하소서

구주의 귀한 인내를 깨달아 알게 하시고
굳건한 믿음 주셔서 늘 승리하게 하소서

장래의 영광 비추사 소망이 되게 하시며
구주와 함께 살면서 참 평강 얻게 하소서

40대 중반 장년기 이후로 좋아하는 찬송은 〈나 맡은 본분은〉입니다.

나 맡은 본분은 구주를 높이고
뭇 영혼 구원 얻도록 잘 인도함이라

부르심 받들어 내 형제 섬기며
구주의 뜻을 따라서 내 정성 다하리

주 앞의 모든 일 잘 행케 하시고
이후에 주님 뵈올 때 상 받게 하소서

나 항상 깨어서 늘 기도드리며
내 믿음 변치 않도록 날 도와주소서

저의 선친께서는 제가 대학교 2학년 다니던 해 초여름, 너무
이른 연세에 세상을 떠나셨습니다. 사랑하고 존경하는 아버지와
함께 정을 나누며 살았던 세월보다 이별 이후의 세월이 두 배 가
까이 되어갑니다. 그 세대의 여느 어른들처럼 모진 세월을 살아
내셨고, 믿음과 자유를 찾아 월남했던 이산가족이셨습니다.

그런 아버지께서 자식들에게 남기신 마지막 유언의 말씀이
"얘들아, 험한 세상에 믿음 잘 지키고 살아라"였습니다. 세월이
갈수록 이 유훈의 말씀은 저의 마음에 더욱 사무쳐 오고 무엇과
도 바꿀 수 없는 저와 제 가정의 좌우명과 가훈이 되었습니다.

그리고 이젠, 아버지의 그 깊은 유훈의 말씀이 "얘들아, 믿
음을 잘 지키고 살기에 이 세상은 너무도 험하다"라고 역설적인
말씀으로 메아리쳐 제 마음속을 진동합니다.

제가 특별히 좋아해 온 귀한 찬송들의 가사 내용이 이제껏
제가 살아온 은혜의 날들에 대한 참 고백이요, 이후 살아갈 소망
의 날들에 귀한 열매로 나타나게 되기를 간절히 소원합니다.

나 항상 깨어서 늘 기도드리며
내 믿음 변치 않도록, 날 도와주소서

 주와 함께 걸어가라(E. 버틀러)
서울모테트합창단

 주여 지난 밤 내 꿈에(찬송가)
서울모테트합창단

 겸손히 주를 섬길 때(찬송가)
서울모테트합창단

 나 맡은 본분은(찬송가)
바리톤 독창

주여, 나를 평화 위해 쓰소서
미움이 있는 곳에 참 사랑을
상처가 있는 곳에 용서를
의심 있는 곳에 참 믿음을

오 주여, 나를 평화 위해 쓰소서
절망이 있는 곳에 새 희망을
어둠이 있는 곳에 광명을
슬픔이 있는 곳에 기쁨을 주소서

오 나의 주여 나 위로받기보다는
이웃을 더욱 위로하며
이해받기보다는 이해해 주며
사랑케 하소서

오 주여, 나를 평화 위해 쓰소서
미움이 있는 곳에 참 사랑을
모든 것을 줄 때 나 얻으리
남을 용서할 때에 용서받으리

내가 죽을 때 다시 살아
영생 얻으리 영생 얻으리
주여, 나를 평화 위해 쓰소서

아멘

평화의 기도(Allen Pote)

Prayer of peace

참된 평화가
어디 있나

코로나19로 모두가 지치는 때입니다. 한반도를 둘러싼 강대국들의 저마다 계산된 행보 속에 여러모로 위기에 몰려 있는 북한이 나름의 계획된 돌발 행동을 이어가고 있습니다. 이런 일이 있을 때마다 6·25 전쟁 이후 70여 년을 안보 문제에 시달려 온 모든 국민, 특히 기성세대와 어르신들의 정신적 피로감은 뭐라 표현하기 힘들 정도라고 생각됩니다.

저는 '평화'라는 단어를 접하거나 또 그에 대한 묵상을 할 때면 언제나 찬송가 〈내 영혼의 그윽히 깊은 데서〉를 생각하곤 합니다. 이 찬송의 1절에서 3절까지는 하나님께서 우리 성도에게 거저 베풀어 주신 평화와 그 평화가 주어진 은혜의 내용을 구절구절 세세히 고백하는 내용으로 되어 있습니다. 그런데 4절에 가서 갑자기 새로운 질문이 던져집니다.

이 세상의 험한 길 가는 동안 참된 평화가 어디 있나

1-3절의 가사 내용과는 너무도 상반된 내용입니다. 연약한 인간이 험한 인생길 살아가는 동안 인간의 의지로는 참 평화(평강)를 누리는 것이 결코 가능하지 않다고 하는 것을 역설적으로 강조하는 것 같습니다. 성 프란치스코도 우리 인생은 모두가 갖고 있는 죄성으로 인해 외부로부터 닥쳐오는 불안한 상황들을 거부하고 극복할 수 있는 능력이 없는 존재이기에 그저 평화를 갈구한다고 해서 평화를 누릴 수 없음을 가르쳐 줍니다.

그런데 이 부정적인 4절의 첫 소절에서의 물음에 대한 답을 바로 뒤 이어지는 두 번째 소절에서 우문현답하듯이 바로 명쾌하게 이야기합니다.

우리 모두 다 예수를 친구 삼아 참 평화를 누리겠네

그렇습니다. 우리 연약한 인간은 우리의 참 친구 되시고 평강의 왕이 되시는 우리 주 예수 그리스도 안에 거할 때에만 인생의 그 어떤 불안한 상황에서라도 참 평안을 누릴 수 있으며, 또한 그리스도를 본받아 영광스러운 평화의 도구로 살아갈 수 있음을 이야기하고 있습니다. 후렴구에서는 이렇게 노래를 합니다.

평화 평화로다 하늘 위에서 내려오네
그 사랑의 물결이 영원토록 내 영혼을 덮으소서

이 세상에서 누리는 개인적인 평안이나 공동체적 평화는 모두 하늘로부터 주어지는 것이고 그것을 가능케 하는 근원은 바로 하나님의 사랑임을 노래하고 있는 것입니다. 그렇기에 우리가 인생길 가는 동안에 참된 평화를 누릴 수 있는 근거는 사랑의 하나님, 하나님의 사랑임을 깨닫고 그 은혜를 힘입어 살아가는 것이라고 생각됩니다. 주님 안에서만 누릴 수 있는 참된 평화, 그 참된 평화의 도구로 살 수 있는 특권이 우리에게 있다는 것, 얼마나 귀하고 감사한 일인지 모르겠습니다.

평화의 기도(A. 포트)
서울모테트합창단

귀하신 주여 날 붙드사(L. N. 모리스 편)
서울모테트합창단

하나님께서 긍휼히 여기사(A. 갠트)
서울모테트합창단

내 영혼의 그윽히 깊은 데서(찬송가)
첼로/나인국

4 심금을 울리는 노래들(흑인영가)

Oh, Ezekiel saw the wheel
way up in de middle ob de air

De big wheel run by faith
and de little wheel run by de grace ob God

A wheel in a wheel
way up in de middle ob de air

Some folks go to church for to sing an' shout
way up in de middle ob de air

before six months dey's done turned out
way up in de middle ob de air

now what de good church folks gonna do den
way up in de middle ob de air

* 위의 노래 가사는 흑인들이 실제로 발음하던 소리를 반영하여 작성된 내용입니다

에스겔이 바퀴를 보았네
공중 한가운데서

큰 바퀴는 믿음으로
작은 바퀴는 하나님의 은혜로 굴러가네

바퀴 안의 바퀴
공중 한가운데서

외치고 노래하러 교회 가는 사람들
공중 한가운데서

6개월이 되기 전에
공중 한가운데서

그때가 되면 착한 성도들은 무엇을 할까
공중 한가운데서

에스겔이 바퀴를 보았네

Ezekiel saw the wheel

심금을 울리는
노래

　음악과 관련된 수많은 표현 가운데 '심금(心琴)을 울린다'라
는 말이 있습니다. 이 말을 들으면 우리는 주로 누군가가 노래하
고 연주하는 음악이 듣는 이의 마음을 움직이고 감동에 이르게
한다는 정도의 생각으로 지나치는 것이 일반입니다. 그런데 이
말을 다시 깊이 생각을 해보면, 노래하고 연주하는 사람뿐 아니
라 듣는 모든 사람의 마음속에도 그 음악을 깊이 공감하고 함께
연주할 수 있는 마음속의 거문고를 누구든지 이미 모두 갖고 있
다고 하는 것을 알 수 있습니다.

　그러므로 누군가 감동적인 노래와 연주를 하게 되면 듣는
모든 사람 마음속의 거문고가 같이 공감하여 함께 노래하고 연
주를 하게 된다는 것이니, 좋은 음악을 서로 나누고 함께하는 것
이야말로 사람들의 마음에 공감을 일으켜 서로가 하나 되게 하
고 나아가 사회적 연대까지 이루게 한다는 것이니 정말 귀한 일
이라고 생각합니다. 아울러 음악뿐 아니라 자연이 만들어 내는

모든 아름다운 생명의 유희와 동물들의 살아가는 역동적인 모습을 통해서도 그렇고 인간의 모든 말과 행동이 주는 의미 있고 감동적인 일에 있어서도 우리 모두의 마음속 거문고는 쉼 없이 노래를 하고 있다는 것입니다.

'심금을 울린다'라는 말의 의미를 깊이 생각하며 우리의 삶에 적용을 하다 보니, 우리 모든 인간의 마음속 거문고에 가장 큰 울림을 주신 분이 바로 하나님이심을 깨닫게 되었고 그 사실에 너무도 감동하게 되었습니다. 죽을 수밖에 없는 우리 인생들을 구원하시기 위해 독생 성자 예수 그리스도를 기꺼이 내어 주신 하나님의 크신 사랑과 그 구원의 완성을 위해 죽기까지 순종하신 예수 그리스도의 은혜는 우리 모든 인간의 마음속 거문고를 영원히 울리게 해주셨습니다. 그 놀라운 하나님의 사랑을 깨달은 모든 주의 백성들은 평생에 걸쳐 기쁨으로 자신의 마음속 거문고를 울려야 하겠고 그 귀한 하나님의 사랑을 함께하는 모든 이에게 전해주는 진정 '심금을 울리는' 삶을 살아야 할 것입니다.

저희 서울모테트합창단이 낸 음반들에는 'Inspiration'이라는 보조 타이틀이 쓰여 있습니다. 이는 저희의 음악이 듣는 모든 분의 마음속의 거문고를 깊이 울리게 함으로, 그들의 삶이 하나님 원하시는 모습으로 변화되는 영감 넘치는 음악이 되기를 소원하는 마음으로 사용한 것입니다.

미국의 음악 역사에 사람들에게 가장 많은 감동을 주고 사랑을 받았던 음악, 즉 그야말로 많은 사람들의 심금을 울리고 위로를 준 음악이 흑인영가가 아니었나 생각이 됩니다. 알려진 바대로 흑인영가(Negro Spiritual, African-American Spiritual, American Traditional Spiritual)는 여러 가지 용어로 불리고 있는 음악입니다. 신대륙에 노예로 팔려간 흑인들이 그들의 고통과 슬픔, 삶의 애환, 얽매임에서의 해방과 천국에 대한 소망 등을 그들특유의 리듬(싱코페이션)과 음률(5음음계)에 담아 노래한 음악으로서 현대 기독교 음악(Classic, CCM)은 물론 특히 대중음악(Soul, Jazz 등) 전반에 절대적인 영향을 준 음악입니다.

코로나와의 긴 싸움에 지친 모든 분들의 마음을 위로하고 삶에 대한 새로운 희망과 영감을 주는 그런 찬송이 되었으면 합니다.

 Ezekiel saw de wheel/에스겔이 바퀴를 보았네(N. 케인)
서울모테트합창단

 Deep River/깊은 강(R. 쇼, A. 파커 편)
로버트 쇼 합창단

 Crucifixion/십자가 처형
알토/마리안 앤더슨

 Sometimes I feel like a Motherless Child
때때로 나는 고아처럼 느끼네
베이스/폴 롭슨

He's the lily of the valley
Oh, my Lord

I've never been heaven but I've been told
Oh, my Lord

that the streets up there are paved with gold
Oh, my Lord

What kind of shoes are those You wear
Oh, my Lord

that You can walk up in the air
Oh, my Lord

These shoes I wear are gospel shoes
Oh, my Lord

and you can wear these if you choose
Oh, my Lord

He's the lily of the valley
Oh, my Lord

그분은 산골짜기의 백합
오, 나의 주님

난 천국에 가 본 적은 없지만, 얘기는 들었다오
오, 나의 주님

천국 길은 황금으로 포장되어 있지요
오, 나의 주님

도대체 어떤 신발을 신고 있기에
오, 나의 주님

하늘을 걸으실 수 있나요?
오, 나의 주님

제가 신는 신발은 복음의 신발
오, 나의 주님

당신도 원하시면 신을 수 있어요
오, 나의 주님

그분은 산골짜기의 백합
오, 나의 주님

그분은 산골짜기의 백합

The lily of the valley

흠 없고
순결하신 주님

　　'주는 산골짜기의 백합'이라는 제목으로 알려진 이 곡은, 흠 없고 순결하신 주님을 흠모하며 우리의 본향 하늘나라의 주인이 되시는 주님을 노래하는 영가입니다.

　　우리가 사용하고 있는 찬송가의 편집 순서를 보면 맨 처음 경배와 찬양, 창조주 하나님, 예수 그리스도, 그리고 예수님의 예언과 탄생, 생애, 고난, 부활과 재림, 보혜사 성령, 이후 성도의 삶 등으로 이어져 있습니다. 예수 그리스도와 관련한 모든 찬송(80장-181장)들 중에서 80장부터 96장까지의 17곡의 찬송들은 모두 예수 그리스도께서 어떤 분이신지를 가르쳐 주고 그분을 높이고 그 은혜를 노래하는 아름다운 찬송들로 구성이 되어 있습니다. 즉, 흠 없고 순결하신 주님, 우리의 참 친구 되신 주님, 우리를 구원하신 은혜의 주님, 우리 평생에 힘 되시는 주님, 우리의 기쁨과 소망 되시는 주님 등 너무도 정겹고 따뜻한 내용의 곡들이 주류를 이루고 있습니다.

이러한 은혜로운 가사들에 붙여진 곡조들은 대부분 그 가사의 내용에 걸맞게 정겹고 따뜻하며 사랑스러운 분위기의 음률과 리듬의 곡들로 구성이 되어 있습니다. 그렇기에 오직 예수 그리스도만을 집중적으로 묵상할 수 있게 해주는 이 찬송들만이 주는 특별한 느낌, 특별한 분위기, 특별한 은혜가 있기에 이 찬송들은 성도들의 신앙 정서에 큰 도움이 되는 찬송들이라 할 수 있겠습니다.

이 영가 또한 우리 주 예수 그리스도에 집중한 가사로 되어 있고, 흠 없고 순결한 천국의 주인이신 우리 주 예수 그리스도의 은혜를 머리로 깨우치게 해주는 것은 물론, 우리의 마음속 거문고에 깊은 울림과 영감을 일으키도록 해주는 귀한 찬송입니다.

참고로 이 곡에서 얘기하는 백합(Lily of the valley)은 일반적으로 알려진 백합이 아니라 은방울꽃을 의미합니다.

The Lily of the Valley/주님은 산골짜기의 백합(W. 웰럼)
서울모테트합창단

 주는 저 산 밑의 백합(박재훈)
서울모테트합창단

 내 진정 사모하는(찬송가)
서울모테트합창단

 사과나무(스코틀랜드 민요)
서울모테트합창단

Listen to the lambs!
All a crying

He shall feed his flock like a shepherd
and carry the young lambs in his bosom.

Ah! Listen.

Listen to the lambs!
All a crying

Amen

양들의 소리를 들으라!
모두 다 울고 있구나

그분은 목자같이 양떼를 먹이시고
어린양을 품에 안아주실 것이다

아! 들으라

양들의 소리를 들으라!
모두 다 울고 있구나

아멘

어린양들의 소리를 들으라

Listen to the lambs

참 목자 되시는
주님

Kyrie eleison
주여 우리를 긍휼히 여기소서

이제까지 교회에서 'Kyrie eleison'이라는 말을 우리말로 옮길 때 '주여 우리를 불쌍히 여기소서', '주여 우리에게 자비를 베푸소서'라고 쓰는 경우가 많았습니다. 그렇지만 좀 더 충실하게 옮기자면 '주여 우리를 긍휼히 여기소서'라고 하는 것이 더 좋겠다는 생각이 듭니다. 사전적인 의미로 볼 때 '불쌍히'는 말 그대로 '불쌍히 여김'이고 '자비'는 '사랑으로 불쌍히 여김'이므로 이 둘이 비슷한 표현이고 '긍휼'은 '불쌍히 여겨서 도와줌'이라는 의미가 있기에, 너무도 연약하여 주님을 떠나서는 스스로 아무 것도 할 수 없는 인생들에게는 더 은혜로운 표현이라는 생각에서입니다.

즉, 참 목자 되시는 주님께서 긍휼을 베풀어 주시지 않으면 가련한 어린양 같은 우리 인생들은 도저히 한시도 살아갈 수 없는 존재이기에, '선한 목자'이신 주님의 인도하심과 양의 문이 되어 주시는 '신실한 목자'이신 주님만을 의지하고 그분을 힘입어 살아가야만 할 것이라는 생각이 듭니다.

지금 우리가 겪고 있는 현실의 어려움을 통해 우리 모두는 우리 인생이 얼마나 연약하고 가련한 존재인지를 뼈저리게 느끼고 있고, 코로나19 상황이 너무도 엄중하기에 병으로, 경제적 어려움으로 고통받는 수많은 울부짖음이 도처에서 터져 나오고 있는 상황입니다. 전문가들이 코로나 사태가 절대로 쉽게 끝나지 않을 것이라 계속 얘기를 해왔고 장기화에 대비해야 한다고 말해 왔지만 실제로 그 상황을 하루하루 견뎌낸다고 하는 것이 이 정도일 줄은 다들 예상할 수 없었을 것입니다. 당황해하는 우리 인간의 모습은 목자를 잃은 어린양의 모습과 다르지 않은 것 같습니다.

참 목자 되시는 주님께서 스스로 자신을 지킬 수 없는 양과 같은 우리, 그중에서도 더욱 가련한 존재인 어린양과 같은 우리에게 참목자 되어 주심으로 먹여 주시고 영원히 품어주신다는 말씀은 절대 놓칠 수 없는 너무도 큰 은혜가 되는 말씀입니다.

방역 당국에서 얘기하는 폭풍 전야와 같은 지금, 이 찬송이 불안과 고통에 울부짖는 어린양과 같은 모든 분들의 마음을 위로하고 잠시만이라도 은혜와 평강의 자리로 안내할 수 있기를 소망합니다.

Kyrie eleison

Christe eleison

Kyrie eleison

주여 우리를 긍휼히 여기소서

그리스도여 우리를 긍휼히 여기소서

주여 우리를 긍휼히 여기소서

Listen to the lambs/어린 양들의 소리를 들으라(R. N. 데트)
서울모테트합창단

선한 목자 되신 우리 주(찬송가)
서울모테트합창단

어지신 목자(김두완)
서울모테트합창단

나 깊은 곳에서(백경환)
서울모테트합창단

---

5 높이 계신 주님께(크리스마스 캐럴)

눈꽃이 곱게 피어난 한 추운 겨울 밤
사랑과 빛의 왕이신 한 아기 나셨네

주 나신 기쁨 가득 찬 참 거룩한 이 밤
이 밤에 크리스마스 꽃 피니 사랑과 빛의 왕

저 목자 천사 다 함께 온 땅도 기뻐해
온 세상 사람 다 함께 참 감사 노래해

주 탄생하신 기쁨을 모두 찬양해
저 천국 떠나 이 땅에 친히 오셨네

오 주를 경배하자, 오 주를 경배하자,
오 주를 경배하자, 주님을

아기 예수
Gesu bambino

오, 주를 경배하자,
주님을

1886년 이탈리아에서 태어나 로마 산타 체칠리아 음악원에서 공부하고 미국으로 이주하여 뉴욕을 중심으로 오르가니스트 겸 작곡가로 활동하다가 1943년 세상을 떠난 피에트로 욘의 정말 아름다운 크리스마스 캐럴입니다. 성탄의 분위기를 물씬 풍기는 자장가로서 목가적인 분위기의 시칠리아노 리듬을 전곡에 채용하여 성탄의 기쁨을 더없이 아름답고 우아하게 표현하고 있으며, 이탈리아 출신의 작곡가답게 하늘엔 영광 땅에는 기쁨으로 대변되는 성탄의 의미를 영롱하고 밝은 색채감을 느낄 수 있게 하는 마장조(E major)를 사용하여 표현하고 있습니다.

1절
눈꽃이 곱게 피어난 한 추운 겨울 밤
사랑과 빛의 왕이신 한 아기 나셨네

2절
주 나신 기쁨 가득찬 참 거룩한 이 밤
이 밤에 크리스마스 꽃 피니 사랑과 빛의 왕

주님 탄생의 상황 묘사를 넘어 탄생의 의미까지 보여주는
소절로서 높은음에서 낮은음으로 흐르는 흥겹고 아름다운 선율
을 통해 하늘로부터 강림하신 주님과 하늘로부터 내리는 하나님
의 사랑을 베이스 파트의 정겨운 독창(유니즌)으로 표현하고 있
습니다.

1절
저 목자 천사 다 함께 온 땅도 기뻐해
2절
온 세상 사람 다 함께 참 감사 노래해

곡의 두 번째 단락의 첫 소절입니다. 예수 그리스도의 탄생
은 온 인류에게 최고의 복된 사건이고 그 성탄의 기쁨은 현장을
목격했던 천사와 목동뿐 아니라, 온 땅과 세상 만민에게도 최고
의 감격스러운 사건이므로 하늘로부터 오시는 주님을 바라보고
환대하며 그 은혜를 내려 주시는 높이 계신 하나님께 화답하듯
하늘을 향해 힘차게 상행하는 풍성한 합창으로 노래합니다.

1절
주 탄생하신 기쁨을 모두 찬양해
2절
저 천국 떠나 이 땅에 친히 오셨네

두 번째 단락의 두 번째 소절은 하나님의 사랑과 강림하시

는 주님을 향해 감사와 감격의 찬송을 하다가 전혀 그 어떤 예고도 없이 돌변하는 듯한 조 바꿈을 통해 구세주 탄생의 사건이 얼마나 신비로운 것인지를 표현하고 있으며 하행하는 선율을 통해 하늘로부터 강림하시는 주님을 구체적으로 표현하고 있습니다.

오 주를 경배하자
오 주를 경배하자
오 주를 경배하자 주님을

세 번째 단락은 유니즌으로 노래하게 돼 있습니다. 이 부분은 오래된 라틴 캐럴 〈참 반가운 성도여〉(Adeste Fideles)의 후렴구를 차용해서 거룩한 분위기를 더해줍니다. 그리고 경배하자고 하는 가사를 세 번 반복함으로 성삼위 하나님을 찬양함과 동시에 하나님 구원의 완전성을 노래하고 있습니다.

아, 오 주를 경배하자
아, 오 주를 경배해
오 주를, 오 주를 경배하자
경배하자, 주님을

네 번째 단락은 음악적 후렴구와 코다로서 성탄의 기쁨과 감격을 처음 나왔던 주제 선율과 도약이 심한 드라마틱한 음률을 솔로와 합창이 서로 주고받으며 화답하여 노래하며 끝을 맺습니다.

Venite Adoremus, Dominum
다 와서 주님을 경배하자

아기 예수(P. 욘)
서울모테트합창단

Gesu bambino/아기 예수(P. 욘)
소프라노/캐슬린 배틀, 메조소프라노/프레데리카 폰 슈타데

Away in a Manger(S. 클레오버리 편)
킹스칼리지 합창단

Away in a Manger(J. 루터 편)
케임브리지 싱어즈, 지휘/존 루터

잣나무와 칡넝쿨 다 자라났을 때
숲속의 모든 나무 가운데 그 모습 고와라

해님 떠오르고 사슴은 뛰어가네
울려라 아름다운 음악 노래하자 즐겁게

잣나무 위의 열매 빨갛게 열렸네
마리아의 아기 예수 우리 위해 나셨네

잣나무 가지에 참 상처가 많구나
마리아의 아기 예수 우리 위해 나셨네

오, 해님 떠오르고 사슴은 뛰어가네
울려라 아름다운 음악 노래하자 즐겁게

잣나무와 칡넝쿨

The holly and the ivy

평강의 왕이라
할 것임이라

너무도 유명한 곡이라 합창뿐 아니라 독창과 크로스오버와 뉴에이지 음악에 이르기까지 다양한 연주를 만날 수 있는 곡입니다.

잣나무와 칡넝쿨 다 자라났을 때
숲속의 모든 나무 가운데 그 모습 고와라

해님 떠오르고 사슴은 뛰어가네
울려라 아름다운 음악 노래하자 즐겁게

곡의 첫 부분은 매우 경쾌한 리듬과 밝은 톤의 곡으로 베이스의 선창에 알토 테너가 리드미컬한 반주를 만들어 내면 소프라노가 명랑하게 뛰놀듯 노래합니다.

잣나무 위의 열매 빨갛게 열렸네
마리아의 아기 예수 우리 위해 나셨네

잣나무 가지에 참 상처가 많구나
마리아의 아기 예수 우리 위해 나셨네

두 번째 부분은 더 경쾌해진 테너와 더 드라마틱해진 베이스에게 주 멜로디가 옮겨가고 두 소절 모두 알토가 "마리아의 아기 예수 우리 위해 나셨네" 하며 멜로디를 노래합니다.

오, 해님 떠오르고 사슴은 뛰어가네
울려라 아름다운 음악 노래하자 즐겁게

마지막 부분은 다시 소프라노에게 멜로디가 주어지고 이전까지와 같이 다른 파트들이 반주 역할만 하는 것이 아니라 다이나믹한 합창을 함께 부르는 형식으로 힘차게 외치듯 노래하며 끝을 맺습니다. 이 노래의 배경 성경 구절은 그리스도의 탄생과 그의 나라를 예언하는 이사야 9장 2, 6, 7절의 말씀입니다.

흑암에 행하던 백성이 큰 빛을 보고 사망의 그늘진 땅에
거하던 자에게 빛이 비취도다 이는 한 아기가 우리에게 났고
한 아들을 우리에게 주신 바 되었는데 그 어깨에는 정사가
메었고 그 이름은 기묘자라, 모사라, 전능하신 하나님이라,
영존하시는 아버지라, 평강의 왕이라 할 것임이라 그 정사와
평강의 더함이 무궁하며 또 다윗의 위에 앉아서 그 나라를
굳게 세우고 지금 이후 영원토록 공평과 정의로 그것을
보존하실 것이라 만군의 여호와의 열심이 이를 이루시리라

평강의 왕 되시는 우리 주님의 평강이 모든 분들과 함께하시길 기원합니다.

잣나무와 칡넝쿨(프랑스 캐럴)
서울모테트합창단

The Holly and the Ivy
메디벌 베이브스

The Holly and the Ivy
로버트 쇼 합창단

The Holly and the Ivy
웨스트민스터 사원 합창단

이새의 뿌리에서 새싹이 돋아나
옛 선지 노래대로 장미꽃 피었다
한 추운 겨울 밤 주 탄생하신 이 날
거룩한 날이여

이사야 예언대로 어리신 우리 주
동정녀 마리아의 몸 빌어 나셨다
탄생한 아기는 영원한 구세주라
영광의 날이여

그 부드러운 향기 온 하늘 채우고
그 영광 찬란한 빛 어둠을 쫓았다
참 신과 참 사람 우리를 구하셨다
영광의 날이여

이새의 뿌리에서
———
Es ist ein Ros' entsprungen

참 신과 참 사람
우리를 구하셨다

　　매년 성탄절이 다가오면 어린 시절에 겪었던 음악과 관련한 몇 가지 추억이 떠오릅니다. 첫 번째 기억은 주일학교 시절 교회에서 늘 부르던 성탄 찬송과 함께 성탄 전야 성극을 했던 것이고 두 번째는 성탄 당일 새벽 교인들의 집을 찾아 캐럴을 노래하며 성탄을 알리던 일입니다. 세 번째 기억은 선친께서 즐겨 들으시던 팻 분, 빙 크로스비 같은 미국의 팝 가수들이 부른 낭만적인 분위기의 캐럴들을 음반을 통해 들었던 일입니다.

　　주일학교와 중·고등부를 지나 대학교에 들어갈 무렵 여러 음반들을 통해 세계의 유수 합창단들이 연주한 새로운 캐럴들과 크리스마스 교회음악을 접하게 되었는데 기존 알고 있었던 찬송가나 명랑하고 즐거운 캐럴이 아닌 차분하고 고상한 분위기의 캐럴과 심지어 단조로 노래하는 쓸쓸한 분위기의 캐럴까지 있음을 알게 되었습니다.

　　그때 알게 된 곡이 헤롯왕이 예수 탄생의 소식을 듣고 당시

태어난 아기들을 모두 죽이라는 명령을 내렸던 상황을 단조로
노래한 16세기 영국의 〈코벤트리 캐럴〉(Coventry Carol)과 이사
야 11장의 내용을 노래한 15세기 민요에서 온 독일의 〈이새의 뿌
리에서〉(Es ist ein Ros' entsprungen)인데 원래 단선율로 전해져 온
곡을 르네상스 시대 작곡가 프레토리우스가 화음을 붙여 유명해
진 캐럴입니다. 이 두 곡은 캐럴 시리즈 첫 번째로 소개했던 피에
트로 욘이 작곡한 〈아기 예수〉(Gesu bambino)와 함께 저의 인생
최고의 캐럴이 된 곡들입니다.

이 중에 〈이새의 뿌리에서〉는 기존의 찬송가에도 포함돼 있
었지만 교회력을 그리 철저하게 지키지 않던 1980년대 당시의
교회에서는 대강절에만 부르던 재미없는 찬송가 취급을 받고 있
었는데 이 곡이 얼마나 고상하고 아름다운 곡인지 새로이 깨닫
게 된 것입니다.

1절은 오리지날 곡을 거의 그대로 쓰고 있고, 2절은 첫 소절
에서 소프라노 알토의 3성부 앙상블로 시작하여 테너와 베이스
가 따라 들어오고 두 번째 소절은 알토가 멜로디를 노래하며 이
끌어 가고 마지막 소절은 소프라노가 다시 멜로디를 노래합니
다. 3절은 네 파트가 돌림노래 형식으로 두 소절을 노래하고 "참
신과 참 사람" 부분은 세 번을 반복하여 강조하며 클라이막스로
이끌어 갑니다.

은혜롭고 감동적인 가사와 마음을 한없이 따뜻하게 해주는
이 캐럴을 통해 우리를 한없이 품으시는 하나님의 사랑을 풍성
히 누리실 수 있기를 바랍니다.

이새의 뿌리에서(D. 캐시모어 편)
서울모테트합창단

 Es ist ein Ros' entsprungen
킹스 싱어즈

 Coventry Carol
콜레기움 보칼레 헨트

 Es ist ein Ros' entsprungen
VOCES8

오 베들레헴 작은 골 너 잠들었느냐
별들만 높이 빛나고 잠잠히 있으니
저 놀라운 빛 지금 캄캄한 이 밤에
온 하늘 두루 비춘 줄 너 어찌 모르나

온 세상 사는 사람들 잠자는 동안에
평화의 왕이 세상에 탄생하셨도다
저 새벽 별이 홀로 그 빛을 아는 듯
밤새껏 귀한 그 일을 말없이 지켰네

오 놀라우신 하나님 큰 선물 주시니
주 믿는 사람 마음에 큰 은혜 받도다
이 죄악 세상 사람 주 오심 모르나
주 영접하는 사람들 그 맘에 오시네

오 베들레헴 예수님 내 맘에 오셔서
내 죄를 모두 사하고 늘 함께하소서
저 천사들의 소식 나 기뻐 들으니
오 임마누엘 예수님 내 맘에 오소서

오 베들레헴 작은 골

O little town of Bethlehem

오, 임마누엘 예수님
내 맘에 오소서

이 곡은 1835년 보스톤에서 태어난 복음주의 명설교자였던 성공회의 필립스 브룩스(Philips Brooks) 목사가 1865년 이스라엘 여행을 하던 중 크리스마스이브에 베들레헴을 방문하여 예수 탄생 교회에서 예배를 드리며 깊은 감동을 받았는데 그 일을 경험으로 하여 썼던 시에 만들어진 곡입니다.

이후 미국으로 돌아온 그는 몇 년 후 예루살렘을 방문했을 때를 기억하며 쓸쓸한 분위기의 예루살렘 밤의 정경과 예배 때의 감동을 담아 주일학교 어린이들을 위한 찬송 시를 지었고 담임하던 교회의 오르가니스트였던 루이스 레드너(Lewis Redner)가 곡을 붙였다고 합니다.

천군 천사의 힘차고 웅장한 합창과 하나님의 영광을 찬송하는 수많은 성탄 찬송과는 달리 이 찬송은 매우 정적이고 고요한 찬송인데, 어린이들을 특별히 아끼고 사랑했던 브룩스 목사의 따뜻한 마음이 잘 녹아 있는 찬송 시이고 또 그에 걸맞은 고상한 분위기뿐 아니라 화성도 너무 아름답고 곡의 구성도 완벽한 그야말로 걸작 캐럴이라고 생각됩니다.

1, 2절에서는 성탄절의 상황을 서정적으로 묘사하면서 이 세상을 구원하실 구원자요 평화의 왕으로 오시는 주님께서 너무도 쓸쓸히 세상에 오셨음을 표현합니다. 그리고 그때 잠들어 있던 당시 성읍과 백성들의 무지와 무관심을 통해 오늘을 살아가는 우리와 이 시대도 그때와 별 차이가 없음을 일깨워 주는 듯합니다. 어리석은 인간들의 무관심 가운데도 조용히 또한 너무도 쓸쓸히 겸손한 인간의 모습으로 이 땅에 오신 예수 그리스도 탄생의 의미를 깊이 노래하고 있습니다.

3절은 1, 2절의 사실적 내용을 기초로 사랑의 하나님께서 성탄의 사건을 통해 인류에게 주시는 구원의 메시지와 나아가 그것이 우리 한 사람 한 사람에게 어떠한 의미이며 은혜인지를 깨닫게 해주는 내용입니다. 4절은 온 인류를 구원하시려는 사랑의 하나님께 감사하고 강생하신 예수님을 영접하고 죄 사함과 늘 함께 해 주실 것을 간구하는 신실한 신앙고백이 담겨 있는 참으로 아름답고 은혜로운 찬송입니다.

4절의 마지막 가사는 너무도 감동적입니다.

O come to us,
abide with us,
Our Lord Immanuel

우리의 임마누엘 되시는 주님,
우리에게 오셔서
우리와 함께하소서

올려 드리는 음원은 2001년 12월 예술의전당에서 있었던

46회 정기연주회 실황으로 서울모테트합창단과 합창단의 팬들로 구성된 패밀리 합창단이 함께했던 연주입니다.

오 베들레헴 작은 골(L. H. 레드너)
서울모테트합창단

O little town of Bethlehem
패트 분

O little town of Bethlehem
게이더 보컬 밴드 ·

O little town of Bethlehem
코니 프랜시스

거룩한 밤 별빛이 찬란한 밤 거룩하신 우리 주 나셨네
허물과 죄로 고생하는 사람 위하여 만유의 주 오셨네
한 새로운 영광의 동이 트니 온 세상 사람 모두 기뻐해

무릎 꿇고 저 천사 노래 듣세
오 거룩한 밤 구세주 나신 밤
오 거룩한 밤 거룩 거룩한 밤

동방박사 그 별의 인도 따라 주님 나신 구유를 찾았네
우리들도 신앙의 불빛 따라 사랑의 주님 안에 안기세
만왕의 왕이 구유 안에 누워 우리의 친구 되시려 하네

무릎 꿇고 저 천사 노래 듣세
오 거룩한 밤 구세주 나신 밤
오 거룩한 밤 거룩 거룩한 밤

주님께서 쇠사슬 풀으시니 감사 찬송 다 함께 부르세
주의 복은 사랑과 평화로다 우리도 이 사랑을 나누세
영광의 찬송 함께 부르면서 거룩한 주의 이름 높이세

무릎 꿇고 저 천사 노래 듣세
오 거룩한 밤 구세주 나신 밤
오 거룩한 밤 거룩 거룩한 밤

오 거룩한 밤

O holy night

오, 거룩한 밤
구세주 나신 밤

세계적으로 사랑받는 캐럴인 〈오 거룩한 밤〉은 1847년 프
랑스의 한 작은 도시에서 와인 도매업을 하던 플라시드 카푸 드
로크모르(Placide Cappeau de Roquemaure)가 쓴 크리스마스 성
시(Cantique de Noël)에 그의 오랜 친구였던 아돌프 샤를 아당
(Adolphe Charles Adam)이 곡을 붙인 노래입니다.

작사자 카푸 드 로크모르는 자신의 교구 사제로부터 성탄
미사를 위한 시를 의뢰받았는데 그는 업무차 파리에 가는 길에
덜컹거리는 마차 안에서 누가복음 중에 나오는 주님 탄생의 내
용을 묵상하며 영감을 얻었고 그는 자신이 쓴 시에 스스로 감동
이 되어 이 시는 반드시 좋은 음악으로 재탄생되어야 한다고 생
각을 했습니다. 파리에 도착한 그는 당시 작곡가로 큰 명성을 누
리고 있던 친구이며 무용음악 명작 〈지젤〉의 작곡자 아돌프 아
당을 찾아가 작곡을 의뢰하였습니다.

아돌프 아당은 유대인이었기에 하나님의 아들 예수 그리

스도와 그의 탄생에 대하여 큰 관심이 없던 사람이었지만 친구의 시를 읽으며 알 수 없는 영적인 감동에 사로잡히게 되었고 그 힘으로 곡을 완성하게 되었습니다. 그리고 이 곡은 영문 제목(O Holy Night)으로 미국과 전 세계에 소개되며 큰 사랑을 받는 명곡이 되었습니다.

곡의 전반부는 4분의 4박자로 구성된 곡이지만 계속되는 셋 잇단음 반주로 인해 마치 목가적인 성탄의 느낌을 표현한 우아한 8분의 12박자 같은 분위기의 곡입니다. 1-3절의 전반부는 성탄의 사실적 묘사와 함께 구세주 탄생의 의미와 온 인류에게 기쁨과 감사의 메시지를 전하는 내용입니다.

후렴구는 탄생하신 구세주께 경배와 찬송을 드릴 것을 말하고 있으며 거룩하신 하나님의 거룩한 인류 구원의 계획과 거룩하신 주 예수 그리스도께서 탄생하신 그 날 밤이 얼마나 영광스럽고 거룩한 밤인지를 이야기하고 있습니다.

인류의 구원자 예수 그리스도께서 탄생하신 밤은 그야말로 주님께서 주인공이신 영광의 밤이요, 감사의 밤이요, 거룩 거룩한 밤입니다.

코로나로 인해 예전과는 전혀 다른 분위기의 성탄을 맞으며 영원히 죽을 수밖에 없는 죄인들에게 영생의 거룩한 옷을 입혀 주시고자 영광의 하늘 보좌 버리고 이 땅에 오신 주님과 같이, 우리 또한 그 거룩함의 은총을 입은 자로서 맡겨진 인생을 거룩하게 살아갈 의무를 부여받았다는 생각을 하게 됩니다. 어려움 가운데 성탄을 맞이하는 모든 분들 가정에 거룩하신 주님의 성탄의 은총이 충만하시길 기원합니다.

오 거룩한 밤(A. 아당)
서울모테트합창단

O Holy Night
소프라노/키리 테 카나와

O Holy Night
소프라노/레온타인 프라이스

O Holy Night
빙 크로스비

3

교회음악 명작과

나의
노래

1 세계 3대 오라토리오

헨델《메시아》| 인류의 구원자 예수 그리스도
하이든《천지창조》| 창조주 하나님 우리의 하나님
멘델스존《엘리야》| 나는 만족하나이다

I know that my Redeemer liveth,
and that He shall stand
at the latter day upon the earth.

And though worms destroy this body,
yet in my flesh shall I see God.

For now is Christ risen from the dead,
the first fruits of them that sleep

내 주님은 살아 계시니
그가 이 세상에 다시 오시리라

비록 이 몸은 죽어도
나는 하나님을 보리로다

사망을 이기신 주 예수
자는 자의 첫 열매가 되셨도다

헨델, 메시아
Händel / The Messiah

인류의 구원자
예수 그리스도

Comfort ye my people
위로하라 내 백성을

헨델의 오라토리오 《메시아》는 3부로 구성된 작품으로 총 53곡에 연주 시간만 2시간이 넘게 걸리는 대작입니다. 1부는 〈예언과 탄생〉, 2부는 〈수난과 속죄〉, 3부는 〈부활과 영생〉으로 구성되어 있고 예수 그리스도를 통한 인간 구원의 모든 이야기가 성경의 신구약을 총망라한 노래 가사를 통해 표현되고 있습니다. 곡 수가 많은 만큼 작품 전체의 텍스트 분량도 많은데 이 대작은 "위로하라"(Comfort ye my people)라는 말로 첫 시작을 엽니다.

성경의 여러 곳에 우리 인생은 너무도 연약하고 가련한 존재로 자주 표현되고 있고 그러한 인간의 삶을 곤고하다고 표현하고 있기에 오직 하나님의 자비와 긍휼 인도와 보호가 없으면 스스로 온전히 살아갈 수 없는 존재라는 것을 보여주고 있습니다.

어떤 삶을 살아가는 인생이든 위로가 필요하고 참 위로자 되시는 하나님을 알고 그분을 의지하는 것이야말로 인생 최고의 복이 아닐 수 없습니다. 그렇기에 그러한 인간을 구원하시려는 하나님의 긍휼의 마음을 표현하는 최선, 최우선의 말로서 '위로하라'는 단어는 단어의 실제 뜻과 함께 우리 인간에게 진정으로 위안이 되는 말씀이 아닌가 하는 생각이 듭니다.

이 말씀은 여호수아 1장과 이사야 41장의 "너는 두려워 말라, 놀라지 말라" 하신 말씀과 시편 42, 43편의 "너는 왜 두려워하는가?" 하신 말씀과 함께 한없이 연약하고 상한 갈대와 같은 인생들을 위로해 주시는 하나님의 사랑을 가장 잘 드러내는 말씀이라 생각이 됩니다.

그리고 이 말씀을 대작 오리토리오의 첫 단어로 택한 대본가 찰스 제넨스(Charles Jennens, 1770-1773)의 성경 지식과 신앙적 통찰력을 느낄 수 있습니다. 또한 'Comfort'의 첫음절을 몇 번에 걸쳐 긴 음으로 표현함으로 가련한 인생의 영원한 위로자가 되시는 하나님의 마음을 강조하려는 헨델의 천재성과 놀라운 표현력 또한 접할 수 있습니다.

해마다 연말이 되면 우리나라 음악계는 물론 세계적으로도 연중행사처럼 어김없이 반복적으로 늘 공연되는 음악들이 있습니다. 일반 음악에서는 베토벤의 교향곡 9번 〈합창〉이 하나이고, 교회 음악에서는 헨델의 오라토리오 《메시아》가 바로 그것입니다. 두 작품의 연주 빈도가 높다 보니 "그렇게 많은 음악들 중에 훌륭한 작품이 얼마나 많은데 왜 늘 '합창 교향곡'이고 왜 또 '메시아'냐" 하며 비판하는 말을 하기도 합니다.

그러나 이 곡들에 담긴 음악적 내용과 극적인 분위기뿐만 아니라, 작품의 이면에 담겨진 작곡가의 인생과 고뇌, 그리고 사람들이 많이 좋아할 만한 대중적 요소에 이르기까지, 저는 이 두 작품에는 그럴 만한 이유가 충분히 있다고 생각합니다. 기쁨과 감사로 맞는 성탄 분위기와 함께 한 해를 마감하며 갖게 되는 인생에 대한 허무한 감정과, 이를 극복할 수 있는 희망의 메시지를 이처럼 적절하게 담아낼 수 있고 음악적으로도 이렇게 완성도 높으며 무한 감동을 주는 화려한 대작은 거의 찾아보기 힘들다고 생각합니다.

특별히《메시아》를 생각할 때면, 한빛교회 임종운 원로 목사님께서 몇 년 전 저희 합창단의《메시아》전곡 연주를 들으시고 보내 주셨던 귀한 감동의 메시지를 잊을 수 없습니다. 헨델의《메시아》는, 텍스트 내용이 신학에서 예수 그리스도께서 어떤 분이시고 또한 그분의 삶의 족적과 사역의 의미가 무엇인지를 연구하는 기독론(그리스도론) 내용을 완벽하게 정리해 놓은 것과 같다 하시며, 거기에 작곡가의 완벽한 음악적 설명이 더해지고 연주자들의 아름다운 표현력이 더해져 그 어떠한 신학 서적이나 설교나 명강의에서도 느낄 수 없는 감동적인 경험을 하시게 되었다는 말씀이었습니다.

그렇습니다. 기독론의 핵심은, 결국 참 신이시요 참 인간이셨던 예수 그리스도를 통하여 인간을 구원하시려는 하나님의 구원의 역사를 드러내는 것이기에 헨델의《메시아》야말로 성경 전체를 집대성한 요약본과 같은 것이고, 그러한 작품을 교회력의 특정 절기를 넘어 한 해를 마감하는 특별한 시기에 연주하고 들을 수 있다는 것은 이런저런 합리적 비판을 넘어서는 인류사의 귀한 유산이요, 보배 같은 존재임을 인정하지 않을 수 없습니다.

전지전능하시고 영원하신 하나님, 영이신 하나님의 하나님 되심을 온전히 드러내고 찬송하는 것이 연약하고 유한한 인생에게 주어진 최고의 목적일진대, 헨델의《메시아》와 같은 훌륭한 찬양의 유산이 있다는 것이 얼마나 감사하고 행복한 일인지 모르겠습니다.

저희 서울모테트합창단은《메시아》전곡 연주를 2회(1999,

2018) 싱어롱 연주를 포함한 전곡 하이라이트 연주 17회를 포함하여 모두 열아홉 번 연주한 바 있습니다. 올려 드리는 연주는 2018년 12월 11일, 예술의전당 콘서트홀에서 있었던 창단 30주년 기념 마스터피스 시리즈 전곡연주 실황입니다.

Soli Deo Gloria
오직 주님께만 영광

오라토리오 '메시아'/The Messiah HWV 56(G. F. 헨델)
서울모테트합창단

Coronation Anthem 1-4(대관식 찬가) (G. F. 헨델)
The Sixteen, 지휘/해리 크리스토퍼

Dixit Dominus/시편 110편 "주께서 말씀하시길"(G. F. 헨델)
몬테베르디 합창단, 지휘/존 엘리엇 가디너

교향곡 9번(L. v. 베토벤)
라이프치히 게반트하우스 오케스트라, 지휘/A. 넬손스

Die Himmel erzählen die Ehre Gottes,
und seiner Hände Werk
zeigt an das Firmament.

Dem kommenden Tage sagt es der Tag,
die Nacht, die verschwand der folgenden Nacht:

Die Himmel erzählen die Ehre Gottes,
und seiner Hände Werk
zeigt an das Firmament.

In alle Welt ergeht das Wort,
jedem Ohre klingend,
keiner Zunge fremd:

Die Himmel erzählen die Ehre Gottes,
und seiner Hände Werk
zeigt an das Firmament.

저 하늘은 말하네 주의 영광
창공은 놀라운 주 솜씨 알리네

이 날 말하면 저 날은 듣고
이 밤 알리면 저 밤 전하네

저 하늘은 말하네 주의 영광
창공은 놀라운 주 솜씨 알리네

그 말이 퍼져나갔네
온 세상에 울려 퍼지네

저 하늘은 말하네 주의 영광
창공은 놀라운 주 솜씨 알리네

하이든, 천지창조
Haydn / Die Schöpfung

창조주 하나님
우리의 하나님

태초에 하나님이 천지를 창조하시니라(창 1:1).

성경에는 하나님의 무한하신 사랑과 예수 그리스도의 대속의 은혜와 성령의 감화 감동하시는 은총을 드러내는 생명의 말씀들로 가득 차 있는데, 그중에 창세기 1장 1절 말씀은 다른 모든 말씀에 참 의미와 생명을 부여하는 근원이 되는 귀한 말씀이 아닌가 생각합니다. 일반적으로 교회에서 믿음과 구원에 대하여 이야기할 때, 예수 그리스도를 믿는 믿음만을 특별히 강조하게 되는데, 그에 더하여 하나님께서 천지를 창조하셨다는 것, 그 창조주 하나님을 강조한 이 말씀을 믿는 믿음으로부터 참된 믿음이 시작된다는 말씀을 예전에 들은 적이 있습니다. 참으로 옳은 말씀이라고 생각합니다.

이 세상의 모든 만물과 모든 일들은 그저 우연히 어쩌다 생겨나고 어떻게 되어진 것이 아닌, 창조주 하나님의 완전한 계획과 완벽한 솜씨에 의해 창조되었다는 것, 그리고 그 하나님께서 지금도 세상의 모든 만물을 주관하며 운행하고 계시다는 사실을 믿는 믿음이 모든 인생의 삶과 신앙에 기본이 된다는 말씀이겠지요.

이 믿음의 기초 위에서만 스스로 존재하시는 영원한 창조주 이신 하나님과 유한한 피조물인 인간과의 관계를 온전히 이해할 수 있고, 죄로 인해 죽을 수밖에 없었던 연약한 인간의 존재적 한계와, 가련한 인생들이 예수 그리스도를 통해 장차 이르게 될 천국에 대한 올바른 신앙이 자리 잡을 수 있다는 말씀이라 생각합니다.

헨델의 《메시아》를 듣고 큰 감동을 받은 하이든은 3년여의 작업 끝에 그의 나이 60대 중반이던 1798년 오라토리오 《천지창조》(Die Schöpfung)를 완성합니다. 창세기 1장에 기록된 천지창조의 구체적 내용을 오라토리오의 1부와 2부에 썼고, 청교도 신자였던 영국의 대문호 존 밀턴(John Milton)이 쓴 최고의 종교 서사시인 《실낙원》(Paradise Lost)의 내용으로 3부를 작곡했는데, 영국의 시인 리들레이가 쓴 대본을 독일의 슈비텐 남작이 독일어로 번역한 것을 사용하였습니다.

《천지창조》는 하이든 일생의 신앙과 그에 따른 신앙고백을 바탕으로 작곡한 작품인데, 그는 이 곡을 쓸 때가 자신의 일생 중 가장 경건하고 행복한 시기였다고 고백한 바 있으며, 그 어느 작품을 쓸 때보다 더욱 집중해서 작곡했기에 그 자신도 이 작품을 가장 좋아했고 자랑스럽게 여겼던 것으로 전해지고 있습니다.

천지창조의 1부와 2부에서는 천사 가브리엘(소프라노), 우리엘(테너), 라파엘(베이스)의 독창과 합창의 조화로운 편성으로 창조의 역사를 시간대에 맞추어 작곡했고, 3부는 존 밀턴의 서사시 《실낙원》에 나오는 아담과 하와의 행복 가득한 사랑의 노래와 창조주 하나님의 위대하심을 영원히 찬양할 것을 노래하는 내용으로 작곡되어 있습니다. 그리고 바로크 후기 오라토리오의 형식적 전통인 솔로와 합창의 조화로운 배치, 고전 시대 선율 중심의 새로운 음악적 흐름의 반영과 하이든의 세련되고 훌륭한 교향적 관현악 기법이 완벽하게 조화를 이루는 최고의 명작으로서, 슈베르트와 베를리오즈 등 낭만 시대 작곡가들의 교회음악 작품에도 크게 영향을 준 작품입니다.

　음악의 역사에서 보통 세계 3대 오라토리오로 헨델의 《메시아》, 하이든의 《천지창조》, 멘델스존의 《엘리야》를 꼽습니다. 이중에 《메시아》와 《엘리야》는 작품의 줄거리 자체가 매우 극적이기에 텍스트만으로도 특별한 호소력과 감동이 느껴집니다. 그러나 《천지창조》는 인간적 시각으로 볼 때 내용 자체가 마치 신화와 같이 거리감을 느끼게 하는 밋밋한 스토리라는 느낌을 주기에 그런 텍스트를 오라토리오의 소재로 사용한다는 것은 꽤 모험적인 일이었으리라는 생각이 듭니다.

　그렇지만 이 모든 것을 잘 알고 있었을 하이든이 그럼에도 천지창조 스토리를 소재로 오라토리오를 작곡하려 했다는 것은, 이 글의 서두에서 언급했던 성경에서 이야기하는 창조 신앙의 가치와 창조 신학의 중요성을 누구보다 올바로 이해하고 있었고, 그가 그 귀한 신앙의 대명제를 이 세상의 모든 사람이 알게 하기 위해 이 작품을 쓴 것 아닌가 하는 생각을 해 봅니다.

　그렇기에 믿음의 시각으로 볼 때 천지창조의 사건, 그리고 하루하루의 구체적인 창조의 기적이야말로 하나님의 구원 역사는 물론 인간사의 그 어떤 드라마틱한 사건보다 더 크고 더 놀라운 사건이라는 것이 분명합니다. 그리고 하이든이 이 천지창조 스토리를 오라토리오의 소재로 삼았다는 것은 그의 일생의 작품 활동 중 최고의 선택이 아니었겠는가 하는 생각이 들고, 그런 의미에서 이 작품을 통해 하이든의 음악은 물론 삶과 신앙에 대해서도 다시금 생각해 볼 수 있을 것 같습니다.

그렇기에 역사적으로 볼 때 셀 수 없이 많은 교회음악 레퍼토리들(칸타타, 미사, 수난곡, 레퀴엠, 모테트, 앤섬, 오데 등)이 있었고, 오라토리오만 하더라도 성경의 역사적 사건이나 인물과 관련한 수많은 작품이 있었는데, 그 모든 작품들 중에 창세기의 천지창조를 소재로 쓴 유일한 작품인 하이든의 《천지창조》가 갖는 성경적 의미와 신앙적 가치는 아주 특별한 것이라고 할 수 있겠습니다.

아울러 음악적으로도 매우 아름답고 기품 있는 독창곡들과 화려하고 드라마틱한 합창곡들, 그리고 그 모든 독창과 합창의 가사와 음악적 주제들을 훌륭한 관현악 기법과 아름다운 하모니로 표현해낸 하이든의 《천지창조》는, 귀하고 소중한 인류의 음악 유산인 동시에 하나님의 말씀을 음악으로 기록해 낸 최고의 신앙 유산으로 기억되어야 할 귀한 보물이라 하겠습니다.

서울모테트합창단은 천지창조와 관련한 특별한 추억이 하나 있습니다. 지난 2009년 5월 31일은 하이든 서거 200년이 되는 날이었습니다. 오스트리아의 아이젠슈타트에 있는 하이든 협회에서 특별한 행사를 기획했는데, 바로 하이든이 서거한 날 전 세계에서 하이든의 《천지창조》를 동시에 연주하는 프로젝트였고 그 일과 관련해 몇 해 전부터 준비가 이뤄지고 있었습니다.

마침 2009년은 저희 서울모테트합창단의 창단 20주년 되는 해였기에 천지창조 연주를 계획하던 중 그 프로젝트를 알게 되었고, 이에 응모한 결과 코리아 챔버 오케스트라(구 바로크 합주단, 단장 김민)와 함께 선정되는 행운을 얻어 두 단체가 연합하여 세계 20여 나라의 연주자들과 같은 날 함께 《천지창조》를 연주하였습니다.

그런데 우리나라의 지리적 위치가 세계 기준시로 제일 빠른 나라 중 하나였기에 저희 서울모테트합창단이 그 프로젝트의 서막을 알리는 첫 연주 단체가 되는 영광을 얻었습니다. 이 일은 저

희 합창단과 단원들 모두에게 참으로 감사하고 뿌듯한 경험이
되었습니다.

Soli Deo Gloria
오직 주님께만 영광

 오라토리오 '천지창조'/Die Schöpfung(F. J. 하이든)
서울모테트합창단

 천지창조 미사/Schöpfungsmesse
하이든 서거 200주년 기념 미사

 오라토리오 '사계'/Die Jareszeiten(F. J. 하이든)
지휘/니콜라우스 아르농쿠르

 오라토리오 '십자가상의 칠언'(F. J. 하이든)
지휘/니콜라우스 아르농쿠르

Es ist genug,
So nimm nun, Herr, meine Seele!
Ich bin nicht besser denn meine Väter.

Ich begehre nicht mehr zu leben,
denn meine Tage sind vergeblich gewesen.

Ich habe geeifert um den Herrn,
um den Gott Zebaoth, denn die Kinder Israels
haben deinen Bund verlassen,
und dein Altäre haben sie zerbrochen,
und dein Propheten mit dem Schwert erwürgt.

Und ich bin allein übriggeblieben;
und sie stehen danach,
dass sie mir mein Leben nehmen!

Es ist genug!

So nimm nun, Herr, meine Seele!
Ich bin nicht besser denn meine Väter.
Nimm nun, o Herr, meine Seele!

이것으로 충분하오니,
주님, 제 목숨을 거두어 주소서
저는 제 조상들보다 나을 것이 없습니다

내 생명을 거둬주옵소서
나의 날들이 다 헛된 것이 되었습니다

주님을 위해 열심을 다 했나이다
만군의 주 하나님,
이스라엘 백성들은 주의 계약을 저버리고
주의 단을 헐었으며
주의 예언자들을 모조리 붙잡아 칼로 죽였습니다

이제 나 홀로 남았나이다
이제 저희가 쫓아와서
나의 생명까지도 죽이려 하나이다
이것으로 충분하오니,

주님, 제 목숨을 거두어 주소서
저는 제 조상들보다 나을 것이 없습니다
오 주님, 나의 생명 거두어 주소서

멘델스존, 엘리야
Mendelssohn / Elijah

나는
만족하나이다

    멘델스존(Felix Mendelssohn Bartholdy, 1809-1847)을 생각할
때 그의 작곡가로서, 지휘자로서, 교육자로서의 위대함보다 부
유한 가정환경에서 자라난 금수저였다는 사실만을 부각해서 생
각하는 경향이 있는 것 같습니다. 너무도 불행한 삶에 병으로 요
절한 슈베르트나 정신질환을 앓다가 결국 자살했던 슈만이나 평
생 고독한 삶을 살았던 브람스와 같은 당대의 대가들의 안타까
운 삶과 비교되기에 그럴 수도 있겠다고 생각이 됩니다. 그래서
그런지 그의 인간적인 훌륭한 면모나 음악적인 위대함에 대한
평가는 소홀히 다루어지는 경향이 있어서 아쉬운 마음입니다.
    그런데 그가 음악적인 면에서 얼마나 천재적이었는지에 대
한 흥미로운 데이터가 있습니다. 2009년 영국의 음악 전문지인
〈BBC 음악 매거진〉에서 저명한 음악 평론가들을 대상으로 서양
음악 역사상 최고의 신동이 누구였는지를 놓고 작곡가들이 18세
이전에 쓴 작품을 기준으로 심사를 했는데 의외의 결과가 나왔

습니다. 역사적으로 최고의 신동으로 뽑힌 사람은 모차르트도 베토벤도 슈베르트도 아닌 바로 멘델스존이었다고 합니다.

멘델스존은 단순히 부유한 가정에서 자라 난 것이 아니었습니다. 그의 양친 모두 유태인이었으나 멘델스존이 어릴 때 개신교로 개종을 했습니다. 조부는 당대 유명한 계몽주의 철학자이었으며 부친은 그 정서를 이어받은 교양 있는 은행가였기에 물질적인 여유와 함께 정서적으로나 신앙적으로나 훌륭한 교육을 받으며 자랐고 그러한 모든 것이 그의 삶과 음악에 잘 반영되어 있습니다. 특히 그의 집은 당대의 유명한 철학자, 문학가, 학자, 예술가가 자주 방문하여 토론과 사교 모임을 했었기에 어린 멘델스존의 지식과 정서 함양에 큰 영향을 주었으리라 생각됩니다.

멘델스존은 위에 언급했던 음악가로서의 위대함에 더해 역사의 뒤안길에 묻혀버릴 위기에 처해 있었던 바흐의 음악을 발굴하고 연주하여 다시금 조명함으로써 바흐의 위대함은 물론 바흐 음악의 음악사적 가치를 세상에 알리는 역할을 하였기에 음악과 인류의 역사를 다시 쓰게 하는 위대한 역할을 했던 것입니다.

또한, 그는 라이프치히 게반트하우스 오케스트라의 지휘자(1835-1847)로서 오케스트라를 당대 최고의 악단으로 발전시켰고, 독일 최초의 음악 대학인 명문 라이프치히 음대를 설립(1843)하여 체계적인 음악 교육 발전에 크게 기여하기도 했습니다. 그렇기에 그는 작곡과 지휘, 경영과 교육 등 실로 다방면에서 재능과 능력을 발휘하여 서양 음악사의 한 획을 그은 참으로 훌륭한 천재 중의 천재였다고 말할 수 있겠습니다.

멘델스존의 작품 중 기악 음악은 대체로 아름다운 색채와 수려한 멜로디의 흐름을 통해 명랑함과 고상한 기품을 보여주고 있으며, 바흐의 음악에 큰 영향을 받은 합창과 교회음악은 매우 진중하며 꽤 무게가 느껴지는 깊이 있고 진지한 분위기의 작품들이 많습니다. 그러한 멘델스존의 교회음악 명작인 오라토리오《엘리야》는 그의 교회음악뿐 아니라 모든 작품 가운데 최고의 걸작으로 평가되며 그의 생애 마지막에 쓴 그의 신앙 고백과도 같은 작품입니다.

작품의 배경이 되는 성경 본문은 구약 성경 열왕기상 17장에서 19장의 내용으로 기원전 9세기경 아합 왕의 통치하에 하나님을 멀리하고 이방의 바알 신을 섬기는 등 우상숭배와 타락이 극에 다다르자 선지자 엘리야가 왕과 백성들 앞에 나아가 하나님의 계명을 선포하며 누가 진정한 신인지 선택하라고 선포합니다. 바로 이 긴박한 상황을 배경으로 엘리야가 왕과 백성들 앞에 선포하는 모습으로 오라토리오는 시작됩니다.

작품은 2부로 구성되어 있는데 1부에서는 엘리야가 이방 신인 바알을 내쫓고 하나님의 진노를 풀어 이스라엘을 극심한 가뭄에서 구해내는 내용으로 되어 있고 2부는 엘리야가 많은 박해를 이겨내고 하나님 맡기신 사역을 완수하고 하늘로 승천하는 장면까지를 그려내고 있습니다.

이 글의 제목으로 쓴 〈나는 만족하나이다〉는 오라토리오 중 엘리야가 부르는 대표적인 아리아의 제목입니다. 바알과 아세라의 선지자 450명을 죽이고 살아 계신 하나님의 영광을 드러내고 아합 왕과 왕비 이세벨의 핍박을 피해 도망하여 하나님 앞에 자신이 할 일을 다했으니 이제는 자신의 목숨을 거두어 달라는 탄식의 노래입니다.

Soli Deo Gloria
오직 주님께만 영광

오라토리오 '엘리야'/Elijah op.70(F. 멘델스존)
서울모테트합창단

 Psalm 42/시편 42편(F. 멘델스존)
콜레기움 보칼레 헨트, 지휘/필립 헤레베헤

 교향곡 4번 '이탈리아'(F. 멘델스존)
라이프치히 게반트하우스 오케스트라, 지휘/쿠르트 마주어

 노래의 날개 위에/Auf Flügeln des Gesanges(F. 멘델스존)
테너/페터 슈라이어

2 바흐의 위대한 유산들

누구든지 스스로 경건하다 생각하며
자기 혀를 재갈 물리지 아니하고
자기 마음을 속이면
이 사람의 경건은 헛것이라

하나님 아버지 앞에서
정결하고 더러움이 없는 경건은
곧 고아와 과부를 그 환난 중에 돌보고
또 자기를 지켜 세속에 물들지 아니하는
그것이니라

(야고보서 1장 26-27절)

바흐, B단조 미사 BWV 232
Bach / H-moll Messe

거룩하신 하나님과
경건한 삶

성경에는 하나님의 하나님 되심(정체성)을 표현하는 이름이
매우 다양하게 기록이 되어 있습니다. 그리고 또 다른 면에서의
하나님의 하나님 되심(성품)을 나타내는 단어들 또한 성경의 여
러 곳에 여러 가지로 기록이 되어 있습니다.

그 예로, 하나님의 하나님 되심(정체성)을 나타내는 이름으
로는 '여호와'(스스로 계신 분), '엘'(참되신 하나님), '엘로힘'(창조
주 하나님), '엘로아'(경외하는 분), '엘 엘리온'(절대자 하나님), '엘
샤다이'(전능하신 하나님), '아도나이'(다스리는 자), '여호와 닛시'
(승리의 하나님), '엘 올람'(영원하신 하나님), '엘 카도쉬'(거룩하신
하나님) 등이 있습니다. 그리고 출애굽기 34장에는, 또 다른 면에
서의 하나님의 하나님 되심(성품)을 나타내는 일곱 가지 성품을
구체적으로 표현하고 있는데, 시내산에 돌판을 들고 올라온 모
세에게 구름 가운데 강림하신 여호와께서 십계명을 내려 주시며
'자비로우신 하나님', '은혜로우신 하나님', '노하기를 더디하시

는 하나님', '인자하신 하나님', '진실하신 하나님', '용서하시는 하나님', '보응하시는 하나님'으로 말씀하고 계십니다.

위에서 기술한 하나님의 이름과 성품에 대한 표현들도 참 은혜롭지만 제 마음속에는 오래전부터 '거룩하신 하나님'(엘 카 도쉬)이라는 표현이 가장 아름답게 느껴지고 가장 고귀한 표현 이라는 생각을 해왔습니다. '구별되다'라는 뜻으로 알려진 '거 룩하시다'라는 말의 한자 표현은 '신성'(神聖)이고 라틴어로는 'Sanctus'인데 '거룩하신 하나님'이라는 뜻입니다. 거룩하다는 말의 한자는 '성'(聖) 자인데 귀 '이'(耳) 자에 드릴 '정'(呈) 자가 합성된 형성문자(形聲文字)로서 드릴 '정'에서 소리를 가져왔고 귀 '이'에서 뜻을 가져왔습니다. 이 말을 깊이 새겨보면 하나님 의 말씀과 이 세상의 모든 소리를 귀 기울여 잘 듣고 올바로 분별 하는 것이 거룩한 삶의 원천이라는 뜻으로 해석이 됩니다.

가톨릭 교회의 역사 속에 위대한 믿음의 삶을 살았던 신앙 인에게 '성자'(St.)라는 타이틀을 붙이는 것이 전승되어 왔는데, 이는 귀감이 되는 믿음의 선인들을 기리고 본받자는 면에서는 이해할 수 있겠습니다. 그렇지만 이 세상에 진정 거룩하신 성인 은 우리 주 예수 그리스도 한 분 외에는 없음을 우리는 꼭 기억해 야 할 것입니다. 왜냐하면, 자신은 죄가 없음에도 불구하고 죄인 을 위해 자기 목숨을 버린 사람은 오직 한 분 우리 주 예수 그리 스도밖에는 없기 때문입니다.

하나님을 생각할 때 그분의 격에 맞는 가장 아름다운 단어 가 '거룩'(聖)이라면 성도들에게 붙이는 단어 중에 가장 아름다 운 단어는 '경건'(敬虔)이라고 생각합니다. 이 '경건'이라는 말은 제 선친께서 살아생전 늘 말씀하시고 가르치셨던 청교도와 복음 주의 신앙과 삶의 정신을 가장 적절하게 표현한 단어라고 여겨 지고, '거룩함과 경건함'은 내적인 면에서 깊이 연결되어 있다고 생각됩니다.

즉, 하나님의 말씀과 이 세상의 모든 소리를 귀 기울여 잘 듣
고 올바로 분별하는 거룩함의 지혜를 인간의 삶 속에 올바로 적
용하여 사는 것이 경건의 삶이요, "기록되었으되 내가 거룩하니
너희도 거룩할지어다 하셨느니라"(벧전 1:16) 하신 주님의 말씀
을 온전히 이루며 살아가야 할 성도들의 삶과 신앙의 표본이라
할 수 있겠습니다.

그래서 목회자로서 행함의 믿음을 강조했던 예수님의 친동
생 야고보 사도는 "하나님 아버지 앞에서 정결하고 더러움 없는
경건은 곧 고아와 과부를 그 환란 중에 돌보고 또 자기를 지켜 세
속에 물들지 아니하는 그것이니라"(약 1:27)라고 경건한 삶을 추
구해야 할 성도들의 구체적 행위의 기준을 확실하게 말씀하신
바 있습니다.

교회음악과 서양음악의 역사 가운데 '거룩하신 하나님'과
'경건한 삶', 이 두 가지 개념과 깊은 영적 정서를 가장 아름다운
음률과 완벽한 음악적 기법으로 온전히 담아낸 위대한 작품 딱
하나를 꼽으라면, 이제까지 저를 감동케 한 많은 음악 중에 저는
주저 없이 바흐의《B 단조 미사》(H-moll Messe)를 꼽겠습니다.

바흐의 깊은 신앙과 경건했던 삶, 그리고 그의 뛰어난 음악
성과 천재적 독창성은 그가 작곡한 칸타타와 모테트, 수난곡과
오라토리오 등에 온전히 담겨져 있는데, 프로테스탄트 신자였던
바흐가 미사 음악을 작곡했다는 것이 조금은 생소하고 의아하게
느껴질 수도 있을 것입니다. 그러나 미사 통상문에 정리된 텍스
트의 모든 신앙(신학)적 내용들은 개신교와 카톨릭의 경계를 초
월해 기독교의 핵심 신앙 정신을 집대성해 놓은 내용이기에 모
두에게 소중한 것입니다. 바흐는 미사 통상문 전체를 사용하지
않고 키리에(Kyrie)와 글로리아(Gloria)의 가사로만 작곡을 했던
루터교회 예배를 위한 미사곡(Lutherische Messen BWV 233-236)
네 작품을 썼고, 라이프치히로 이주한 지 1년 후인 1724년부터

세상을 떠나기 1년 전까지 장장 25년에 걸쳐 작곡했던 곡이 바로《B 단조 미사》인데, 언급한 대로 바흐의 신앙과 음악성이 최고로 구현된 작품입니다.

루터교회의 예배에서도 음악이 중요한 역할을 했지만, 말씀 중심의 예배를 강조했기에 예배에 사용할 목적으로 이런 대 미사를 썼을 리가 없고, 당시엔 고전파 시대 이후처럼 콘서트용 미사를 작곡하는 관습이 생기지도 않았을 때였는데, 왜 이렇게 장대한 미사 음악을 썼는지는 아직도 정확히 밝혀지지 않았기에, 이에 대하여 앞으로도 계속 연구가 필요하리라 생각됩니다.

《B 단조 미사》는 들으면 들을수록, 연구하면 할수록, 연주하면 할수록 그 깊이와 아름다움에 더욱 감동하게 되고, 이 작품이야말로 인류 역사상 최고의 음악 유산이요, 문화유산이요, 나아가 최고의 믿음의 유산이라는 생각이 듭니다. 베토벤의《합창》교향곡에 이어《B 단조 미사》가 단일 작품으로서 유네스코 인류 문화유산으로 제일 먼저 선정됐는데, 참으로 당연한 일이라 생각되고 거기에 제 나름의 특별한 의미를 부여해 보자면 바흐의《B 단조 미사》는 하나님이 인간에게 내려주신 음악을 통한 계시 중 최고봉이라고 생각되고, 베토벤의《합창》교향곡은 창조주 하나님과 세상을 향한 인간의 가장 숭고한 외침이라고 여겨집니다.

서울모테트합창단은 이제까지 바흐의《B 단조 미사》를 모두 다섯 번 연주를 하였습니다. 이후로 우리에게 이 곡을 몇 번이나 더 연주할 기회가 주어질지 모르겠고, 연주하면 할수록 해석과 표현에 더 큰 어려움을 느끼게 하는 곡이지만, 내 평생에 이 곡만은 꼭 한 번이라도 더 연주해 보고 싶고, 진심으로 한 번이라도 제대로 연주를 해보고 싶다는 마음이 간절합니다.

그 이유는, 이 곡을 통해서 음악을 만들어 주신 하나님을 여느 작곡가의 작품에서보다 더 가까이 만날 수 있었고(정情), 음악을 통해 구체적으로 계시하시는 하나님의 뜻을 그 어떤 음악에서보다 더 깊이 알고 깨닫게 되었고(지知), 바흐의 음악을 통해 보여주시는 하나님의 섭리를 깨달아 그 뜻을 따라 살고자 하는 의지(의意)를 다른 어느 음악에서보다 크게 느끼게 되었기 때문입니다.

종교개혁자 마르틴 루터는 친구였던 작곡가 루트비히 젠플에게 보낸 편지를 통해 "신학을 제외하고 인간이 할 수 있는 모든 일 가운데 '하나님을 알게 하고'(정情), '하나님 아는 지식을 풍성히 하고'(지知), '하나님께 가까이 가게 하는'(의意) 것은, 음악밖에 없다"고 말했는데 그러한 음악의 가치를 최고의 음악으로 구현한 작품이 바로 이 작품이라고 생각합니다.

《B 단조 미사》의 첫 곡인 키리에의 아카펠라 풍의 도입부는 낮고 천한 인간이 지극히 높이 계신 거룩하신 하나님을 앙망하며 부르짖는 가장 숭고한 외침의 표현과 같고, 오케스트라의 긴 서주에 이어지는 합창은 거룩하신 하나님 앞에 겸손한 마음과 경건한 자세로 예배로 나아가는 인간을 가장 경건하고도 아름답게 표현하고 있습니다. 거룩하신 하나님과 구원의 은혜를 입은 성도들의 경건함을 최고의 음악으로 표현해 낸 《B 단조 미사》와 특별히 작품의 첫 곡인 '키리에'의 음악적 신앙고백은 크리스천뿐 아니라 세상의 모든 사람들에게 꼭 들려드리고 싶은 참으로 귀한 음악입니다.

바흐의 《B 단조 미사》에 집중할 필요가 있는 것은, 이 작품이 인류 역사상 음악을 통한 가장 훌륭한 신앙고백이요, 최선의 음악 예배요, 최고의 음악 설교이기 때문이라고 생각합니다.

Soli Deo Gloria
오직 주님께만 영광

B단조 미사/H-moll Messe BWV232(J. S. 바흐)
서울모테트합창단

Missa brevis in F major BWV233(J. S. 바흐)
네덜란드 바흐합창단&오케스트라

Missa brevis in G minor BWV235(J. S. 바흐)
네덜란드 바흐합창단&오케스트라

Missa brevis Lutherian Messen BWV233-236(J. S. 바흐)
칸투스 쾰른 오케스트라

O Haupt voll Blut und Wunden,
voll Schmerz und voller Hohn,
o Haupt, zum Spott gebunden
mit einer Dornenkron,
o Haupt, sonst schön gezieret
mit höchster Ehr und Zier,
jetzt aber hoch schimpfieret:
gegrüßet seist du mir!

Du edles Angesichte,
davor sonst schrickt und scheut
Das große Weltgewichte:
wie bist du so bespeit,
wie bist du so erbleichet,
wer hat dein Augenlicht,
dem sonst kein Licht nicht gleichet,
so schändlich zugericht'?

오 피와 상처로 가득한 머리,
온갖 고통과 온갖 조소,
오 조롱에 싸인 머리
가시 면류관 쓰셨네
무한한 영광과 장식으로
아름답게 꾸미셨던 머리,
그러나 이제는 아주 욕을 당하시네,
평안할지어다!

당신의 고귀하신 얼굴
그 앞에서 온 세상이라도
놀라고 두려워하거늘
어찌하여 당신께 침을 뱉으며
당신을 그토록 창백하게 하였는가!
누가 당신의 눈빛에서
광채가 사라지게 하였는가
이 수치스런 짓은 얼마나 엄청난 일인가?

바흐, 마태수난곡 BWV 244

Bach / Matthäus-Passion

엘리 엘리
라마 사박다니 1

엘리 엘리 라마 사박다니
나의 하나님, 나의 하나님, 어찌하여 나를 버리셨나이까

예수 그리스도의 고난을 기리고 묵상하는 귀한 절기인 사순
절과 고난주간에 칸타타, 모테트, 수난곡 등의 훌륭한 교회음악
걸작을 통해 그 의미를 더 깊이 묵상할 수 있다는 것이 너무도 감
사한 일입니다.

중학교 들어갈 무렵, 음악의 내용은커녕 제목의 의미가 무
엇인지도 알지 못했을 때 영국의 음반회사 데카에서 나온 바흐
의 명곡 모음집에 있었던 《마태수난곡》의 마지막 합창곡을 들으
며 뭔가 알 수 없는 슬픈 감정에 사로잡혀 눈물을 흘렸던 것이 제
인생에 수난곡과의 처음 만남이었습니다. 그리고 그런 수난곡이
어떤 음악이고 어떤 작곡가에 의한 무슨 곡들이 있는지를 알아
가던 무렵 악보를 통해 수난곡을 처음 실제로 접할 기회가 있었

습니다. 고등학교 1학년 때 합창을 지도해 주시던 선생님(송민호 침신대 명예교수)께서 당시로선 너무도 생소하고 어려운 곡을 소개해 주셨는데 그 곡이 쉬츠의《마태수난곡》에 나오는 합창곡이었습니다.

수난곡은 성경의 복음서(마태, 마가, 누가, 요한)에 나오는 예수 그리스도의 고난과 죽음을 기록한 서사적인 말씀에 음악을 붙인 드라마적인 음악으로서 중세시대, 대략 10세기 이후로 등장하고 발달해 온 음악입니다. 각 시대별로 음악의 발달 상황과 기법을 반영하는 수난곡이 등장했는데, 중세시대의 수난곡은 그레고리안 찬트 스타일로서 등장인물별로 특정한 음정으로 낭송하듯 노래하는 형태였고, 15세기 르네상스 시대부터 17세기 바로크 초기까지는 응답송 스타일의 곡으로서 복음사가는 독창으로, 다른 부분은 모두 합창으로 노래하였고 일부 합창 위주로만 연주되는 수난곡도 있었습니다. 그리고 종교개혁 이전에는 라틴어만을 사용하다가 종교개혁 이후 독일에서는 독일어에 의한 수난곡을 쓰기 시작했습니다.

이후 17, 18세기에는 더욱 확장된 스타일의 오라토리오적 수난곡이 나타나는데 이는 오페라와 오라토리오의 특징들을 수용하여 더욱 극적인 요소를 담은 음악 양식으로 발전되었던 것입니다. 바흐가 작곡한 수난곡들이 모두 이 양식에 속하는데 복음사가는 레치타티보(해설, 이야기) 스타일로 쓰여지고 아리아와 코랄은 말씀에 대한 묵상과 그에 대한 신학적 의미까지 정리하여 노래하고 합창은 복음사가와 함께 곡의 이야기를 주도하며 극적 요소를 배가시키는 특징을 갖고 있습니다. 그리고 이어지는 고전, 낭만 시대를 지나 현대에 이르기까지 다양한 스타일(칸타타, 십자가상의 칠언 등)의 수난곡들이 존재하는데 특별히 20세기 현대 작곡가들에 의해서도 많은 작품이 작곡되고 연주되고 있습니다. 그만큼 수난 음악은 교회음악의 중심적 역할을 하는 대표적 교회음악 양식인 것입니다.

바흐가 작곡한 수난곡은 모두 네 작품으로 알려져 있지만 지금까지 온전하게 남아 있는 작품은《마태수난곡》과《요한수난곡》두 작품뿐입니다. 이 중《마태수난곡》은 1727년(혹은 1729년) 성 금요일, 그가 라이프치히에서 일을 시작한 지 4년이 지나던 해에 작곡, 초연이 되었습니다. 바흐는 이 곡의 작곡을 준비하는 단계부터 특별한 마음을 갖고 있었으며 그야말로 특별한 대작을 쓰려고 하는 의도를 갖고 있었음을 알 수 있는데 그만큼 심혈을 기울여 작품을 완성함으로써 이전의 교회음악에서는 상상할 수 없는 형식과 규모, 작곡의 수준과 테크닉의 완숙함, 그리고 감동적인 표현력에 있어서도 타의 추종을 불허하는 역사적인 대작을 만들어 냈던 것입니다.

당시까지 교회의 수난곡들은 성경의 본문을 운율에 맞춰 의역한 텍스트를 사용하는 것이 일반적이었는데 라이프치히 교회에서는 반드시 성경의 본문만을 써야 한다는 기준이 있었고 그외 다른 부분에서도 여러 가지 제약이 많았음을 알 수 있습니다. 그래서 바흐는 성경 본문을 그대로 사용하면서도 아리아 등에 사용할 텍스트를 보충하기 위해 여러 대본가들과 의논하고 연구한 흔적들이 있으며 음악적으로도 교회음악의 주요한 전통을 이어받고 당시의 교회음악은 물론 세속음악에서 통용되고 있는 모든 장르적 요소와 작곡 기법들을 총동원하여 작곡했음을 볼 수 있습니다.

바흐는《마태수난곡》을 통해 음악적 아이디어를 학문적 차원으로도 설명해 보고자 한 것 같은데 말씀의 문학적인 요소와 상징적이고 감정적인 면과 신학적인 면에서의 고찰과 그리스도의 수난사에 배어 있는 정서적인 면에 이르기까지 음악적으로 어떻게 표현할지 매우 진지하고 심도 있게 연구했던 것으로 보여집니다. 이 작품에 대하여 바흐는 물론 가족들과 주위 사람들까지 늘 '대수난곡'이라는 호칭을 했던 것으로 미루어 볼 때 모두가 얼마나 역사적이고 기념비적인 작품으로 인식하고 있었는지를 미루어 짐작할 수 있으며, 1736년 작품을 일부 수정하고 출판할 당시 썼던 악보에 들인 정성을 봐도 바흐가 이 작품을 얼마나 중요하게 생각했는지를 엿볼 수 있습니다.

바흐가 세상을 떠난 후, 단 한 번도 연주되지 않았던 《마태수난곡》은 그가 작곡한 지 100년, 또 죽은 지 80년 후인 1829년 멘델스존에 의해 세상에 다시 빛을 보게 됨으로 바흐의 위대함이 다시 평가되고 음악의 역사와 교회음악의 역사를 다시금 쓰게 되는 일이 되었습니다.

올려드리는 연주는 2009년 봄, 합창단 창단 20주년 기념 연주회(예술의전당) 실황으로 서울모테트합창단, 서울베아투스합창단과 예원학교합창단, SM스트링앙상블과 Dom앙상블, 그리고 솔리스트 6명을 포함하여 모두 180여 명의 연주자가 협연한 서울모테트합창단 역사에 중요한 의미를 갖는 연주였습니다. CTS 방송국에서 촬영하고 방송했던 자료인데 곡이 너무 길어서인지 아쉽게도 곡의 일부를 생략해서 편집하여 아쉬움이 남습니다. 코로나19 팬데믹으로 인해 2020년 봄 준비하던 30주년 기념 《마태수난곡》 연주를 하지 못했기에 이 연주 자료로 위안을 삼을 수도 있겠습니다.

Soli Deo Gloria
오직 주님께만 영광

마태수난곡/Matthäus-Passion BWV244(J. S. 바흐)
서울모테트합창단

마태수난곡(H. 쉬츠)
뷔르템베르크 실내합창단

마태수난곡(G. P. 텔레만)
할레 칸타무스 실내합창단

Erbarme dich, mein Gott/'주여, 긍휼히 여기소서'
(마태수난곡 중, J. S. 바흐)
콘트랄토/캐슬린 페리어

In meines Herzens Grunde
dein Nam und Kreuz allein
funkelt all Zeit und Stunde,
drauf kann ich fröhlich sein.

Erschein mir in dem Bilde
zu Trost in meiner Not,
wie du, Herr Christ, so milde
dich hast geblut' zu Tod!

내 마음 깊은 곳에서
오직 당신의 이름과 십자가가
언제나 항상 빛나나니
그 빛으로 인해 저는 기쁩니다

나에게 당신의 모습을 보여주사
나의 환난 때에 위로를 얻게 하소서
그렇게 순순히 죽기까지
피 흘리신 주 그리스도처럼!

바흐, 요한수난곡 BWV 245

Bach / Johannes Passion

엘리 엘리
라마 사박다니 2

《요한수난곡》은《마태수난곡》을 쓰기 몇 해 전에 쓴 그의 첫 번째 수난곡이며 쾨텐 시절에 작곡하고 라이프치히 시절 초기인 1724년 라이프치히 니콜라이 교회에서 초연이 되었습니다.

《요한수난곡》은《마태수난곡》과 늘 비교가 되곤 하는데 두 작품 모두 예수 그리스도의 수난의 내용을 기록한 성경 본문이 저자의 중심적 관점과 생각이 다르기에 각 말씀의 특징대로 곡의 분위기도 결정이 되어 있습니다. 마태복음은 성만찬, 겟세마네의 기도, 잡히심, 빌라도의 법정, 십자가에 달리심 등 수난의 모든 내용들이 비교적 자세히 기술되어 있지만 요한복음에는 몇 장면이 생략되어 있고 내용의 많은 부분이 빌라도의 법정에 집중되어 있어서 바흐는 내용을 보강하기 위해 마태복음에만 있는 몇 장면을《요한수난곡》에 추가하여 작곡을 하기도 했습니다.

《마태수난곡》은 수난의 모든 장면이 자세히 묘사되어 있기에 곡의 길이도 훨씬 길고 전체적으로 차분한 분위기에 아리아의 비중이 비교적 높은 반면에 《요한수난곡》은 몇몇 장면이 생략된 아쉬움은 있지만 빌라도의 법정을 중심으로 한 제사장들과 빌라도와 백성들의 박해를 부각하여 좀 더 극적이고 직접적이고 호소력 있는 수난곡의 분위기를 보여주고 있습니다. 그렇기에 《요한수난곡》은 복음사가의 나레이션이 좀 더 극적이고 합창은 첫 곡부터 드라마틱하게 시작하며 전체적으로 드라마를 주도한다고 할 정도로 비중이 높아 마치 합창을 위한 수난곡 같은 느낌을 주기도 합니다.

《요한수난곡》의 음악적 구성을 보면 바흐가 성경의 텍스트와 그에 따른 문학적 요소에까지 얼마나 주도면밀하게 연구하고 작곡했는지를 알 수 있는데, 특히 2부 빌라도의 법정에서 십자가에 달리실 때까지의 장면을 통해 등장 인물들과 합창과의 사이에 만들어지는 음악적 긴장감과 구조적 완벽성에 감탄을 금할 수 없습니다. 《요한수난곡》은 바흐의 수난곡 중에서 첫 번째로 쓴 작품이었으나 바흐는 죽기 1년 전인 1749년까지 세 번에 걸쳐 개작하였습니다. 《요한수난곡》은 바흐의 수난 음악 완성의 과정을 보여준다고 해도 과언이 아닐 정도로 바흐의 온 정성이 들어간 최고의 걸작이라고 생각합니다.

Soli Deo Gloria
오직 주님께만 영광

요한수난곡/Johannes Passion BWV245 (J. S. 바흐)
서울모테트합창단

요한수난곡 (H. 쉬츠)
콜레기움 무지쿰 플라겐즈

Es ist vollbracht/"다 이루었다"(요한수난곡 중, J. S. 바흐)
보이 알토/파니토 이코노무, 지휘/니콜라우스 아르농쿠르

요한수난곡 (J. S. 바흐)
툇처 소년합창단, 빈 콘첸투스 무지쿠스,
지휘/니콜라우스 아르농쿠르

지극히 높은 곳에서는
하나님께 영광이요

땅에서는
하나님이 기뻐하신 사람들 중에
평화로다 하니라

(누가복음 2장 14절)

바흐, 크리스마스 오라토리오 BWV 248
Bach / Weihnachts-Oratorium

하늘에는 영광
땅에는 평화

　'성탄절'(Christmas)은 어린아이나 어른에게나 기독교인이나 비기독교인에게나 언제나 모두를 설레게 하는 단어임에 틀림이 없는 것 같습니다. 시기적으로 연말연시와 연결이 돼 있어서 한 해를 감사로 마무리하고 희망의 새해를 기대하는 마음으로 맞이하는 것과 맞물려 성탄절은 늘 세상 모든 사람들의 마음에 축제로 인식되고 있습니다.

　성탄절은 원래 초기 기독교에서 예수님 탄생일을 정확히 모르는 관계로 당시까지 세속에서 전승되어 내려오던 태양절에 그 날짜를 맞췄다 해서 교회 절기로서의 가치를 무시하는 경우도 있었습니다. 그렇지만 구속사적인 면에서 예수 탄생의 의미는 매우 중요하고 이를 기리는 전통은 교회의 역사와 전례 가운데 매우 중요한 것으로 인식되고 있습니다.

　불과 몇 년 전까지만 해도 구속사적 의미에서의 예수 탄생의 의미에 대해 전혀 관심도 없는 세상에서도, 성탄절만 되면 현대 사회의 상업주의와 맞물려 건물마다 온통 성탄을 축하한다는 플래카드가 내걸리고, 방송과 매체는 성탄과 관련한 광고 카피가 넘쳐나고, 거리에서는 휘황찬란한 크리스마스 트리와 크리스마스 캐럴의 향연이 어지러울 정도로 펼쳐지곤 했습니다.

그러나 이제는 종교 편향을 경계하는 사회 분위기로 기독교적 문구 하나조차 내걸지 못하는 상황이 되었고, 거리에서는 그렇게 눈과 귀를 괴롭히기까지 했던 각양각색의 크리스마스 조명과 크리스마스 캐럴들이 거리 정비와 음악 저작권 문제로 자취를 쏙 감추게 되었고, 거기에 설상가상으로 기독교를 혐오하는 사람들의 차가운 시선은 이러한 모든 현상을 더욱 가속시키고 있는 상황입니다.

이렇다 보니 요즘의 성탄절은 뭔가 허전하고 쓸쓸하기 짝이 없는 평범한 휴일처럼 되어버렸고, 시간이 갈수록 성탄절의 의미마저 잊혀져 가는 건 아닌가 하는 불안한 마음이 들기도 합니다. 그러다 보니 이젠, 예전의 조금은 무질서하고 요란하게 느껴졌던 성탄의 분위기가 사뭇 그리워지기도 합니다.

음악의 역사 속에 성탄절은, 교회가 성탄절을 특별히 여기고 기리는 만큼 중요하게 다루어져 왔는데, 중세시대 이후로 현대에 이르기까지 성탄(대강절)과 관련한 작품들이 무수히 많이 작곡되어 교회의 전례에는 물론 교회 밖의 연주회에서도 자주 연주되게 되었고 교회음악의 가장 중요한 레퍼토리들로 자리를 잡았습니다. 그중 대표적인 작품은 단연 헨델의 《메시아》라고 할 수 있겠습니다. 《메시아》는 1부(예언, 탄생)만이 성탄절기와 맞는 텍스트이지만 이어지는 2부(수난, 속죄)의 그리스도의 대속의 죽으심과 3부(부활, 영생)의 그리스도의 부활과 성도들의 영생에 이르는, 그야말로 예수님의 생애와 구원을 담은 기독론의 총정리이기에 메시아는 성탄절을 포함, 연중 연주할 수 있는 교회음악의 대표적인 레퍼토리로 자리를 잡아 왔습니다.

《메시아》와 함께 크리스마스의 대표적인 교회음악으로 바흐의 《크리스마스 오라토리오》를 들 수 있습니다. 《메시아》의 대서사적 스토리와는 달리 예수님 탄생부터 주현절까지의 짧은 성탄축제 기간을 위한 6편의 칸타타를 모아 놓은 모음곡 형태의 작품입니다. 위에서도 언급했던 것과 같이 《메시아》는 2부에서 다룬 주님의 고난과 죽으심 3부에서 다룬 주님의 부활과 성도들의 영생까지 다루었기에 성탄절만의 음악이라고 볼 수 없는 부분이 있습니다. 그렇지만 바흐의 《크리스마스 오라토리오》는 오로지 성탄 절기에만 맞춰진 곡이기에 성탄의 기쁨을 만끽하기에 이보다 좋은 것이 없고 우리나라와는 달리 독일에서는 성탄절에 늘 이 작품을 연주하고, 음악을 좋아하는 신앙인들은 이 곡을 들어야 성탄을 맞았다고 느낄 정도로 관례처럼 되어 있습니다.

바흐는 그의 교회음악 주 레퍼토리인 교회칸타타와 모테트, 수난곡과 오라토리오 등을 통해 그의 신앙과 음악성을 표현했는데 이에 더해 수많은 기악곡들과 더불어 교회 절기와 관계없는 세속의 내용을 소재로 한 칸타타들도 수십 곡 작곡했습니다. 바흐 당시 유럽 문화의 한 자락이 된 커피의 유행을 풍자한 커피 칸타타, 결혼 칸타타, 사냥 칸타타, 농민 칸타타, 그 외 작센 왕국이나 라이프치히 시의 각종 기념 행사를 위한 칸타타 등을 많이 썼는데 그 곡들은 대체로 밝고 명랑하고 화려한 분위기의 곡이었습니다. 바흐의 《크리스마스 오라토리오》가 경건하고 엄숙한 종교적 분위기보다는 유쾌하고 명랑한 분위기인 것은 성탄 축제의 분위기와 함께 이 곡을 작곡할 무렵 많이 작곡했던 세속칸타타의 곡들을 많이 차용해서 썼기 때문인데, 특히 《크리스마스 오라토리오》를 쓰기 바로 전 해인 1733년 작곡한 세속칸타타 BWV 213 등에서 많은 곡을 차용해 온 것으로 알려져 있습니다.

1734년, 바흐의 라이프치히 시절에 그가 작곡한 많은 작품의 텍스트를 담당했던 피칸더(크리스티안 프리드리히 헨리히)가 정리한 텍스트를 바탕으로《크리스마스 오라토리오》는 작곡되었습니다. 내용은 마태복음과 누가복음에 나오는 예수의 탄생과 목자들의 이야기, 동방박사 이야기, 예수님의 할례(세례)와 명명예식 등의 내용이 총 6부 64곡으로 구성되었고 복음사가에 의해 이야기가 전개되는 형식을 취하고 있습니다.

1부(9곡)는 예수 탄생 당일을 위한 곡(칸타타)으로서, 마리아와 요셉이 베들레헴에 도착해서 아기 예수가 탄생하기까지를 그리고 있습니다. 첫 곡에서의 화려한 분위기와 현악기의 하행하는 화려한 진행과 저음부와 팀파니의 리드미컬한 진행은 하늘로부터 내리는 성탄의 은혜와 인간의 기쁨, 환희의 극치를 드러내고 있습니다. 그리고 화려한 트럼펫들과 바흐의 작품에서 그리 적극적으로 사용되지 않던 팀파니가 곡 전체의 분위기를 적극적으로 이끌어 가고 있습니다.

2부(14곡)는 예수 탄생 둘째 날을 위한 곡(칸타타)으로서, 첫 곡은 주님 탄생하신 밤의 목가적인 풍경을 풍성한 목관악기를 사용한 시칠리아풍의 신포니아로 표현합니다. 들에서 양을 치던 목자들에게 천사가 나타나 아기 예수의 탄생을 알리는 장면을 묘사하고 있는 2부는, 크리스마스 오라토리오 전체 6부 중에서 가장 길게 작곡이 되어 있습니다. 그중에 목관악기(오보에)와 천사들의 노래를 표현한 합창이 2부 전체의 목가적인 분위기를 이끌고 있습니다.

3부(12곡)는 예수 탄생 셋째 날을 위한 곡(칸타타)으로서, 성탄의 소식을 접한 목동들이 베들레헴으로 찾아가서 아기 예수께 직접 경배하고 하나님을 높이 찬양하고 돌아가는 장면으로 되어 있습니다. 첫 곡과 마지막 곡은 1부의 첫 곡과 같이 3박자의 화려한 리듬을 가진 곡으로써 1부에서의 첫 곡과 마찬가지로 트럼펫과 팀파니가 돋보이고 전체적으로 기쁨의 주제들로 가득 채워져 있습니다.

4부(7곡)는 새해 첫 날을 위한 곡(칸타타)으로서, 태어난 지 8일째 되는 날은 새해의 첫날이지만 유대의 전통인 할례를 받는 날이기도 하고 그에 의해 비로소 이름을 얻는 날이기도 합니다. 바흐는 새해 첫날의 화려한 분위기보다 할례와 명명예식에 초점을 맞춰 차분하고 은혜로운 분위기로 곡을 썼습니다. 그리고 그를 위해 깊고 부드러운 톤의 대명사인 호른으로 음의 색채를 가득 채워 표현하고 있습니다.

　　5부(11곡)는 새해 첫 주일을 위한 곡(칸타타)으로서, 동방박사들이 멀리서 별빛을 따라와 아기 예수를 찾아가는 장면과 주님을 갈망하는 인간의 묵상의 내용도 담고 있습니다. 매우 명랑하고 아름다우며 고상한 곡들로 구성이 되어 있습니다. 특히 첫 곡은 스토리를 이끌어가는 오보에의 선율과 인간의 기쁨을 표현하는 현의 경쾌한 움직임을 3박자의 수려하게 흐르는 리듬으로 표현했는데 마치 칸타타 BWV 140번(Wachet auf, ruft uns die Stimme)의 첫 곡을 연상케 합니다.

　　6부(11곡)는 주현절을 위한 곡(칸타타)으로서, 동방박사들이 베들레헴의 마구간에 도착하여 아기 예수께 경배하고 그가 메시아임을 세상에 선포하고 찬미했던 것을 기념하는 내용으로 되어 있습니다. 권위를 가지고 명랑하고도 힘차게 노래하는 첫 곡의 화려한 합창과 코랄을 변주한 마지막 곡의 힘 있고 무게 있는 합창, 거기에 첫 곡에서 힘차게 화려함을 더하고, 끝 곡에서 그 어느 곡에서보다 활기차게 날아다니듯 연주되는 트럼펫과 무게감 있는 팀파니는 탄생하신 예수 그리스도의 위엄을 드러내고 있습니다.

　　바흐의《크리스마스 오라토리오》처럼 처음부터 끝까지 기쁨과 감사, 위로와 평강, 영광과 환희로 가득 찬 작품은 음악의 역사를 봐도 쉽게 찾을 수 없고, 이를 표현한 한 곡 한 곡 품고 있는 우아함과 고상함, 충만한 기쁨은 바흐 음악의 진수임을 느끼게 합니다.

지극히 높은 곳에서는 하나님께 영광이요 땅에서는
기뻐하심을 입은 사람들 중에 평화로다(눅 2:14).

크리스마스 오라토리오/Weihnachts-Oratorium BWV248
(J. S. 바흐)
서울모테트합창단

크리스마스 칸타타 모음(J. S. 바흐)
몬테베르디 합창단, 콜레기움 보칼레 헨트

Historia der Geburt Christi/예수 그리스도 탄생의 이야기
(H. 쉬츠)
하인리히 쉬츠 합창단

크리스마스 칸타타 모음(G. F. 텔레만)
마그데부르크 챔버 합창단

3 죽음을 돌아보는 명곡들

Recordare Jesu pie,
Quod sum causa tuae viae:
ne me perdas illa die,

Quaerens me, Sedisti lassus:
redemisti crucem passus:
tantus labor non sit cassus.

Juste judex ultionis,
donum fac remissionis
ante diem rationis.

Ingemisco, tamquam reus;
culpa rubet vultus meus:
supplicanti parce Deus.

Qui Mariam absolvisti,
et latronem exaudisti,
mihi quoque spem dedisti.

Preces meae non sunt dignae,
Sed tu bonus fac benigne,
ne perenni cremer igne.

Inter oves locum praesta,
et ab haedis me sequestra,
statuens in parte dextra.

기억하소서, 자비로우신 예수여
나의 구원은 당신의 고통으로 인한 것이니
그날에 나를 버리지 마소서

기진하신 당신이 나를 찾으셨고,
십자가에 달리시어 나를 구속하셨나이다
그 모든 희생이 헛되지 않게 하소서

응분의 벌을 내리시는 정의로운 심판자시여,
죄 사함의 은혜를 내려주소서
심판의 날이 오기 전에

나 죄인이오니 탄식하며
붉게 물든 얼굴로 부끄러움을 가지고서
당신 앞에 애원하나이다, 주여

막달라 마리아를 구원하셨듯이,
강도의 말을 경청하셨듯이,
나에게도 희망을 주소서

나의 탄원은 보잘것없으나
선하신 주여, 긍휼을 베푸소서
영원한 불에서 구하소서

양떼 가운데 나의 자리를 마련해주소서
염소 무리에서 나를 떼어 놓으시고
당신의 오른손으로 나를 지켜주소서

모차르트, 레퀴엠

W. A. Mozart Requiem KV626

천재의 마지막 숨결이 담긴
위대한 걸작

18세기 고전주의 시대 빈 고전파를 대표하는 모차르트는 바로크 시대가 저물던 1756년 1월 17일 오스트리아 잘츠부르크에서 태어났으며 비록 짧은 인생을 살았지만 여러 장르의 방대한 작품을 남겼습니다. 특별히 교향곡과 협주곡, 오페라와 교회음악 등 비교적 큰 규모의 음악부터 다양한 편성의 실내악과 여러 악기의 독주곡, 그리고 성악곡에 이르기까지 다양한 장르의 음악 형식과 연주 양식을 확립한 음악 역사에 빛나는 위대한 작곡가입니다.

모차르트의 음악이 가지고 있는 가치는 독창성에 있는데 곡의 형식뿐만 아니라 선율과 화성 리듬, 내면적인 면까지 독창성으로 가득 차 있고 그가 다루는 장르마다 가히 놀라운 변화가 일어났습니다. 모차르트는 이전과 이후 어떤 작곡가로도 대체할 수 없으며 그의 음악은 시대를 초월하는 예술이요, 세대와 민족을 초월하는 언어요, 음악 예술을 초월해 인류의 최대 최고의 문화유산이 아닐 수 없습니다.

자신도 음악가였기에 일찌감치 모차르트의 재능을 발견한 부친(Leopold Mozart)의 극성스러운 조기 교육과 욕심 어린 기대로 시도됐던 유년기 10년에 걸친 유럽 전역의 연주 여행은 단순히 그의 재능을 뽐내는 것에 그치지 않았습니다. 모차르트는 방문했던 도시마다 훌륭한 음악가들을 만나 교류한 것은 물론 유럽의 다양한 문화를 접하게 되었는데 이는 천재의 정신 세계를 확장시켜 주었고 음악성과 평생의 창작력에 지대한 영향을 주었습니다.

연주 여행을 통해 유익한 경험을 많이 했으나 다소 지친 모차르트는 10대 중반, 고향 잘츠부르크에 돌아가 대주교의 궁정 악장을 맡게 되었지만 비범한 천재성과 당시로서는 독특하게 받아들여진 작품들로 인해 대주교와 갈등이 생겨 그만두게 됩니다. 새로운 돌파구를 찾아 다시 연주 여행을 떠나지만 생각지 못한 어려움들과 어머니의 별세로 크게 낙심한 채 다시 고향으로 돌아가게 됩니다.

이후 20대 중반에 빈으로 거처를 옮기고, 결혼도 하며, 궁정과 교회, 귀족들의 의뢰로 음악을 작곡해 생계를 유지하는데 헨델 이후 공식적인 후원(후견인) 없이 자립했던 최초의 작곡가였다 할 수 있습니다. 그때부터 모차르트의 음악은 더욱 완성도가 높아지고 누구도 흉내 내지 못하는 독창성으로 인기를 끌게 되었는데, 그래도 후견인 없이 작곡만으로 가정을 꾸려 간다는 것은 많은 고통을 감내해야 하는 일이었습니다. 그렇게 경제적인 어려움과 이어진 과로로 인해 건강 악화로 고생하던 중 의뢰받아 작곡하던 레퀴엠을 미완성으로 남긴 채 1791년 12월 5일 세상을 떠나게 됩니다.

이 미완성의 걸작은 음악에 대한 애정과 욕심이 지나친 나머지 자신이 쓴 작품이라고 속이고 지휘까지 했던 프란츠 폰 발제크 백작의 의뢰로 작곡되었습니다. 모차르트는 1791년 봄에 작곡 의뢰를 받았으나 건강 악화와 이미 의뢰받은 다른 작품들에 밀려 세상을 떠나기 한 달 전까지 작품의 일부만을 스케치해 놓은 상태였기에 모차르트가 썼다고 알려진 부분까지도 제자 프란츠 크사버 쥐스마이어의 도움이 있었습니다.

대가의 유작이 미완성으로 남다 보니 모차르트 사후 프란츠 폰 발제크 백작처럼 파렴치한 주장을 하는 사람도 있었고, 누가 나머지 부분을 완성했는가 논란도 있었으며, 악보의 판본 논란도 많았습니다. 모차르트의 미망인 콘스탄체가 평소 모차르트로부터 좋은 평을 들었던 작곡가 요제프 레오폴드 아이블러에게 곡의 완성을 부탁했으나 그는 얼마 작업하지 못한 채 그만두었고 결국 모차르트를 누구보다 잘 알았던 제자 쥐스마이어가 곡을 완성하게 되는데, 이러한 사실은 쥐스마이어가 출판인 브라이트코프에게 보낸 편지로 확인이 되었습니다.

모차르트의 비범함과 천재성을 느끼게 하는 이야기가 여럿 전해져 옵니다. 8세가 되던 해에 한 여인에게 청혼을 했다 하고, 12세에 인간의 죽음과 사후의 상황을 묘사한 '무덤의 음악'(Grabmusik KV42)을 작곡했으며, 20대에 보통 사람들의 인생 황혼기의 정서를 느꼈고 그 느낌을 '황혼의 감상'(Abendempfindung KV523)이라는 가곡으로 표현했다고 하니, 천재의 정신세계를 평범한 사람들의 생각으로는 알 길이 없는 것 같습니다.

이와 관련해서 천재나 위대한 예술가에 대하여 흔히 오해하는 부분을 생각해 보았습니다. 오래전 세상을 떠난 대작곡가들의 삶과 그들의 작품 세계를 이해함에 있어서 작품을 제대로 연구하고 다루어 본 경험이 있는 전문가들이 아니면 일반적으로 알려진 삶의 여정이나 회자되는 에피소드, 심지어 사진으로 전해지는 이미지만으로 그들을 이해하는 경우가 많다는 것입니다.

예를 들면 바흐는 다소 심각하고 완고한 모습에 진지함과 경건함만으로 가득한 초로의 어르신으로만 보이고, 베토벤은 말붙이기도 힘들 정도로 자기 고뇌에 빠져 있는 심각한 중년으로, 도무지 위트가 없는 사람처럼 보입니다. 브람스는 마치 청년기가 없었던 사람인 듯, 문명의 이기를 거부하는 엄숙한 긴 수염의 노인처럼 보입니다. 모차르트는 신동이라는 수식어에, 어린 시절의 초상화를 주로 대하다 보니 그저 명랑한 어린애 같은 이미지로 인식되어 그가 인생의 희로애락과 삶의 고뇌를 제대로 알 것인가 하는 의문을 남기는 사람들은 그의 음악을 그저 천재적 재능의 산물로만 여기기도 합니다.

모든 위대한 예술가들은 비범한 천재성이 있었기에 그들의 훌륭한 작품들은 천재성이 작용하여 창작되었다는 것이 당연합니다. 그렇지만 그것만으로 그 작품들의 위대함을 충분히 설명할 수는 없을 것입니다. 그들은 분명히 인생이 겪는 희로애락을 보통사람보다 더 예민하게 느꼈을 것이고, 인간에 대한 사랑과 인생에 대해 사유하는 깊이 또한 차원이 달랐을 것이라고 확신합니다. 그들의 음악은 타고난 천재성에 일반인보다 더 예민한 감수성, 고귀한 인성이 합쳐진 결정체라고 할 수 있습니다.

그렇기에 모차르트의 작품들을 그저 명랑한 신동의 천재적 유희 정도로만 이해해서는 안 될 것입니다. 천재야말로 고귀한 신의 은총을 입은 자인 동시에 험한 세상에서 가장 순수하고 여린 인간의 모습으로 살았던, 참 천재요 참 범인이었던 것입니다. 그렇기에 모차르트의 음악은 그에게 천재적 재능을 주신 하나님의 뜻을 인간에게 전달하는 최고의 전령이요, 연약한 인간들의 마음을 위로하고 치유하는 최선의 도구가 되는 것입니다.

이같이 천재 모차르트를 생각하다 보니 하나님께서 천지를 창조하실 때 말씀으로 함께하셨으며 성부 하나님과 본체이셨던 예수 그리스도께서 인간의 몸을 입고 세상에 오심이 얼마나 귀한 일이었는지 생각하게 됩니다. 구세주께서 죄악된 인간과 차원이

다른 아득히 먼 곳에서 구원의 역사를 이루셨다면 거리감을 주는 피상적인 사건으로 다가올 수도 있었을 것입니다.

그러나 참 신이신 주님께서 친히 우리와 같이 낮고 천한 인간의 모습으로 와주셔서, 구원의 역사가 신화와 같은 먼 나라의 막연한 이야기가 아니라 인간의 삶에 생생하게 살아 있는 생명의 증거가 되게 해주셨습니다. 그렇기에 참 신이시면서 참 인간이 되어주신 주님의 은혜에 감사하지 않을 수 없고, 또한 그 구원을 이루신 하나님의 사랑을 우리 평생에 찬송으로 화답하지 않을 수 없고, 그 위대하신 주님의 이름을 증거하는 생명의 도구로 살지 않을 수 없을 것입니다.

모차르트 레퀴엠 KV626
서울모테트합창단

Grabmusik/무덤의 음악 KV42(W. A. 모차르트)
빈 콘첸투스 무지쿠스, 지휘/니콜라우스 아르농쿠르

Abendempfindung/저녁의 감상 KV523(W. A. 모차르트)
소프라노/바바라 보니

피아노 협주곡 제23번 KV488 2악장(W. A. 모차르트)
피아노/마우리치오 폴리니, 지휘/카를 뵘

Herr, lehre doch mich,
daß ein Ende mit mir haben muß,
und mein Leben ein Ziel hat, und ich davon muß.

Siehe, meine Tage sind einer Hand breit vor dir,
und mein Leben ist wie nichts vor dir.
Ach, wie gar nichts sind alle Menschen,
die doch so sicher leben.

Sie gehen daher wie ein Schemen,
und machen ihnen viel vergebliche Unruhe;
sie sammeln und wissen nicht wer es kriegen wird.

Nun Herr, wess soll ich mich trösten?
Ich hoffe auf dich.

(Psalm 39:4–7)

여호와여, 나의 종말과 연한이
언제까지인지 알게 하사
내가 나의 연약함을 알게 하소서

보라, 주께서 나의 날을 한 뼘 길이만큼 되게 하시매,
나의 일생이 주 앞에는 없는 것 같사오니
사람은 그가 든든히 서 있는 때에도
진실로 모두가 허사뿐이니이다

진실로 각 사람은 그림자같이 다니고
헛된 일로 소란하며 재물을 쌓으나
누가 거둘지는 알지 못하나이다

주여 이제 내가 무엇을 바라겠나이까?
나의 소망은 주께 있나이다

(시편 39편 4-7절, 개역개정 성경)

브람스, 독일레퀴엠

Brahms / Ein deutsches Requiem

애통하는 자는
복이 있나니

결혼식의 주인공은 분명히 젊은 자녀들이지만 실제로 결혼 예식에 오는 손님들의 대부분은 부모의 지인들이기에 결혼식은 그야말로 부모들(집안)의 경사이고, 장례식의 주인공은 분명히 돌아가신 고인이지만 실제로 빈소를 찾아오는 손님들의 대부분은 자식들의 지인들이기에 장례식은 그야말로 자식들(가족)의 애사라고 쓴 글을 읽은 적이 있습니다.

동서양을 막론하고 죽음과 장례에 대한 전통적 사고는 고인의 삶을 기리고 그 영혼이 좋은 곳에 가기를 비는 것이 주된 내용이고, 음악의 역사 속에서도 장례와 추모를 위해 쓰여져 온 레퀴엠 또한 그러한 내용으로 구성되어 있습니다.

이러한 레퀴엠 음악의 오랜 관습과 전통은 현대까지도 이어지고 있는데, 브람스의 《독일 레퀴엠》은 다른 레퀴엠처럼 고인의 삶을 기림과 영혼에 대한 기원이 주된 내용이 아니라 고인과의 이별을 맞이한 살아 있는 사람들(유족)에게 필요한 메시지를 주는 작품입니다. 서두에 언급한 장례식의 또 다른 특별한 의미를 생각해 볼 때 삶과 죽음에 대하여 이보다 적절한 교훈이 있을까 싶으며 고인의 삶을 기리고 남은 자들에게 삶의 의미와 가치를 되새길 수 있게 하고 나아가 자기의 죽음에 대해서도 깊이 생각할 수 있게 하는 최고의 작품이 아닌가 생각합니다.

이 작품은 모든 형태의 죽음을 맞이할 사람들에게 참 위로와 소망을 주고, 연약하고 곤고한 인생들이 사는 동안 진정으로 의지하고 붙들어야 할 것이 무엇인지를, 또한 그리스도 예수 안에서 영원한 기쁨과 승리가 보장된 약속의 말씀, 즉 복음의 요체를 음악을 통해 자세히 설명하고 있습니다. 그렇기에 이 작품은 하나님의 구속사적 관점에서 볼 때 텍스트의 내용이 헨델의《메시아》와 함께 가장 완벽한 내용으로 구성되어 있고 성경과 신학의 핵심을 음악을 통해 너무도 완벽한 논리와 아름다운 표현으로 요약해 설명하는 최고의 음악 주석이요 음악 설교입니다.

브람스《독일 레퀴엠》은 바흐의 수난곡들,《B단조 미사》, 모테트, 헨델의《메시아》등과 함께 교회음악의 범주를 넘어 서양음악 역사의 최고의 걸작품으로 평가할 수 있는 아름답고 귀한 작품입니다. 개인의 취향에 따라 호불호가 있겠고 견해가 다 다르겠지만 제 생각엔 바흐와 베토벤을 비롯해 많은 독일의 작곡가들 중에서 브람스야말로 독일과 독일인의 정서를 누구보다 잘 표현한 가장 독일적인 작곡가가 아닌가 생각이 됩니다.

낭만적인 만추의 계절을 지나 지금같이 쓸쓸하고 고독한 초겨울엔 누구든지 인생에 대해 다시 한 번 생각하게 되는데, 브람스의 음악은 여느 작곡가의 음악보다 고독하고 쓸쓸한 정서를 서정적으로 아주 적절히 표현해낸 음악이고 듣는 모든 사람에게 상상력은 물론 사고의 깊이와 넓이를 더해 주는 가장 인격적인 음악입니다.

바흐의 모테트들을 삶과 죽음에 대한 바흐의 음악 설교라

했듯, 이 작품 역시 삶과 죽음에 대한 브람스의 음악 설교라고 하기에 충분한 명작입니다. 브람스가 삶과 죽음에 대한 음악 설교를 위해 선택한 성경의 본문만 읽어 보더라도 큰 은혜가 될 것입니다.

1곡
Selig sind, die da Leid tragen
애통하는 자는 복이 있나니

애통하는 자는 복이 있나니
저희가 위로를 받을 것이요(마 5:4)

눈물을 흘리며 씨를 뿌리는 자는
기쁨으로 거두리로다

울며 귀한 씨를 뿌리러 나가는 자는
정녕 기쁨으로 그 단을 가지고 돌아오리라(시 126:5, 6)

2곡
Denn alles Fleisch, es ist wie Gras
그러므로 모든 육체는 풀과 같고

그러므로 모든 육체는 풀과 같고
그 모든 영광이 풀의 꽃과 같으니
풀은 마르고 꽃은 떨어지도다(벧전 1:24)

그러니 참으라, 형제들아, 주의 강림까지
보라, 농부가 땅에서 나는 귀한 열매를 바라고

길이 참아 이른 비와 늦은 비를 기다리나니
너희도 길이 참으라(약 5:7)

그러므로 모든 육체는 풀과 같고 그 모든
영광이 풀의 꽃과 같으니 풀은 마르고 꽃은
떨어지도다 그러나 오직 주의 말씀은
세세토록 있도다(벧전 1:25)

3곡
Herr, lehre doch mich
주여, 가르쳐 주소서

여호와여, 나의 종말과 연한의 어떠함을
알게 하사 나로 나의 연약함을 알게 하소서

주께서 나의 날을 손 넓이만큼 되게 하시매,
나의 일생이 주의 앞에는 없는 것 같사오니
사람마다 그 든든히 선 때도 진실로 허사뿐이니이다

진실로 각 사람은 그림자 같이 다니고 헛된 일로
분요하며 재물을 쌓으나 누가 취할는지 알지 못하나이다

주여 내가 무엇을 바라리요
나의 소망은 주께 있나이다(시 39:4-7)

올바른 사람의 영혼이 주님의 손에 있으니
어떤 고통도 그들에게 닿지 않으리라(잠 3:1)

4곡

Wie lieblich sind deine Wohnungen

주의 장막이 어찌 그리 사랑스러운지요

만군의 여호와여 주의 장막이

어찌 그리 사랑스러운지요

내 영혼이 여호와의 궁전을 사모하여 쇠약함이여

내 마음과 육체가 생존하시는 하나님께 부르짖나이다

주의 집에 거하는 자가 복이 있나니,

저희가 항상 주를 찬송 하리이다(시 84:1, 2, 4)

5곡

Ihr habt nun Traurigkeit

지금은 너희가 근심하나

(소프라노 독창)

지금은 너희가 근심하나,

내가 다시 너희를 보리니

너희 마음이 기쁠 것이요,

너희 기쁨을 빼앗을 자가 없으리라(요 16:22)

(합창)

어미가 자식을 위로함같이

내가 너희를 위로할 것이니(사 66:13)

(소프라노 독창)

내가 잠시 수고한 걸 너희가 보았으나

나는 큰 휴식을 얻었노라(외경, 시라크서 51:35)

(합창)

내가 너희를 위로할 것이니

6곡

Denn wir haben keine bleibende Statt

여기에는 영원한 도성이 없으므로

(합창)

이 땅에 영원한 도성이 없고

오직 장차 올 것을 우리가 찾나니(히 13:14)

(바리톤과 합창)

보라 내가 너희에게 비밀을 말하노니

우리가 다 잠잘 것이 아니요

마지막 나팔 소리에 순식간에

홀연히 다 변화하리니

(합창)

나팔 소리가 나매

죽은 자들이 썩지 아니할 것이요

다시 살고 우리도 변하리라

(바리톤)

기록된 말씀에 응하리라

(합창)

사망이 이김의 삼킨바 되리라고,
사망아 너의 이기는 것이 어디 있느냐!
사망아 너의 쏘는 것이 어디 있느냐!(고전 15:51, 52, 54, 55)

우리 주 하나님이여 영광과 존귀와 능력을
받으시는 것이 합당하오니 주께서 만물을
지으신지라. 만물이 주의 뜻대로 있었고
지으심을 받았나이다(계 4:11)

7곡
Selig sind die Toten
주 안에서 죽는 자들은 복 있도다

지금 이후로 주 안에서 죽는 자들은 복이 있도다
하시매 성령이 가라사대 그러하다 저희 수고를
그치고 쉬리니 이는 저희가 행한 일이 따름이라(계 14:13)

Soli Deo Gloria
오직 주님께만 영광

독일레퀴엠/Ein deutsches Requiem(J. 브람스)
서울모테트합창단

Vier ernste Gesänge op.121/네 개의 엄숙한 노래(J. 브람스)
바리톤/디트리히 피셔 디스카우

Violin Concerto op.77(J. 브람스)
바이올린/기돈 크레머, 빈 필하모닉 오케스트라,
지휘/레너드 번스타인

교향곡 4번 op.98(J. 브람스)
바이에른 국립 관현악단, 지휘/카를로스 클라이버

In paradisum, deducant te angeli,
in tuo adventu suscipiant te martyres,
et perducant te,
in civitatem sanctam Jerusalem.

Chorus angelorum te suscipiat,
et cum Lazaro quondam paupere,
aeternam habeas requiem.

저 천국으로 천사 널 인도해
순교자들이 널 기쁘게 맞으리라
또 인도하리,
저 거룩한 성 예루살렘으로,

천사들의 찬송이 너를 맞으리,
가난했던 나사로와 함께
편히 쉬게 되리 영원한 안식을

포레, 레퀴엠

Faurè / Requiem

이보다 더
따뜻한 음악이 있을까

코로나로 정신없이 보낸 지난 시간에 대해 많은 생각을 갖게 하는 늦은 밤, 지나온 삶의 자국과 앞으로 감당해야 할 삶의 무게에 대하여 생각하게 됩니다. 코로나 상황에 안타깝게도 희생되신 모든 분과 그분들의 가족, 친지, 그리고 이 시대를 살아가는 모든 사람에게 진정 필요한 것은 참된 위로와 평안이 아닌가 하는 생각이 듭니다.

참된 위로와 평안이라는 말을 충족시켜 줄 만한 최고의 음악, 최선의 음악이 무엇일까 생각하다가 프랑스의 대표적 낭만파 작곡가 포레(Gabriel Fauré)의 레퀴엠을 생각하게 되었습니다. 세상에 이보다 더 아름다운 음악, 더 따뜻하게 품어주는 음악, 더 위로와 평안을 주는 음악이 어디에 있을까 싶습니다.

포레의 음악은 소박하고 과장됨이 없으며 자연스럽고 물 흐르는 듯 수려한 것이 특징입니다. 포레는 다른 여느 프랑스 작곡가들과는 다른 분위기의 작풍을 갖고 있었고 제가 수줍은 모차르트라고 표현했던 슈베르트와 너무도 비슷한 분위기의 곡을 쓴 작곡가라고 생각합니다.

포레의 레퀴엠은 그레고리안 찬트와 같은 고요하고 거룩한 분위기와 간결한 절제미 위에 너무도 아름답고 서정적인 수려한 선율의 흐름이 작품 전체에 드러나 있습니다. 일반적인 레퀴엠 미사 고유문에 있는 '부속가'라 불리는 세쿠엔티아(Sequentia) 부분의 심판에 대한 가사를 제하고 작곡을 해서 작곡가 생전에 곡의 극적 요소가 부족하다는 비판과 함께 신앙적인 측면까지 비난받았다고 합니다.

그러나 다음에 언급하는 포레의 글을 살펴보면 성도들의 죽음에 대한 그의 차원 높은 신앙적 통찰력을 느낄 수 있고 위에 언급된 내용의 비난들이 충분히 예견됨에도 불구하고 죽음의 고통과 심판의 두려움에만 머물지 않고 왜 그렇게 아름답고 평온한 위로의 레퀴엠을 작곡했는지를 이해할 수 있게 될 거라고 생각이 됩니다.

나의 레퀴엠은 죽음과 심판의 두려움이 표현되어 있지 않다고 지적이 되어왔다. 오히려 죽음의 자장가라고 불릴 정도였다. 그러나 내가 죽음에 대하여 느낀 것은 서글픈 종말이 아니라 행복한 구원이며 영원한 행복에의 귀결이라는 것이다.

이는 작곡자가 성도들의 죽음에 대해 심판과 저주가 아니라 천국에의 소망에 초점을 맞추고 있음을 알 수 있고, 이러한 인식이 작품 전체에 흐르는 위로와 평안의 정서와 참 희망의 메시지를 담아내게 하는 역할을 했다고 생각합니다.

레퀴엠의 마지막 곡은 레퀴엠 미사 고유문에 없는 내용으로 'In Paradisum'(낙원에서)를 덧붙이고 있는데 영생에 대한 믿음을 나타내고 있으며 마치 시편 23편 6절 말씀을 주석해 놓은 것 같은 느낌을 받곤 합니다.

    나의 평생에 선하심과 인자하심이 정녕 나를 따르리니
    내가 여호와의 집에 영원히 거하리로다

    이 곡을 감상하시는 모든 분이 주님 주시는 위로와 참 평안을 누리시길 원합니다. 첨부하는 음원은 서울모테트합창단의 2006년 예술의전당 연주회 실황과 2021년 롯데콘서트홀 공연 실황입니다.

Requiem op.48(G. 포레)
서울모테트합창단(예술의전당, 2006)

Requiem op.48(G. 포레)
서울모테트합창단(롯데콘서트홀, 2021)

Cantique de Jean Racine/라신느의 찬가(G. 포레)
서울모테트합창단(롯데콘서트홀, 2021)

Pavane/파반느(G. 포레)
서울모테트합창단(롯데콘서트홀, 2021)

Pater,

in manus tuas commendo spiritum meum.

Pater meus es tu, Deus meus.

Susceptor salutis meae,

in manus tuas

commendo spiritum meum.

아버지,
내 영혼을 아버지의 손에 맡기나이다
오 나의 하나님 아버지

오 주여 날 구원하소서,
나의 아버지
내 영혼을 아버지 손에 맡기나이다

프랑크, 십자가상의 칠언

Franck / The Seven Last Words of Christ

엘리 엘리
라마 사박다니 3

세자르 프랑크는 교회음악 역사에 최고의 성가곡 중 하나로 꼽히고 많은 사람들의 사랑을 받는 명성가 〈생명의 양식〉을 작곡한 19세기 프랑스를 대표하는 작곡가입니다. 프랑크는 벨기에 리에주(당시는 네덜란드 영토)에서 태어나 파리에서 공부하고 활동했으며 피아니스트, 오르가니스트, 작곡가, 교육자로서 프랑스의 음악 발전과 고전적인 형식의 음악 전통에 크게 기여했던 존경받는 음악가였습니다.

프랑크가 활동하던 19세기 중 후반, 프랑스에서는 순수 음악이 갈수록 외면받고 가벼운 분위기의 오페레타 같은 흥미 위주의 음악들이 널리 인기를 끌고 있었습니다. 그렇지만 프랑크는 그러한 시대 흐름을 따라가지 않고, 프랑스 음악계에 고전주의 음악의 순수성과 그 가치를 회복시키고자 부단히 노력한 작곡가였습니다.

그는 음악이라고 하는 것이 인간의 삶에 극심한 고뇌에서 승리로 가는 과정이요, 내적인 갈등과 투쟁, 의심과 불안에서 신앙의 평안에 이르는 영적인 과정이라고 정의할 만큼 삶과 음악에 대해 매우 진지하고 깊이 있는 사람이었습니다.

그리고 이러한 생각과 깨달음의 과정을 음악 속에 나타내기 위해 음악의 주요한 주제를 각 악장과 음악 전체에 반복적으로 등장시키고 유기적으로 순환하게 하는 순환기법을 모든 작품에 활용하였는데, 그의 최고 걸작으로 꼽히는 〈교향곡 라단조〉와 〈바이올린 소나타 가장조〉 역시 모두 이 순환기법을 활용하여 쓴 작품들입니다.

프랑크는 유능한 피아노 연주자로 널리 알려져 있었음에도 불구하고 어느 날 갑자기 교회의 오르가니스트가 되어 평생을 교회음악가로서 활동을 병행하였습니다. 그리고 훌륭하고 감동적인 많은 작품들을 통해 교회음악 발전에도 크게 기여했습니다.

해마다 사순절이나 고난주간을 맞을 때마다 교회의 지휘자들은 절기에 맞는 적절한 레퍼토리 선정 문제로 적잖게 고민을 하게 되는데, 전통적으로 이 절기에 맞는 단품의 곡들은 많이 있지만, 칸타타나 오라토리오는 적절히 사용할 만한 곡들이 그리 많지 않다는 아쉬움이 있습니다.

물론 19세기 말부터 20세기 중반까지 나왔던 미국의 교회음악 출판사들의 칸타타들이 꽤 많이 있었지만, 한국 교회음악 현장에서 철 지난 음악처럼 취급되어 잘 사용되지 않은 지 이미 오래되었고, 근래에 미국이나 한국에서 새로 작곡되어 나오는 칸타타 오라토리오들은 스타일 면에서나 음악적 깊이 면에서 좀 아쉬운 부분이 있습니다. 그렇다고 바흐나 쉬츠, 그 외 위대한 작곡가들이 작곡한 전통적인 칸타타나 수난곡 등의 고전 레퍼토리들은 일선 교회의 성가대에겐 다소 생소하기도 하고 소화하기엔 기술적으로 어려운 작품들이 많기에 다룰 수 있는 좋은 작품은 정말 손에 꼽을 정도로 적다는 것입니다.

이러한 현실적 어려움을 저 또한 늘 느끼고 있었기에 저는 물론 국내 교회음악 사역자들에게 뭔가 좋은 작품이 없을까 하며 고민하던 차에 오래 전 이 작품을 발견하게 되었고 몇 년 전에 번역하여 출판까지 하게 되었습니다.

그렇기에 프랑크가 작곡한《십자가상의 칠언》은 한국 교회음악의 현장에서 음악 사역자들의 답답함을 조금이나마 해소할 수 있는 작품이 될 수 있으리라고 생각됩니다. 음악적으로나 정서적으로 고상함을 충분히 갖추고 있으면서 테크닉적으로는 일반 교회의 성가대도 어렵지 않게 소화할 수 있는 난이도로 쓰여 있는 적절한 작품이기 때문입니다.

엘리 엘리 라마 사박다니
나의 하나님, 나의 하나님, 어찌하여 나를 버리셨나이까

이 말씀은 '십자가상의 칠언' 중 네 번째 말씀으로, 이를 이번 글의 제목으로 삼은 것은 '십자가상의 칠언'에서 주님께서 당하신 고난 중 최고 고통스런 표현의 말씀이기 때문입니다. 즉, 예수께서 겪으신 육체적 고통이 주님 당하신 고난 중 최고의 고난이 아니고, 태초부터 계셨고 하나님의 말씀으로서 천지를 창조하셨으며 하나님과 동등한 분이셨던 주님께서 하나님으로부터 버림을 받으셨다는 사실이 최고의 고난이라는 것입니다.

우리 죄인들을 구하시기 위해 독생자 예수 그리스도를 죽음에 내어 주신 하나님의 그 무한하신 사랑과 그 뜻을 생명이 다하는 순간까지 받들어 순종하신 주님의 고난을 더욱 깊이 묵상하게 해주는 귀중한 작품입니다.

십자가상의 칠언/The Seven Last Words of Christ (C. 프랑크)
서울모테트합창단

생명의 양식 (C. 프랑크)
소프라노/신영옥, 서울모테트합창단

바이올린 소나타 (C. 프랑크)
바이올린/르노 카퓌숑, 피아노/마르타 아르게리히

교향곡 D단조 (C. 프랑크)
지휘/레너드 번스타인, 파리 관현악단

4 삶과 죽음에 대한 바흐의 음악 설교

Lobet den Herrn, alle Heiden
und preiset ihn alle Völker.

Denn seine Gnaden und Wahrheit
waltet über uns in Ewigkeit.

Alleluja!

너희 모든 나라들아 여호와를 찬양하며
너희 모든 백성들아 저를 칭송할지어다

우리에게 향하신 여호와의 인자하심이
크시고 진실하심이 영원함이로다

할렐루야!

모테트 BWV 230

Bach / Lobet den Herrn, alle Heiden

너희 모든 나라들아
여호와를 찬양하며

'삶과 죽음에 대한 바흐의 음악 설교'라는 제목으로 바흐 음악의 진수인 모테트 전곡 연주 영상(2019년 모테트 창립 30주년 기념연주)을 통해 서울모테트합창단 코로나19 위로의 노래 시리즈를 이어 갑니다. '삶과 죽음에 대한 바흐의 음악 설교'라는 표현은 20세기 바흐 음악 연구의 최고 권위자였던 알베르트 슈바이처 박사가 쓴 바흐 연구서에 나오는 모테트 관련 설명 중에 〈Jesu meine Freude〉 BWV 227(예수는 우리의 기쁨)의 해설 중에 표현한 것을 인용한 것입니다.

바흐의 모테트로 분류할 수 있는 작품 중에 바흐가 작곡한 것이 확실하고 형식적인 면에서 볼 때도 확실히 모테트로만 분류할 수 있는 작품이(BWV 225-230) 6개입니다. 그중에 아직도 진짜 바흐의 작품인지 온전히 확신하지 못하는, 약간의 의심이 남아 있는 곡이 바로 이 230번입니다.

그 의심을 갖게 된 이유를 학자들이 몇 가지로 정리하고 있는데 첫 번째는 언제 어떤 용도로 작곡이 된 것인지 기록이 전혀 없다는 것, 두 번째는 다른 모테트들과 다르게 바흐가 선호하지 않던 작곡 스타일인 기악적인 선율의 흐름이 노래의 전반부에 나타나는 것, 세 번째는 통주저음 활용이 일반 칸타타의 용례와 비슷하다는 것을 들고 있습니다. 그럼에도 불구하고 아직까지 확실히 바흐의 작품이 아니라거나 바흐의 모테트로 분류할 수 없는 더 분명한 증거를 발견할 수 없기에 모테트로 처음 출판된 1821년 이후 바흐의 모테트로 분류되고 있는 비교적 짧은 길이의 밝고 명랑한 곡입니다.

Psalm 117
시편 117편

Lobet den Herrn, alle Heiden
und preiset ihn alle Völker.
너희 모든 나라들아 여호와를 찬양하며
너희 모든 백성들아 저를 칭송할지어다

Denn seine Gnaden und Wahrheit
waltet über uns in Ewigkeit.
우리에게 향하신 여호와의 인자하심이
크고 진실하심이 영원함이로다

Alleluja!
할렐루야!

대부분의 모테트가 장례식이나 추도식 등을 위해 쓰여진 작곡 배경을 갖고 있는데 이 곡은 그런 용도로 작곡되지 않았고 매우 기쁘고 축제적인 분위기를 연출하고 있는 밝고 힘찬 분위기의 모테트입니다.

Lobet den Herrn, alle Heiden
und preiset ihn alle Völker.
너희 모든 나라들아 여호와를 찬양하며
너희 모든 백성들아 저를 칭송할지어다

곡의 첫 부분은 너무도 밝고 에너지 넘치는 상향의 아르페지오 선율을 통해 온 세계 만방에 여호와 하나님의 위대하심을 선포하는 듯한 팡파르와 유사한 스타일의 선율 기법을 사용하였습니다. 그리고 전체적으로 모방되는 대위법을 통해 하나님의 위대하심을 만방에 선포하는 찬송의 울림이 온 세계에 가득 퍼져나감을 보여주고 있는 밝고 힘찬 축제적인 분위기입니다.

Denn seine Gnaden und Wahrheit
waltet über uns in Ewigkeit.
우리에게 향하신 여호와의 인자하심이
크고 진실하심이 영원함이로다

두 번째 단락은 텍스트의 핵심 단어인 '인자하심과 진실하심(Gnaden und Wahrheit)'의 의미를 살리기 위해 아주 따뜻하고 부드러운 선율을 사용하고 있습니다. 그리고 악식의 구성 면에서 겹푸가 형식을 사용하고 있는데요, 이는 텍스트에서 말하고 있는 우리를 향하신 하나님의 '인자하심과 진실하심(Gnaden und Wahrheit)'의 텍스트를 강조함은 물론 그 하나님 성품의 근원인 사랑의 풍성함을 표현하기 위하여 사용한 것으로 보여집니다.

Alleluja!
할렐루야!

이 세 번째 단락은 BWV 225번 모테트의 피날레 부분과 같이 매우 축제적인 분위기를 연출하는 3박자의 빠른 템포의 곡으로 구성이 되어 있습니다. 선율의 끝부분이 마치 하늘을 향해 선포하듯 상향으로 외치는 스타일로 되어 있어서 하늘에 계신 하나님의 위대하심을 드러내고 이 땅 위의 피조물로서 찬송하는 자들의 위치를 되새길 수 있게 해주기 위해 이러한 선율을 사용했다고 볼 수 있겠습니다. 바흐의 어느 작품에서나 항상 나타나는 완벽한 워드(텍스트) 페인팅 기술이 사용되고 있으며, 타이틀에서 표현한 것처럼 시편 117편 말씀을 음악이라는 도구를 통해 최고의 주석을 하여 모든 인생을 향해 설교하고 있습니다.

제가 이 곡을 여러 번 연주했지만 가장 기억에 남고 은혜로웠던 기억은 이전에 섬기던 교회의 성가대에서 몇 년간 이 모테트 끝부분인 '할렐루야'를 주일 예배의 축도송으로 했을 때였습니다. 프로들의 연주처럼 세련되고 매끄러운 울림은 아니었지만 비교적 많은 숫자의 성가대원들이 우렁차게 선포하듯 축도송을 부를 때의 감격을 잊을 수가 없습니다.

Soli Deo Gloria
오직 주님께만 영광

**모테트 BWV230 'Lobet den Herrn, alle Heiden'
너희 모든 나라들아, 여호와를 찬양하라**(J. S. 바흐)
서울모테트합창단

Lobet den Herrn, alle Heiden(H. 쉬츠)
지휘/한스 크리스토프 라데만

칸타타 BWV137 'Lobe den Herrn'(J. S. 바흐)
스위스 트로겐 교회 합창단

O praise the Lord, All Ye Heathen(H. 퍼셀)
더 식스틴, 지휘/해리 크리스토퍼

Drauf schließ ich mich in deine Hände
und sage, Welt, zu guter Nacht
eilt gleich mein Lebenslauf zu Ende,
ist doch der Geist wohl angebracht
Er soll bei seinem Schöpfer schweben,
weil Jesus ist uns bleibt
der wahre Weg zum Leben.

그러므로 주님 품에 나를 맡기오며
이 세상에 작별을 고합니다
나의 인생은 이제 마지막을 향합니다
그렇지만 나의 영혼은 행복합니다
그는 그의 창조주께 돌아갈 것입니다
주 예수는 이제와 영원히
참 생명의 길이 되시나이다

모테트 BWV 229
Bach / Komm, Jesu komm

오소서,
예수여 오소서

BWV 229 〈오소서, 예수여 오소서〉(Komm, Jesu komm)는 바흐의 모테트 중에 제가 특별히 사랑하고 마음으로도 항상 읊조리는 곡으로서 가사의 내용도 심오하고 그를 표현하는 곡의 부분별 테마들도 매우 아름답고 완벽하게 구성돼 있습니다. 그야말로 천상의 하모니를 느끼게 해주는 정말 아름다운 모테트입니다. 가련하고 어찌할 수 없는 인생, 삶과 죽음이 하나이고 삶과 죽음이 잇대어 있음을 가르쳐 주는 가사로 쓰여진 곡으로서 오직 우리 주 예수 그리스도의 은혜를 붙들고 오직 사랑의 하나님만을 신앙하며 살 수밖에 없는 나약한 인간의 실상을 그대로 고백하는 아름다운 참회록이요 신앙고백의 모테트입니다. 여섯 곡의 모테트 전곡 중 BWV 227번과 이 곡이 단조로 작곡되어 있습니다.

저는 단조 음악을 참 좋아합니다. 정서적으로 무슨 이유에서인지 잘 모르겠지만 어려서부터 유난히 끌리고 좋아했던 음악 중에 단조 음악이 많았고, 그러한 일종의 편향성은 지금까지도

여전합니다. 바흐의 작품들에 유난히 단조 작품들이 많고 또 제가 좋아하는 베토벤, 브람스, 슈베르트 등 많은 작곡가의 사랑받는 수많은 작품이 단조로 되어 있고, 모차르트의 모든 작품 중에 몇 안 되는 단조곡들이 제가 최고로 사랑하는 음악들인 것을 생각해 보면 여하튼 저는 단조 음악에 특별히 매력을 느끼는 것 같습니다.

한때, '나는 왜 이렇게 단조 음악을 좋아하나?' 하는 생각에 사로잡혀 '내가 우울감이 많은 사람인가? 내 정서에 문제가 있는 것인가?' 하고 골똘히 생각해 본 일도 있었습니다. 그런 고민의 과정을 통해 저는 오히려 단조 음악이 가진 가치와 참 아름다움의 이유를 더 깨닫는 계기가 되었습니다. 그 깨달음의 내용은 이렇습니다.

첫째는, 단조 음악이 갖고 있는 소박하지만 진지하고 사색적인 분위기가 사람들에게 정서적으로 안정감을 줍니다. 장조 음악의 분위기는 표현하고자 하는 대상을 객관적이고 사실적으로 표현하는 스타일이라면 그에 비해 단조 음악은 그 객관적 사실 위에 주관적 생각이나 감정을 좀 더 이입했다고 할 수 있습니다. 그렇기에 때로는 조금 더 진지하고 호소력 있는 표현으로 다가오게 됩니다.

둘째는, 첫 번째보다 더 중요하게 생각되는 것인데 화성적으로 볼 때 독립적 진행이 가능한 장조의 음악과는 달리 항상 나란한 장조와 같이 진행할 수밖에 없는 단조의 음악은 화음의 색채가 훨씬 다양하고 표현의 가능성이 많으며 여러 가지 변화무쌍한 극적 표현이 가능하기에 사람들 마음에 더욱 강한 호소력을 갖게 한다는 결론에 이르게 되었습니다.

이 곡은 복합창(double choir)용으로 쓰여 있는 2악장 곡으로서 1600년대 후반 라이프치히 성 토마스학교에 재직했던 시인 폴 튀미히(Paul Thymich)가 그 학교의 교목이었던 야콥 토마지우

스(Jacob Thomasius)의 장례를 위해 헌정한 찬송시의 1절과 11절
을 인용하였고, 약 50년 후에 바흐가 곡을 붙인 것입니다.

1악장

Komm, Jesu komm

mein Leib ist müde

die Kraft verschwind't je mehr und mehr

ich sehne mich nach deinem Frieden

der saure Weg wirt mir zu schwer!

오소서, 예수여 오소서

지쳐버린 이 몸

기력은 점점 빠져나가고

제가 가는 길이 너무나 힘겨우니

주님의 평안만을 바라나이다

곡의 도입부에, 어찌할 수 없는 나약한 인간들을 대변하는
두 합창 그룹이 "Komm, komm" 하며 교대로 간절히 호소하는
데, 하늘을 우러러 외치는 듯한 그 부르짖음은 다른 그 어떤 음
악에서의 간절한 표현이나 여타 예술에서의 표현력을 뛰어넘는
'이 세상에서 가장 아름다운 절규'라 규정할 정도로 호소력 있고
아름답습니다.

전체적으로 부드럽고 따뜻한 리듬과 선율로 구성되어 있고
인생의 고통과 인간의 절망을 애절한 화음과 불협화음을 하행하
는 아르페지오와 고개를 숙이는 듯한 진행을 통해 표현하고 이
후 주님 앞에 자신을 내려놓고 항복하는 내용으로 되어 있는데
선율이 구원의 통로가 되시는 예수 그리스도를 향하여 가듯이
그 끝이 길고 높게 이어져 가며 끝나는 형태를 보이고 있습니다.

Komm, komm, ich will mich dir ergeben
오소서 주여 저를 당신께 맡기겠나이다

두 번째 단락은 예수 그리스도 앞에 죄의 짐을 내려놓고 항
복하여 마음속에 찾아온 평강과 기쁨을 표현하는데, 행복과 기
쁨이 가득한 인간의 마음을 경쾌한 리듬과 다이나믹한 도약 그
리고 생기 넘치는 멜리스마(스케일)가 많은 모티브로 즐겁게 구
원자를 노래하고 또 그 복음을 만방에 널리 전하는 듯한 표현을
하고 있습니다.

du bist der rechte Weg
die Wahrheit und das Leben
주님만이 참된 길이시고
진리와 생명이 되시나이다

세 번째 단락입니다. 첫 번째 단락에서 두 번째로 넘어가는
것도 화성이나 리듬 분위기 면에서 큰 변화지만 두 번째에서 세
번째로 넘어가는 것은 화성이나 박자 리듬이 아주 파격이라고
말할 수 있을 정도로 변화가 큽니다.

"주님은 참된 길이요 진리요 생명 되십니다"라는 이 감격
스런 고백은 유한한 인간에게 죽음을 넘어서는 유일한 길이 오
직 주 예수 그리스도밖에 없음을 선포하는 것인데, 두 합창 그룹
이 서로 교창하는 형태로 가사의 내용을 계속 반복하며 강조하
여 선포하고, 긴 프레이즈와 반복되는 고음역의 멜리스마(스케
일) 표현을 통해 예수 그리스도의 구원의 은혜를 최고의 아름다
움과 고상함으로 표현하는 차원 높은 신앙고백을 보여주고 있
습니다.

2악장

Choral
코랄

Drauf schließ ich mich in deine Hände
und sage, Welt, zu guter Nacht
eilt gleich mein Lebenslauf zu Ende,
ist doch der Geist wohl angebracht
Er soll bei seinem Schöpfer schweben,
weil Jesus ist uns bleibt
der wahre Weg zum Leben.
그러므로 주님 품에 나를 맡기오며
이 세상에 작별을 고합니다
나의 인생은 이제 마지막을 향합니다
그렇지만 나의 영혼은 행복합니다
그는 그의 창조주께 돌아갈 것입니다
주 예수는 이제와 영원히
참 생명의 길이 되시나이다

이 세상의 그 누구든 간에 삶과 죽음의 경계에 서게 될 때 어떤 고백을 할 수 있을 것인가를 진지하게 생각하게 해주는 내용입니다. 우리의 구원자이시요 참 생명의 길 되시는 우리 주 예수 그리스도와 연합하여 우리의 영원한 본향이신 창조주 하나님 아버지께 돌아갈 것임을 천명하고 있습니다.

이 코랄은 하나의 서사시를 써 내려가듯 매우 드라마틱한 표현력을 가지고 있습니다. 죽음 앞에 선 인간이 하나님께 자신을 맡기고 온 세상을 향해 매우 힘있게 선언하듯 외칩니다. 그리고 본향이신 창조주 하나님께 돌아갈 것 또한 확신에 찬 어조로 외치듯 말합니다. 그리고 그것을 가능케 하는 참 생명 되시는 구원자 우리 주 예수 그리스도에 대한 인생 최고의 신앙고백을 하는 마지막 말을 할 때는 더 극적인 선율로 또 선언하듯 외치며 끝을 맺습니다.

Soli Deo Gloria
오직 주님께만 영광

모테트 BWV229 'Komm, Jesu komm'/오소서, 예수여 오소서 (J. S. 바흐)
서울모테트합창단

칸타타 BWV106 중, 'Es ist der alte Bund' (J. S. 바흐)
네덜란드 바흐 소사이어티

브람스 교향곡 4번
지휘/카를로스 클라이버, 바이에른 국립 관현악단

베토벤 교향곡 5번
지휘/레너드 번스타인, 빈 필하모닉 오케스트라

Du heilige Brunst, süßer Trost,
nun hilf uns fröhlich und getrost
in deinem Dienst beständig bleiben,
dir Trübsal uns nicht abtreiben.

O Herr, durch dein Kraft uns bereit
und stärk des Fleisches Blödigkeit,
daß wir hier ritterlich ringen,
durch Tod und Leben zu dir dringen.
Halleluja!

거룩한 불꽃 달콤한 위로여,
우리를 도우시어 기쁘고 즐겁게
주님의 사역을 감당케 하시고, 어떠한
시련도 우리를 넘어뜨리지 못하게 하소서

오 주여 주의 권능으로 우리를 세우시고
연약한 육신에 새 힘을 주시어
이 세상에서 당당히 맞서 싸운 후
저희의 삶과 죽음을 통해 주께 이르게 하소서

할렐루야!

모테트 BWV 226

Bach / Der Geist hilft unsrer Schwachheit auf

이와 같이 성령도
우리 연약함을 도우시나니

이 곡은 바흐의 모테트 중에 작곡된 목적이 확실히 기록되어 있고 악기와 성부가 바흐 본인의 필체로 유일하게 보존되어 있는 작품입니다. 2중(복) 합창으로 구성되어 있으며 1729년 10월 20일 라이프치히 대학 교회에서 거행된 라이프치히 토마스학교의 교장과 라이프치히 대학 교수였던 요한 하인리히 에르네스티의 장례식을 위해 작곡되었습니다. 가사는 로마서 8장 26-27절과 마르틴 루터의 찬송가 〈성령이여 오소서, 주 하나님〉(Komm heiliger Geist, Herre Gott) 중 3절을 사용했습니다. 이 곡은 원래 쓰여진 곡의 목적뿐 아니라 가사 내용에 맞게 성령강림절 (Whitsunday)을 위해서도 많이 연주됩니다.

1악장

Der Geist hilft unsrer Schwachheit auf,

Denn wir wissen nicht, was wir beten sollen
wie sichs gebühret,
이와 같이 성령도 우리 연약함을 도우시나니
우리가 마땅히 빌 바를 알지 못하나

첫 부분은 로마서 8장 26절 상반절을 쓰고 있으며 전반부
는 '성령님'을 표현하는 힘차고 역동적인 상행 멜리스마(스케일)
로 '도우심'은 장식음과 위로 끊으며 외치듯 절도 있게 표현하고
있는데, 이는 성령의 능력뿐 아니라 쉼 없이 일하시는 성령 하나
님의 신실하심을 보여주기 위한 표현으로 생각됩니다. 후반부는
'우리가 마땅히 빌 바를 알지 못하나' 가사를 애처롭고 처량한 듯
한 느낌으로 하행하는 모티브를 쓰고 있는데, 그렇게 처지는 분
위기로 계속 이어지는 게 아니라 앞에 나왔던 성령님의 모티브를
중복해서 사용하여 인간의 나약함과 우리를 절대로 포기하지 않
으시는 하나님의 사랑을 깨닫게 해주고 있습니다.

sondern der Geist selbst vertritt uns aufs
beste mit unaussprechlichem Seufzen.
오직 성령께서 말할 수 없는 탄식으로
우리를 위하여 친히 간구하시느니라

두 번째 부분은 26절 하반절을 쓰고 있으며 성령 하나님의
신실하심을 구체적으로 표현합니다. 중요한 단어 중요한 음절의
표현마다 당김음을 이용하여 강조하고 있으며 탄식하신다고 하
는 단어인 'Seufzen'은 연약한 우리 인간을 안타까이 여기시는
주님의 마음을 아주 긴 프레이즈의 높은 음역으로 표현하는데,
그냥 연결된 프레이즈가 아니라 반복되는 여러 개의 8분 쉼표를
계속 사용해 탄식하는 호흡을 그림 그리듯 표현하고 있습니다.

거기에 모든 파트가 탄식하는 소리를 반복하게 하여 하나님의 사랑과 신실하심을 더없이 크게 느끼도록 표현을 하였습니다.

2악장

Der aber die Herzen forschet,
der weiß was des Geistes Sinn sei,
denn er vertritt die Heiligen,
nach dem es Gott gefället.
마음을 감찰하시는 이가
성령의 생각을 아시나니
이는 성령이 하나님의 뜻대로
우리를 위하여 친히 간구하심이라

27절 말씀으로 쓰여진 이 부분은 매우 간결하면서도 힘 있는 확신에 찬 분위기의 멜로디를 사용하고 있으며 행진곡 풍의 모방 기법으로 작곡되어 있습니다. 특히 성령님이 어떤 존재이신지 또 다시 힘 있고 확신에 찬 진행의 멜리스마(스케일)를 통해 표현하고 있으며 성삼위의 근본이신 하나님 아버지에 대한 확신과 연합하여 역사하시는 성령의 사역을 분명하게 표현하고 있습니다.

3악장

Choral
코랄

Du heilige Brunst, süßer Trost,
nun hilf uns fröhlich und getrost

in deinem Dienst beständig bleiben,

dir Trübsal uns nicht abtreiben.

거룩한 불꽃 달콤한 위로여,

우리를 도우시어 기쁘고 즐겁게

주님의 사역을 감당케 하시고, 어떠한

시련도 우리를 넘어뜨리지 못하게 하소서

O Herr, durch dein Kraft uns bereit

und stärk des Fleisches Blödigkeit,

daß wir hier ritterlich ringen,

durch Tod und Leben zu dir dringen.

Halleluja!

(Martin Luther 1524)

오 주여 주의 권능으로 우리를 세우시고

연약한 육신에 새 힘을 주시어

이 세상에서 당당히 맞서 싸운 후

저희의 삶과 죽음을 통해 주께 이르게 하소서

할렐루야!

(마르틴 루터 1524)

　　이 코랄은 너무도 연약한 우리 인간이 예수 그리스도의 은
혜와 하나님 아버지의 사랑과 그 뜻을 따라 쉼 없이 일하시는 성
령님의 감화 감동하심에 힘입어 어떻게 담대히 살아가고 죽음의
권세에까지 당당히 맞서 싸울 수 있는지 그리고 최종적으로 주
님과 연합하게 될 것임을 보여주는 확신에 찬 코랄입니다.

　　제가 젊은 시절 다니던 교회의 담임 목사님께서 본인은 서
부영화를 좋아하신다는 말씀을 자주 하셨는데 그 이유는 모든
서부 영화들의 결말은 항상 해피엔딩이라 그렇다는 말씀이었고,

그것이 우리 기독교의 복음과 연결점이 있다는 말씀이었습니다. 그렇습니다. 비록 우리 인간은 연약하고 인생은 곤고한 존재이지만 예수 그리스도의 은혜와 하나님 아버지의 사랑과 성령의 감화 감동하심 안에 해피엔딩을 보장받은 삶이기에, 아무리 어려운 삶의 자리에 있더라도 승리의 노래를 부를 수 있는 것이라 생각합니다.

Soli Deo Gloria
오직 주님께만 영광

모테트 BWV226 'Der Geist hilft unsrer Schwachheit auf'
이와 같이 성령도 우리의 연약함을 도우시나니(J. S. 바흐)
서울모테트합창단

Veni Sancte Spiritus/오소서 성령이여(J. E. 쉬히트)
라이프치히 성 토마스 합창단

Veni Sancte Spiritus/오소서 성령이여(W. 버드)
케임브리지싱어즈, 지휘/존 루터

Veni Sancte Spiritus/오소서 성령이여(W. A. 모차르트)
유럽 실내 합창단&오케스트라

Herr, mein Hirt, Brunn aller Freuden,
du bist mein, ich bin dein
niemand kann uns scheiden.

Ich bin dein , weil du dein Leben
und dein Blut mir zu gut in den Tod gegeben.

Du bist mein, weil ich dich
fasse und dich nicht, o mein Licht,
aus dem Herzen lasse!

Laß mich hingelangen, da du mich
und ich dich lieblich werd umfangen.

주님은 내 목자, 모든 기쁨의 샘이시여
주님은 나의 것이요, 나는 주님의 것입니다
그 누구도 우리를 갈라 놓을 수 없습니다

나는 주님의 것입니다
당신의 삶과 당신의 보혈을 나를 위해
죽기까지 내어 주셨으니

주님은 나의 것입니다
오 나의 빛이시여 나 주님을 붙들고
결단코 주님을 떠나지 않겠나이다

내가 주님과, 주님과 내가 영원히 하나되는
그곳으로 저를 이끌어 주시옵소서

모테트 BWV 228
Bach / Fürchte dich nicht, ich bin bei dir

두려워 말라,
내가 너와 함께함이니라

  이 모테트의 내용인 이사야 41장 10절과 43장 1절 말씀은 여호수아 1장 1-9절 말씀과 함께 곤고한 인생을 살아가는 그리스도인들이 가장 좋아하고 의지하는 말씀 중 하나라고 생각합니다. 사랑의 하나님께서 죄로 죽을 수밖에 없는 우리 인간을 구원하시겠다는 약속의 말씀도 모두 좋아하는 말씀이지만, 구원의 약속을 믿으며 살아가는 성도라 할지라도 연약한 인생들이 험한 세상을 살아가며 이보다 더 의지가 되고, 내가 전능자의 손에 붙들려 있다고 하는 확신을 주는 말씀이 없는 것 같습니다.

  그리고 이 작품의 가사를 묵상하다 보면 비슷한 내용의 가사를 사용하고 있는 또 다른 교회음악 걸작들이 생각나곤 합니다. 그 첫 번째는, 바흐의 칸타타 BWV 106 〈하나님의 때가 최상의 시간이로다〉(Gotteszeit ist die allerbeste Zeit)에 나오는 〈예로부터 전해오는 규례대로〉(Es ist der alte Bund)에 가련한 인간의 마음을 노래하는 눈물겹도록 아름다운 소프라노 독창 〈오, 주 예수여

어서 오소서〉입니다.

두 번째는, 바흐의 칸타타 BWV 140 〈깨어라, 기쁜 음성 들려오도다〉(Wachet auf, ruft uns die Stimme)에 나오는 연약한 인간의 마음을 노래하는 신부 역할의 소프라노와 우리의 구원자 이시요 신랑 되시는 예수 그리스도 역할인 베이스의 이중창, '나의 구주여 언제 오시나요?'(Wann kommst du mein Heil)입니다.

세 번째는, 바흐의 영향을 크게 받았던 멘델스존의 교회음악 걸작인 〈시편 42편〉(Wie der Hirsch schreit)와 〈시편 43편〉(Richte mich Gott)의 같은 테마를 썼던 〈내 영혼아 네가 어찌하여 낙망하며〉(Was betrübst du dich meine Seele)의 장중한 합창입니다.

이와 같은 많은 걸작을 가능케 한 이 말씀은 역시나 연약한 인간의 마음을 가장 잘 표현하고 가련한 인생을 붙들어 주시는 주님의 마음을 잘 표현하는 말씀이기에 예술적 감흥을 불러일으키지 않았나 하는 생각이 듭니다.

이 작품은 여섯 개의 모테트 중 가장 밝은 색채의 조성인 가장조(A major)이고 주의 백성들을 향한 하나님의 변치 않는 언약의 말씀과 이 귀한 약속의 말씀을 의지하고 살아가는 성도들의 확신에 찬 믿음의 고백을 노래하고 있습니다. 그리고 언약의 말씀인 첫 가사 "두려워 말라 내가 너와 함께 함이니라"(Fürchte dich nicht, ich bin bei dir)의 호모포닉한 힘찬 첫 번 주제 테마를 곡의 주요 포인트마다 배치하여 연약한 인생을 붙들어 주시겠다고 하는 주님의 약속을 상기시키고 있습니다.

이 곡은 전체적으로 두 개의 큰 단락으로 나뉘어 있는데 첫 단락은 이사야 41장 10절로, 두 번째 단락은 이사야 43장 1절과 파울 게르하르트의 찬송 시 '내가 왜 그렇게 괴로워했는가?' 코랄의 11절, 12절을 중복해서 노래하게 합니다.

Fürchte dich nicht, ich bin bei dir

weiche nicht, denn ich bin dein Gott;

너는 두려워 말라 내가 너와 함께함이니라

놀라지 말라 나는 네 하나님이 됨이라

ich stärke dich, ich helfe dir auch,

ich erhalte dich durch die rechte Hand

meiner Gerechtigkeit. (Isaiah 41:10)

내가 너를 굳세게 하고 내가 너를 도우리라

참으로 나의 의로운 오른손으로

너를 붙들리라 (사 41:10)

    곡의 맨 첫 부분은 두 합창 그룹의 모든 베이스파트가 견고하고 무게감 있는 첫 음절을 시작하고 이어서 위의 세 파트들이 당김음으로 첫 음을 노래하는데 이것이 마치 두려움에 사로잡힌 인간의 마음(손)을 강하게 붙들어 주시는 주님의 강한 손길처럼 느끼게 해줍니다. 그리고 이내 나오는 'nicht'(~말라)라는 단어는 극단적인 반 진행 도약의 끊는 듯한 표현을 통해 단호하고도 강하게, 주의 백성들을 향한 하나님 언약의 확실성을 나타내고 있습니다.

    '놀라지 말라, 나는 네 하나님이 됨이라'(weiche nicht, denn ich bin dein Gott)는 온갖 세상 풍파에 놀라고 낙심한 사람들에게 가사의 내용과 같이 따뜻한 어조로 위로하듯 말하고, 순차진행 위주의 부드러운 음률로 안정감 있게 타이르듯 이야기하고 있습니다.

    '내가 너를 굳세게 하고'(ich stärke dich)는 힘차게 선창하는 파트들의 우렁찬 외침과 하늘 끝에 다다를 듯한 호모포닉한 합창의 신비로운 화음이 마음 깊이 울림을 주고, '내가 너를 도와주리라'(ich helfe dir auch)는 활기차고 경쾌한 리듬으로 표현을 하

였고, '내가 너를 붙들리라'(ich erhalte dich)는 그 언약의 견고함
과 영원성을 표현하기 위해 긴 음과 긴 프레이즈로 표현하고 있
습니다.

Fürchte dich nicht,

denn ich habe dich erlöset ;

너는 두려워 말라,

내가 너를 구속하였고,

ich habe dich bei deinem Namen gerufen,

du bist mein. (Isaiah 43 : 1)

내가 너를 지명하여 불렀나니,

너는 내 것이라 (사 43 : 1)

Choral

코랄

Herr, mein Hirt, Brunn aller Freuden,

du bist mein, ich bin dein

niemand kann uns scheiden.

주님은 내 목자, 모든 기쁨의 샘이시여

주님은 나의 것이요, 나는 주님의 것입니다

그 누구도 우리를 갈라 놓을 수 없습니다

Ich bin dein, weil du dein Leben

und dein Blut mir zu gut in den Tod

gegeben.

나는 주님의 것입니다

주님의 몸과 주님의 피를 나를 위해
죽기까지 내어 주셨으니

Du bist mein, weil ich dich
fasse und dich nicht, o mein Licht,
aus dem Herzen lasse!
주님은 나의 것입니다.
오 나의 빛이시여 나 주님을 붙들고
결단코 주님을 떠나지 않겠나이다

Laß mich hingelangen, da du mich
und ich dich lieblich werd umfangen.
내가 주님과, 주님과 내가 영원히 하나되는
그곳으로 저를 이끌어 주시옵소서 (Paul Gerhardt)

Fürchte dich nicht, du bist mein.
두려워하지 말라, 너는 내 것이다

두 번째 단락의 시작도 첫 부분에 나왔던 힘차고 밝은 분위
기의 테마를 두 합창 그룹이 교창하며 시작하고 이어 나오는 이
사야 43장 1절 말씀을 두 합창 그룹이 하나로 합쳐서 노래하게
합니다.

'내가 너를 구속하였고'(denn ich habe dich erlöset)는 위에서
내려오는 하행의 불협화음 반음계 선율을 써서 죄와 사망에 얽
매어있던 인간의 모습과 죄 사하시는 은총을, 그리고 그 구원의
은총이 하늘로부터 내려왔음을 나타냈고, 특히 핵심 단어인 구
속하심(erlöset)은 힘 있는 긴 멜리스마 선율로 주의 백성들을 구
원하시기 위해 일하시는 신실하신 하나님의 마음을 표현하고 있

습니다.

'내가 너를 지명하여 불렀나니'(ich habe dich bei deinem Namen gerufen)는 사망에서 생명으로 이끌어내신 하나님의 은총을 노래하는데 경쾌한 리듬과 상행하는 선율로 표현을 했고, 중심 단어인 '불러내셨다'(gerufen)고 하는 단어는 하나님의 강권적인 구원의 역사를 역동적인 긴 멜리스마를 통해 힘차게 표현하고 있습니다.

이 두 개의 대조적인 선율을 알토, 테너, 베이스 파트가 푸가토(푸가풍의 악구) 형식으로 파트 간 교차 반복해서 노래하고 소프라노 파트는 구원의 주님을 온 맘 다해 즐거이 노래하며 결단코 주님을 떠나지 않겠다는 확신에 찬 신앙고백을 코랄 선율에 담아 노래합니다. 이 부분은 세 그룹의 독립적 텍스트와 독립적 선율이 유기적으로 반복되는 푸가의 형식을 통해 더없이 화려하고도 완벽한 입체적 구성의 노래를 들려주고 있는데, 바흐가 작곡한 수많은 작품들 가운데 자주 나타나는 이러한 앙상블을 대하다 보면 이것이야말로 진정한 교향적 합창이라는 생각이 들고 그런 의미에서 바흐는 셀 수 없이 많은 교향적인 걸작들을 남겼다고 말할 수 있겠습니다.

그리고 맨 마지막에 하나님의 변치 않는 언약의 말씀을 노래하는 첫 번째 테마를 다시금 복합창으로 나누어 힘차게 번갈아 외치듯 노래하고, '너는 내 것이라'(du bist mein)로 힘차게 외치며 끝을 맺습니다. 참 은혜로운 말씀이고, 너무도 감동적인 음악입니다.

Soli Deo Gloria
오직 주님께만 영광

모테트 BWV228 ‘Fürchte dich nicht, ich bin bei dir’
두려워 말라, 내가 너와 함께 함이라(J. S. 바흐)
서울모테트합창단

 칸타타 BWV21 "내 마음에 근심이 많도다"(J. S. 바흐)
지휘/필립 헤레베헤

 시편 42편(F. 멘델스존)
지휘/필립 헤레베헤

 시편 43편(F. 멘델스존)
빈츠바허 소년 합창단, 지휘/카를 프리드리히 베링거

Singet dem Herrn ein neues Lied!
Die Gemeine der Heiligen sollen ihn loben,
Israel freue sich des, der ihn gemacht hat.

Die Kinder Zion sei'n fröhlich über ihrem Könige,
sie sollen loben seinen Namen im Reihen,
mit Pauken und mit Harfen sollen sie ihm spielen.

Lobet den Herrn in seinen Taten,
lobet ihn in seiner großen Herrlichkeit.

Alles was Odem hat, lobe den Herrn,
Halleluja!

새 노래로 여호와께 노래하며
성도의 회중에서 찬양하고
이스라엘은 자기를 지으신 자로 인하여 즐거워하도다

시온의 자민은 저희의 왕으로 인하여 즐거워하고
춤추며 그의 이름을 찬양하며
소고와 수금으로 그를 찬양할지어다

그의 능하신 행동을 인하여 찬양하며
그의 지극히 광대하심을 좇아 찬양할지어다

호흡이 있는 자마다 여호와를 찬양할지어다
할렐루야!

모테트 BWV 225

Bach / Singet dem Herrn ein neues Lied

새 노래로
여호와께 노래하라

오래전 제가 음악을 시작했던 1970년대는 접할 수 있는 음악회의 빈도가 지금과 비교할 수 없을 정도로 적었고 저작권의 개념도 없었습니다. 공부에 필요한 책이나 악보, 음반 등 적절한 자료는 더욱 찾기 힘든 시절이었습니다.

그런 상황에서 저는 중고등학교 시절부터 음반 자료를 찾아 세운상가, 광화문, 명동의 음반 매장들을 다니게 되었고 대학에 들어갈 무렵부터는 명동에 있던 원판 가게들을 자주 가게 되었는데 번듯하게 잘 차려진 다른 매장과는 달리 오디오 가게 구석에 몇 개의 서랍 속에 200-300장 정도의 LP를 두고 판매하던 중년의 '우 박사'라는 분을 알게 되었습니다. 다른 음반 매장에서 그분이 손님으로 음반 고르는 모습을 자주 보았는데 다른 손님이나 심지어 가게 주인도 "우 박사님, 우 박사님" 하며 음악과 음반에 대한 질문을 하고 해박한 지식으로 친절하게 대답해 주시는 모습을 보며 '아, 저분은 아마도 대학교수이시고 음악에도 상당한 식견이 있는 분이구나' 생각했었고 이후 저도 여러 가지 궁금한 것을 여쭙게 되었습니다. 그렇게 자연스럽게 그분과 가까워져 그야말로 비밀 공간 같았던 그분의 매장에 자주 드나들게 되었고 그분에 대해서도 제대로 알게 되었습니다. 그분은 실제로 어느 분야의 학위를 가진 박사님이 아니었고 음악에 대해 모르는 것이 없는, 오디오와 음반의 메카였던 명동의 명예 음악 박사님이었던 것입니다.

그분은 제 전공과 기호에 맞는 좋은 작품과 훌륭한 연주자를 많이 소개해 주었고 80년대 초, 당시로선 구하기 힘들었던 기악곡, 성악곡, 교회음악은 물론 그때까지 적성 국가(공산권)의 출판물이라 해서 소지만 해도 불법이었던 소련 군대 합창단(Soviet Army Chorus)과 알렉산더 스베쉬니코프(Alexander Sveshinikoff)가 지휘하는 러시아 국립아카데미합창단의 라흐마니노프(Sergei Rachmaninoff) 저녁기도(Vesper op.37), 그리고 그때까지 국내에선 생소했던 영국의 킹스싱어즈(Kings Singers) 음반들까지 모두 그분을 통해 접하게 된 음악과 연주자였습니다.

아마도 신앙인이셨을 그분은 교회음악을 좋아하셔서 오라토리오와 수난곡 미사와 모테트 등의 명곡 명연들을 많이 소개해 주셨고 특히 바흐의 모테트 전곡도 그분을 통해 알게 되었습니다. 헬무트 칼회퍼(Helmut Kahlhöfer), 쿠르트 토마스(Kurt Thomas), 빌헬름 에만(Wilhelm Ehmann), 프리츠 베르너(Fritz Werner) 등 독일 합창음악과 교회음악의 부흥기를 이끌었던 대가들과 칼 리히터(Karl Richter)와 니콜라우스 아르농쿠르(Nicolaus Harnoncourt)의 연주를 통해 바흐 음악의 숭고함과 모테트의 아름다움과 깊이를 느낄 수 있었습니다. 그리고 이것이 저에게 바흐의 삶과 음악 그리고 그의 모테트에 더 깊은 관심을 갖게 하는 계기가 되었으니 우 박사님은 제 음악 인생에 귀한 은인이 되시는 분입니다.

우 박사님이 소개해 주신 모테트 음반들의 첫 곡은 언제나 BWV 225번이었는데 우렁차게 울려 나오던 "노래하라"(Singet) 하는 외침은 미지의 세계에서 들려오는 구원의 소식과도 같았고 지금도 이 곡을 듣거나 연습, 연주할 때마다 그 시절 모테트를 들으며 밤을 지새우던 순수했던 젊은 날의 감회에 빠지곤 합니다. 이 모테트는 소나타 형식과 같이 3악장으로 쓰여진 가장 완전한 구성의 걸작 모테트로서 지난번 BWV 228번의 후반부 설명에서 언급했던 것처럼 화려한 교향적 대위법 기술과 최고의 수사적 표현력을 뽐내는 찬양의 교향시입니다.

1악장은 시편 149편 1-3절의 말씀을 쓰고 있는데 노래하고 춤추며 손뼉 치며 외치는 모습으로 성도들이 하나님 앞에 표현할 수 있는 모든 가용 수단을 동원하여 구원의 기쁨을 복합창의 웅장함과 화려함을 통해 표현하고 있습니다.

1악장의 첫 단락은 3박자 곡으로 마치 원무곡을 연상케 하는데 한 합창 그룹이 "노래하라"(Singet)하며 첫 박자를 강조해 반복적으로 크게 외치면 다른 합창 그룹이 파트별로 순차적으로 춤을 추듯 들어와 즐겁게 어울리며 노래합니다. 그리고 그다음 구절은 두 합창 그룹이 교대로 노래를 하는데 마지막에 있는 "찬양하다"(loben)를 강조하기 위해 모든 파트가 약 박자에서 시작하여 긴 선율을 이어가고, 그 다음 나오는 'Israel'로 시작되는 소절은 호모포닉한 스타일로 두 합창 그룹이 힘차게 교대로 노래하며 끝을 맺습니다.

Singet dem Herrn ein neues Lied!

Die Gemeine der Heiligen sollen ihn loben.

Israel freue sich des, der ihn gemacht hat.

새 노래로 여호와께 노래하며

성도의 회중에서 찬양하고

이스라엘은 자기를 지으신 자로 인하여 즐거워하도다

두 번째 단락(Die Kinder~)은 다른 음악에서 유례를 찾기 힘든 장장 20마디에 걸친 길고 완벽한 선율을 파트들 간에 교대로 노래하게 하고 나머지 파트들은 곡의 맨 처음 나왔던 "노래하라"(Singet)의 테마를 서로 교대하며 외치며 춤추듯 노래하는데 합창으로 표현할 수 있는 최고의 교향적 앙상블이 아닌가 생각됩니다.

Die Kinder Zion sei'n fröhlich über ihrem Könige,
sie sollen loben seinen Namen im Reihen,
mit Pauken und mit Harfen sollen sie ihm spielen.
시온의 자민은 저희의 왕으로 인하여 즐거워하고
춤추며 그의 이름을 찬양하며
소고와 수금으로 그를 찬양할지어다 (시 149:1-3)

2악장은 시편 103편 13-16절에 기록된 연약하고 유한한 인생 그리고 그 인생을 긍휼히 여기시는 하나님을 찬송하는 내용을 담은 차분하고 온화한 분위기의 코랄과 그 말씀에 대한 바른 응답으로서 전적으로 하나님을 의지하고 그의 은혜를 구하는 내용의 간절함을 표현한 4성부 앙상블의 변주로 구성된 아리아로 쓰여져 있습니다.

Wie sich ein Vat'r erbarmet
아버지가 자애롭게
    Gott, nimm dich ferner unser an,
    주님께로 더 가까이 이끌어주소서

üb'r seine junge Kinderlein,

어린 자녀들을 대하듯이

Gott, nimm dich ferner unser an,

주님께로 더 가까이 이끌어주소서

so tut der Herr uns allen

주님은 우리에게 자비로우시니

Gott, nimm dich ferner unser an,

주님께로 더 가까이 이끌어주소서

so wir ihn kindlich fürchten rein.

어린아이 같은 마음으로 주를 경외하여라

Gott, nimm dich ferner unser an,

주님께로 더 가까이 이끌어주소서

Er kennt das arm Gemächte,

가련한 피조물들을 살피시는 주님은

Gott, nimm dich ferner unser an,

주님께로 더 가까이 이끌어주소서

Gott weiß, wir sind nur Staub,

우리가 먼지일 뿐임을 아시니

denn ohne dich ist nichts getan

mit allen unsern Sachen.

주님이 안 계시면 아무 소용 없습니다

우리 가진 것 아무리 많다 하여도

gleich wie das Gras vom Rechen,

우리는 그저 바람에 날리는 한 잎 풀과 같고

Gott, nimm dich ferner unser an,

주님께로 더 가까이 이끌어주소서

ein Blum und fallend Laub!

지는 꽃이며 떨어지는 낙엽과도 같도다

denn ohne dich ist nichts getan

mit allen unsern Sachen.

주님이 안 계시면 아무 소용 없습니다

우리 가진 것 아무리 많다 하여도

Der Wind nur drüber wehet,

바람이 불어 날리면

Gott, nimm dich ferner unser an,

so ist es nicht mehr da.

주님께로 더 가까이 이끌어주소서

다 사라지네

Drum sei du unser Schirm und Licht,

하오니 주여, 우리의 피난처와 빛 되어주소서

und trägt uns unsre Hoffnung nicht,

so wirst du's ferner machen.

소망은 우리를 실망시키지 않으리니

주께서 이루어주실 줄 압니다

Also der Mensch vergehet,

sein End das ist ihm nah.

이렇게 사람도 사라지나니

인생의 끝이 가까이에 있도다

Wohl dem, der sich nur steif und fest

auf dich und deine Huld verläßt.

복 있도다, 신실하고 담대하게

주님의 은혜를 바라는 자

3악장은 시편 150편의 2절과 6절을 텍스트로 쓰고 있으며 화려하고 힘찬 분위기의 피날레를 보여주고 있습니다. 전반부는 기쁨과 즐거움을 절제력 있는 어조로 표현하고 후반부는 주체할 수 없는 기쁨과 감격을 더없이 화려한 음률과 리듬으로 표현합니다.

전반부는 1악장과 같이 명랑하고 힘찬 찬양이지만 4박자의 리듬을 써서 다소 차분하고 안정된 기쁨을 표현하는데 가사의 뒷부분에 나오는 "능하신 행동"(seinen Taten)과 "지극히 광대하심"(grossen Herrlichkeit)을 강조하기 위해 모든 소절들의 시작을 약박 혹은 박과 박 사이에 두고 있습니다.

Lobet den Herrn in seinen Taten,

lobet ihn in seiner großen Herrlichkeit.

그의 능하신 행동을 인하여 찬양하며

그의 지극히 광대하심을 좇아 찬양할지어다

후반부는 다시 1악장의 밝은 조성과 화려한 리듬의 3박자로 쓰여 있는데 특별히 "호흡이 있는 자마다"를 강조하는 첫 단어 "Alles"의 첫 음절과 "찬양하라"는 "Odem"의 첫 음절 그리고 여호와를 찬양하라의 "할렐루야" 끝 음절을 멜리스마(스케일)로 표현하여 춤추며 노래하고 손뼉치며 외치는 찬양의 기쁨을 한껏 나타내고 있습니다.

Alles was Odem hat, lobe den Herrn,

Halleluja!

호흡이 있는 자마다 여호와를 찬양할지어다

할렐루야! (시 150:2, 6)

이 세상 어디에 이보다 더 기쁜 노래가, 이보다 더 감격 어린 찬송이 또 있을까요?

Soli Deo Gloria

오직 주님께만 영광

모테트 BWV225 'Singet dem Herrn ein neues Lied'
새 노래로 여호와께 노래하라(J. S. 바흐)
서울모테트합창단

칸타타 BWV190 'Singet dem Herrn ein neues Lied'
(J. S. 바흐)
성 토마스 합창단

Ave verum Corpus(W. 버드)
킹스 싱어스

Verspers op.37/저녁기도(S. 라흐마니노프)
러시아 정교회 실내 합창단, 지휘/발레리 폴리얀스키

Jesu, meine Freude,
meines Herzens Weide,
Jesu, meine Zier,

ach, wie lang, ach lange
ist dem Herzen bange
und verlangt nach dir!

Gottes Lamm, mein Bräutigam,
außer dir soll mir auf Erden
nichts sonst Liebers werden.

예수는 나의 기쁨
내 마음의 위로
예수는 나의 보물

아, 얼마나 오랫동안
근심하는 중에
주님을 고대하였던가

하나님의 어린양 나의 신랑이여
주님 외에는 이 땅에서
사랑스러운 것이 하나도 없나이다

모테트 BWV 227

Bach / Jesu, meine Freude

예수는
나의 기쁨

'삶과 죽음에 대한 바흐의 음악 설교' 시리즈 마지막 곡 〈예수는 나의 기쁨〉에 이르렀습니다. 음악설교 시리즈 영상을 유튜브에 어떤 순서로 소개하는 것이 좋을까 고민을 했습니다. 작품 번호 순서나 작품 연대기 등의 방법으로 올리거나 하는 것보다 '삶과 죽음에 대한 바흐의 음악 설교'답게 각 곡마다 말씀하시는 하나님의 구원의 메시지 흐름 차원에서 말씀의 내용이 이어질 수 있도록 그에 맞게 순서를 정하게 되었습니다.

첫 번째로 올린 BWV 230은, 모든 나라 모든 백성에게 찬양 받기에 합당하신 구원자이신 여호와 하나님을 높이 선포하고 주님의 인자하심과 자비하심이 영원함을 노래하고,

두 번째로 올린 BWV 229는, 도무지 어찌할 수 없는 가련하고 연약한 인간의 곤고하고 애처로운 삶을 노래하고, 오직 주님만이 인생에 참된 구원의 길 되심을 노래하고,

세 번째로 올린 BWV 226은, 죄의 사슬에서 절대 벗어나지

못하고, 그 무엇으로도 스스로 구원에 이를 수 없는 인간을 위해 쉼 없이 일하시는 보혜사 성령님을 노래하고,

네 번째로 올린 BWV 228은, 구원받은 성도라도 세상 사는 동안 불안과 두려움에서 자유롭지 못한 연약한 인생을 끝까지 붙들어 주시고 힘 주시겠다는 신실하신 주님을 노래하고,

다섯 번째로 올린 BWV 225는, 인간을 구원하시는 여호와 하나님의 놀라운 사랑과 위대한 능력을 호흡이 있는 모든 자들이 매일 매일의 삶의 고백을 담은 새 노래로 노래하고,

이제 마지막, 여섯 번째로 올릴 BWV 227 〈예수는 나의 기쁨〉은 삶에 대하여 죽음에 대하여 그리고 구원에 대하여 완벽하게 설명한 사도 바울의 설교 로마서 8장(구원장) 말씀을 바흐가 음악을 통해 완벽하게 주석하여 그 신비하고 놀라운 하나님의 구원 역사에 걸맞는 너무도 아름답고 완벽한 음악으로 구현해 냈기에 바흐 음악의 최고의 권위자였던 알베르트 슈바이처 (Albert Schweitzer 1875-1965) 박사는 이 곡을 설명하며 '삶과 죽음에 대한 바흐의 음악 설교'라는 표현을 하였던 것입니다.

이 곡은 바흐의 모테트 전곡 중 가장 긴 11곡으로 구성되어 있고 전체적으로 구조 면에서 특별한 의미를 함축하여 작곡을 하였고, 요한 프랑크(Johann Frank)의 코랄 '예수는 나의 기쁨'에서 여섯 절을 성경 로마서 8장에서 가져온 다섯 구절을 교대로 배치하여 사용하고 있습니다. 즉, 6번곡을 정점으로 1번-5번 (209마디)과 7-11번(208마디)이 완벽하게 좌우 대칭을 이루고 있고, 전반부는 그리스도께서 이루신 구원에 대한 전제와 완성을, 정점에 있는 6번 곡은 구원받은 백성들이 마땅히 갖추어야 할 영성을, 후반부는 그리스도인들의 궁극의 목적인 죽음을 넘어서는 영생을 이야기하고 있습니다.

코랄의 텍스트를 채용한 1, 3, 5, 7, 9, 11번의 여섯 곡 중에서 1번과 11번 3번과 9번 5번과 7번이 대칭을 이루고 있고, 로마서

8장을 채용한 2번과 10번이 대칭으로 똑같은 테마를 썼고 4번과 8번이 대칭으로 같은 3성부 앙상블을 채용하였는데 이 모든 것이 곡의 구성과 텍스트 나아가 음향적으로까지 완벽한 대칭을 이루게 함으로써 하나님 구원의 완전성을 드러내고자 하는 바흐의 치밀한 의도와 완벽한 표현력을 보여주고 있습니다.

이와 같이 바흐는 작곡을 할 때마다 작품 속에 여러 가지 상징적 의미들을 화음이나 리듬 혹은 곡의 구조나 구성 속에 비밀스럽게 포함시켜 쓰곤 했는데 이 곡도 그러한 작품 중 가장 대표적인 작품이라 할 수 있습니다.

1. 코랄

Jesu, meine Freude
예수는 나의 기쁨

이 코랄은 마단조의 익숙한 선율로서 교회에서 쓰는 찬송가에도 들어가 있는, 일반인에게도 조금은 익숙한 음률의 곡입니다.

Jesu, meine Freude,
meines Herzens Weide,
Jesu, meine Zier!
예수는 나의 기쁨
내 마음의 위로
예수는 나의 보물

ach, wie lang, ach, lange
ist dem Herzen bange
und verlangt nach dir!

아 얼마나 오랫동안

근심하는 중에

주님을 고대하였는가

Gottes Lamm, mein Bräutigam,

außer dir soll mir auf Erden

nichts sonst Liebers werden.

하나님의 어린양, 나의 신랑이시여

주님밖에는 이 땅에서

사랑스러운 것이 하나도 없나이다

2. 합창

Es ist nun nichts

결코 정죄할 수 없나니

이 합창은 십자가를 상징하는 반진행의 모티브를 매우 강력히 외치며 시작하는데 이어 나오는 긴 쉼표들이 드라마틱한 분위기를 더욱 고조시키고 결코 정죄할 수 "없나니"(nichts)의 다이나믹을 극단적으로 대비시켜 세 번씩 반복하게 함으로써 "nichts"를 강조하고 그 구원의 은총이 성삼위 하나님을 통해 왔음을 강조하고 있습니다. 이어지는 푸가에서 "방황한다"(wandeln)는 단어는 감화음을 품은 긴 스케일로 단어의 뜻을 강조하고 그 혼돈의 푸가 선율들은 여러 차례 반복이 되는데 언제나 강력한 첫 번째 주제에 의해 정리가 됩니다.

Es ist nun nichts Verdammliches an denen,

die in Christo Jesu sind,

die nicht nach dem Fleische wandeln,

sondern nach dem Geist.

(Romans 8:1)

그러므로 이제

그리스도 예수 안에 있는 자에게는

결코 정죄함이 없나니

(롬 8:1)

3. 코랄

Unter deinen Schirmen

주님께서 지켜주시면

이 코랄은 세상의 모든 풍파 가운데서도 지켜 보호해 주시는 주님의 은혜를 노래하는데 여성 파트는 환란 중에도 평안함을 표현하고 남성 파트는 인생의 온갖 환란과 사탄의 계략을 드러내는 듯한 선율을 노래합니다.

Unter deinen Schirmen

bin ich vor den Stürmen

aller Feinde frei.

주님이 지켜주시면

온갖 원수들이 폭풍우처럼 몰려온대도

나는 안전합니다

Laß den Satan wittern,

laß den Feind erbittern,

mir steht Jesus bei.

사탄이 으르렁대고

적들이 들이닥친대도

내 곁에는 예수님이 계십니다

Ob es itzt gleich kracht und blitzt,
ob gleich Sünd und Hölle schrecken,
Jesus will mich decken.
천둥번개가 울부짖고
죄악과 지옥의 구덩이가 위협한대도
예수님이 나를 지켜주실 것입니다

4. 합창
Denn das Gesetz des Geistes
그리스도 예수 안의 생명의 성령의 법이

이 합창은 여성 3부 앙상블로서 아주 정연하고 지나침이 없는 안정된 어조로 우리를 살리신 그리스도 예수 안에 있는 생명의 성령의 법을 노래하고 있습니다.

Denn das Gesetz des Geistes,
der da lebendig machet in Christo Jesu,
hat mich frei gemacht von dem Gesetz
der Sünde und des Todes.
(Romans 8:2)

이는 그리스도 예수 안에 있는
생명의 성령의 법이
죄와 사망의 법에서 너를 해방하였음이라
(롬 8:2)

5. 코랄

Trotz dem alten Drachen

옛 뱀 곧 마귀라 해도

이 코랄은 외형만 보면 이 곡이 어떻게 코랄인가 생각할 정도로 다이나믹합니다. 환란과 두려움 죽음의 복수로 우리를 흔드는 사탄의 계략 앞에 의연히 맞서고 주님 주시는 평안을 노래하는데, 단어의 하나하나 음절 하나하나의 의미들을 음악으로 완전히 그림 그리듯 표현한 매우 드라마틱한 곡입니다.

Trotz dem alten Drachen,

Trotz des Todes Rachen,

Trotz der Furcht darzu!

옛 뱀 곧 마귀라도

사망의 복수라도

위협이 더해져도

Tobe, Welt, und springe,

ich steh hier und singe

in gar sichrer Ruh!

세상아, 부서지도록 미쳐 날뛰어라

그래도 나는 여기 서서 노래할 것이다

이토록 온전한 평안함 안에서

Gottes Macht hält mich in acht:

Erd und Abgrund muß verstummen,

ob sie noch so brummen.

주의 권능이 나를 붙드시리니

땅과 골짜기야 그 입을 다물어라
아무리 분해도 소용없으니

6. 합창
Ihr aber seid nicht fleischlich
너희가 육신에 있지 아니하고

이 합창곡은 그리스도인의 내면을 정의하는 내용으로 되어
있는데 전반부는 밝고 명랑한 분위기로 하나님의 영을 강조하는
스케일을 품은 긴 선율을 푸가로 노래하고 "누구든지 그리스도
의 영이 없으면 그리스도의 사람이 아니라" 하는 후반부는 온 힘
을 다해 세상을 향해 그리스도인의 정체성을 선포하듯 코랄 스
타일로 노래합니다.

Ihr aber seid nicht fleischlich, sondern geistlich,
so anders Gottes Geist in euch wohnet.
만일 너희 속에 하나님의 영이 거하시면
너희가 육신에 있지 아니하고 영에 있나니

Wer aber Christi Geist nicht hat,
der ist nicht sein.
(Romans 8:9)

누구든지 그리스도의 영이 없으면
그리스도의 사람이 아니라
(롬 8:9)

7. 코랄

Weg mit allen Schätzen
모든 보화들을 다 치워버려라

이 코랄은 구원받은 확신과 감격을 노래하는데, 이 세상의
그 무엇도 주님을 향한 나의 마음을 흔들지 못한다는 내용을 소
프라노는 견고한 코랄 선율로 다른 파트들은 감격에 찬 리드미
컬한 노래로 표현합니다.

Weg mit allen Schätzen,

du bist mein Ergötzen,

Jesu, meine Lust!

모든 보화들을 다 치워버려라

주님만으로 나는 흡족하다

예수, 나의 기쁨이시여

Weg, ihr eitlen Ehren,

ich mag euch nicht hören,

bleibt mir unbewußt!

헛된 영예들도 다 필요 없다

너희들 유혹을 듣지 않겠다

나를 그냥 내버려 두어라

Elend, Not, Kreuz, Schmach und Tod

soll mich, ob ich viel muß leiden,

nicht von Jesu scheiden.

번민, 위험, 시련, 모욕과 죽음이

아무리 나를 괴롭혀도

예수님으로부터 갈라놓지 못하리라

8. 합창

So aber Christus in euch ist

그리스도께서 너희 안에 계시면

이 합창곡은 대칭에 위치한 4번 곡과 마찬가지로 매우 차분하고 안정된 어조로 우리의 육신은 죄로 인해 언젠가는 죽게 될 것이지만 영은 그리스도와 함께 살게 될 것임을 따뜻하게 표현하고 있습니다.

So aber Christus in euch ist,

so ist der Leib zwar tot um der Sünde willen;

der Geist aber ist das Leben

um der Gerechtigkeit willen.

(Romans 8:10)

그리스도께서 너희 안에 계시면

몸은 죄로 인하여 죽은 것이나

영은 의를 인하여 산 것이니라

(롬 8:10)

9. 코랄

Gute Nacht, o Wesen

이제 안녕, 모든 것들이여

이 코랄은 소프라노 1, 2가 병행으로 아름답게 노래하고, 테너는 텍스트를 낭독하듯 읊조리며 반복해서 강조하고, 알토 파트는 이를 따라가며 결론을 맺듯 코랄을 노래합니다. 주님의 구원과 영생의 은총 앞에 아무 의미가 없는 세상 것들에 작별을 고하는 매우 고상하고 신비한 분위기를 간직한 곡입니다. 이보다 더 아름답고 더 신비로운 곡이 세상에 또 있을까 할 정도로 특별히 아름다운 곡입니다.

Gute Nacht, o Wesen,

das die Welt erlesen,

mir gefällst du nicht.

안녕, 모든 것들이여

세상 사람들은 원하지만

내 맘엔 들지 않네

Gute Nacht, ihr Sünden,

bleibet weit dahinten,

kommt nicht mehr ans Licht!

이제 안녕, 모든 죄악이여

저리 물러가라

빛으로 다가오지도 마라

Gute Nacht, du Stolz und Pracht!

Dir sei ganz, du Lasterleben,

Gute Nacht gegeben!

이제 안녕, 교만함과 화려함

죄에 짓눌린 삶, 너희에게

마지막 인사를 하노라

10. 합창

So nun der Geist des

예수를 죽은 자 가운데서 살리신 이의 영이

이 합창은 구원의 하나님께서 그리스도를 죽음 가운데서 살리셨듯이 우리의 육신도 역시 살리시겠다는 약속의 말씀으로 8번 곡에서 얘기한 영의 부활뿐 아니라 육체의 부활까지 분명히 하는 약속의 말씀을 노래합니다. 2번 곡과 같은 곡을 쓰고 있는데 영생의 내용을 담았기 때문에 중간에 장조 화음을 많이 사용하고 있는 것이 다른 점이라 볼 수 있습니다.

So nun der Geist des,

der Jesum von den Toten auferwecket hat,

in euch wohnet, so wird auch derselbige,

der Christum von den Toten auferwecket hat,

eure sterblichen Leiber lebendig machen,

um des willen, daß sein Geist in euch wohnet.

(Romans 8:11)

예수를 죽은 자 가운데서 살리신 이의 영이

너희 안에 거하시면

그리스도 예수를 죽은 자 가운데서 살리신 이가

너희 안에 거하시는 그의 영으로 말미암아

너희 죽을 몸도 살리시리라

(롬 8:11)

11. 코랄

Weicht ihr Trauergeister

물러가거라 슬픔의 영이여

이 코랄은 슬픔을 기쁨으로 바꾸시고 내 고통에 함께하시는 주님은 영원한 나의 기쁨 되신다는 것을 1번 코랄과 같은 곡조로 차분하지만 확신에 찬 어조로 노래하며 끝을 맺습니다.

Weicht, ihr Trauergeister,

denn mein Freudenmeister,

Jesus, tritt herein.

물러가라, 슬픔의 영이여

내 기쁨의 주인이신 예수여

어서 들어오시옵소서

Denen, die Gott lieben,

muß auch ihr Betrüben lauter Zucker sein.

하나님을 사랑하는 이들아

너희 탄식은 환호성이 되리라

Duld ich schon hier Spott und Hohn,

dennoch bleibst du auch im Leide,

Jesu, meine Freude.

내가 멸시와 비웃음을 받는 이곳에

주님께서 그 고통과 함께 계신다

예수여, 나의 기쁨이시여

저는 이 작품을 오랜 세월 수많은 대가들의 연주로 만났고 젊은 시절부터 때로는 노래로, 때로는 지휘로 접해 왔습니다. 그때마다 로마서 5장에서 7장의 죄와 율법, 언약과 칭의에 대한 혼돈과 번뇌의 밤을 지나 영광스럽고도 찬란한 구원의 아침을 선포하는 언약의 8장, 사도 바울 신학의 요체이고 동시에 마르틴 루터의 신학과 신앙의 결정체였던 귀한 말씀을 음악을 통해 더 깊이 묵상하고 깨닫는 은혜를 누리게 됩니다.

그리고 이 가볍지 않은 말씀과 그에 따른 신학적 논제의 성구를 적절히 선택하였고, 그 말씀 하나하나를 너무도 아름답고 신비로운 음악적 언어로 풀어내고 완벽하게 주석해 설명하는 바흐의 위대함에 머리를 숙입니다. 또한 인간의 삶에 놀랍고 신비로운 귀한 음악을 선물로 주신 하나님, 그 음악의 본질을 가장 깊이 깨달아 많은 작품을 통해 하나님의 놀라운 섭리를 가장 높이 드러낸 위대한 바흐를 세상에 보내 주신 하나님께 깊은 감사를 드립니다.

Soli Deo Gloria
오직 주님께만 영광

모테트 BWV227 'Jesu, meine Freude'/예수는 나의 기쁨 (J. S. 바흐)
서울모테트합창단

칸타타 'Jesu, meine Freude'(F. 멘델스존)
슈투트가르트 실내 합창단, 지휘/프리더 베르니우스

칸타타 'Jesu, meine Freude'(D. 북스테후데)
테네트 보칼 아티스츠

Ich habe genug BWV82(J. S. 바흐)
베이스/클라우스 메르텐스

---

5 위대한 묵상, 위대한 찬양

모차르트 〈거룩하신 주님의 몸〉 | 가장 짧은 명작, 가장 짧은 대작

헨델 〈할렐루야〉 | 영원한 입술의 열매, 할렐루야!

Ave, verum corpus
natum de Maria Virgine.

Vere passum immolatum
in Cruce pro homine;

cujus latus perforatum
unda fluxit et sanguine;

esto nobis praegustatum
in mortis examine.

거룩하신 주님의 몸
동정녀 마리아 통해 나셨도다

죄악 세상 구하시려
십자가를 지셨도다

옆구리로 흘리신 피,
창 자리로 흘린 보혈

최후의 심판날까지
나를 인도하소서

모차르트, 거룩하신 주님의 몸

Mozart / Ave verum corpus

가장 짧은 명작,
가장 짧은 대작

20세기 최고 신학자 중 한 분인 카를 바르트(Karl Barth 1886-1968)의 모차르트 사랑은 아주 특별했던 것으로 유명합니다. 자신이 천국에 간다면 성 어거스틴이나 토마스 아퀴나스, 루터나 칼뱅, 슐라이어마허보다 먼저 모차르트를 만나 안부를 묻고 싶다고 할 정도였습니다.

그는 그리스도인들이 주님의 은혜 아래 누리는 참 자유를 모차르트의 음악을 통해 느꼈다고 했으며 모차르트야말로 하나님이 창조하신 인간 본연의 참 자유인의 모습을 보여준 모델이라고 생각했습니다. 그리고 그는 "모차르트는 가장 영적이고 심오한 음악가"라고 말했고 모차르트 탄생 200주년에 즈음하여 쓴 '모차르트에게 보내는 감사 편지'라는 글에서 "나는 천사들이 하나님의 존전에서 시중들 때에 바흐만을 연주하는지는 잘 모르겠습니다. 그러나 내가 확신하는 바는 천사들이 자기들끼리 있을 때는 모차르트를 연주한다는 것이고, 사랑의 하나님께서도 그 음악을 기꺼이 들으신다는 것입니다"라고 말했습니다.

그런 모차르트의 최고 걸작이자 유작과도 같은 작품인 〈Ave verum corpus〉KV 618(거룩하신 주님의 몸)을 소개합니다. 이 곡은 모차르트가 죽기 6개월 전인 1791년 6월, 임신한 아내 콘스탄체가 비엔나 근처 바데(Bade)라는 지역의 온천에서 요양하고 있을 때 그녀를 돌봐주던 안톤 슈톨이라는 성가대 지휘자를 위해 작곡한 그의 말년 최후의 대표작 중 하나로 46마디의 짧은 합창곡 모테트입니다. 14세기에 재위했던 교황 인노켄티우스 6세가 지은 성시에 음악적으로 화려한 장식이나 기술적 과장 없이 아주 단순하게, 그러나 단어 하나하나의 의미를 음정과 화성 선율로 그림 그리듯 너무도 완벽하고 아름답게 표현해낸(word painting, text painting) 걸작입니다.

> Ave verum corpus, natum de Maria virgine,
> 거룩하신 주님의 몸, 동정녀 마리아 통해 나셨도다

이 소절은 거룩하신 주님의 몸을 표현할 때 멜로디 음의 반진행을 통해 구원의 상징인 십자가를 형상화하고 있습니다. 또한 화음과 선율의 진행을 통해 예수 탄생의 신비를 표현하고 있습니다.

> vere passum, immolatum in cruce pro homine
> 죄악 세상 구하시려 십자가를 지셨도다

이 소절은 '세상을 구원하시다'는 표현에서 소프라노와 베이스의 상행 진행을 통해 인간을 견인(구원)하시는 모습을 나타내고, 소절의 끝에 반 진행에 의한 십자가 형상으로 구원의 은총을 나타내고 있습니다.

그리고 '십자가'에 대한 가사의 표현에서는 골고다 언덕의 십자가와 십자가 통해 흘러 내리는 주님의 보혈과 하늘로부터 임하는 하나님의 사랑을 보여주고, 저음으로부터 올라가는 베이스 선율을 통해 십자가를 지고 골고다 언덕을 오르시는(via dolorosa) 주님의 고난을 표현하고 있습니다.

cujus latus perforatum unda fluxit et sanguine
옆구리로 흘리신 피 창자리로 흘린 보혈

이 소절은 비화성음을 통해 참 신이자 참 인간이셨던 예수님께서 당한 육체적 고통을 표현하고 있으며 역시 십자가 형상의 진행을 통해 구원의 은혜를 나타내고 있습니다.

esto nobis praegustatum in mortis examine
최후의 심판 날까지 나를 인도하소서

이 소절은 육신을 입은 인간이 이 세상으로부터 영생의 자리까지 인도함을 받듯 상행하는 긴 소절을 통해 표현하고 있는데, 여성 파트와 남성 파트를 교대로 진행시켜 상행하는 선율의 긴장감을 최고조로 끌어올리고 있습니다. 그리고 택하신 백성들을 구원하시려 그 은혜의 끈을 결코 놓지 않으시는 하나님의 신실하심을 나타내는 너무도 은혜로운 구절입니다.

이 곡은 마치 신학의 최고 권위자나 최고의 설교가가 하나님이 인간을 구원하시는 복음의 핵심 내용을 어린아이나 지식이 부족한 사람들까지도 쉽게 이해할 수 있는 보편적이고 쉬운 언어로 가르치고 설교하듯 작곡을 했습니다. 46마디의 짧디 짧은 곡이지만 그 어떤 서사적이고 복잡한 대작이라도 쉽게 다 표현할 수 없는 복음의 핵심 내용을 너무도 단순한 표현으로 완벽하게 표현해낸, 그야말로 단순미의 극치를 보여주고 있습니다.

　이 곡이야말로 고귀한 인류의 음악 유산이 아닐 수 없으며 모차르트의 천재성뿐 아니라 천재성에 가려져 소홀히 다뤄지기 쉬운 인간적인 면모와 통찰력, 인격과 신앙의 깊이까지 드러내는 걸작이라고 생각합니다.

Soli Deo Gloria
오직 주님께만 영광

 Ave verum corpus/거룩하신 주님의 몸 KV618(W. A. 모차르트)
서울모테트합창단

 Laudate Dominum/저녁기도 중 KV339(W. A. 모차르트)
소프라노 라헬 하르니쉬, 지휘/클라우디오 아바도

 바이올린 소나타 KV379(W. A. 모차르트)
바이올린/안네 소피 무터

 Et incarnatus/'성령으로' 미사 C단조 중(W. A. 모차르트)
소프라노/레굴라 뮐레만

Hallelujah!
For the Lord God Omnipotent reigneth

The kingdom of this world is become
the kingdom of our Lord,
and of His Christ;
and He shall reign forever and ever.

King of Kings, and Lord of Lords.
Hallelujah!

할렐루야!
전능의 주가 다스리신다

이 세상 나라는 영원히 주가 다스리시리
그리스도의 나라 되리
또 주가 길이 다스리시리

왕의 왕, 만군의 주
할렐루야!

헨델 | 할렐루야
Händel / Hallelujah

영원한 입술의 열매,
할렐루야!

할렐루야!(Hallelujah)
'여호와를 찬양하라'라는 뜻으로
하나님을 찬송하며 감사와 기쁨을 나타내는 말.

죄로 인해 죽을 수밖에 없는 인간을 구원하시려는 하나님의 사랑과 구원의 은혜를 나타내는 단어와 표현은 성경은 물론 우리 일상에도 넘쳐날 정도로 많습니다. 하나님께서 우리를 구원하시는 구원의 과정을 정리한 구원의 서정(소명, 중생, 회심, 신앙, 칭의, 양자 삼으심, 성화, 성도의 견인, 영화)만 해도 은혜의 단어들로 가득합니다. 구원의 은혜를 입은 인간이 하나님을 향한 감사의 마음을 표현하는 입술의 고백과 삶의 고백으로서 하나님을 찬양하고 영화롭게 해야 하는 의무가 있는데 그 입술의 고백은 찬송으로, 행위의 고백은 그리스도를 본받는 삶으로 나타나게 될 것입니다.

은혜의 열매 입술의 열매인 찬송을 통해 하나님을 영화롭게 하는 일에 있어서 사용하게 되는 가장 귀하고 소중한 말은 '할렐루야'와 '아멘'일 것입니다. 이 단어들이 얼마나 중요한지 어떤 교회음악 신학자는 '할렐루야'와 '아멘'은 우리가 천국에 가서도 계속 사용할 단어가 될 것이라고 말하기도 하였습니다. 성도들이 예배와 집회에서는 물론 그냥 일상생활에서도 자주 사용하는 단어이기 때문에 중요한 것이 아니라 단어의 문자적 의미를 넘어 신학적 의미까지 살펴볼 때 이 단어들이 얼마나 소중한 의미가 있고 우리의 신앙을 대변하며 성삼위 하나님을 영화롭게 하는 말인지 알 수 있습니다.

그러나 은혜의 열매 입술의 열매로서 아무리 '할렐루야'와 '아멘'을 되뇌이고 외쳐댄다고 해도 삶으로서의 열매를 맺지 못하는 인생에게는 그 외침이 한낱 울리는 꽹과리와 같은 일이 되고야 말 것이니 찬양의 대상이자 동시에 본체이신 하나님의 이름을 망령되게 하는 일이 될 것입니다.

언젠가부터 한국 교회는 교회의 양적 부흥과 성장주의, 또 물질주의와 세속화의 흐름 속에 삶으로 주님을 증거하는 힘이 너무도 약해진 것 같습니다. 교회와 목회자 성도들이 '할렐루야'와 '아멘'을 진정 주님을 찬양하는 삶의 증거로서가 아닌 마치 자기 자신을 과시하고 공동체의 내부 결속을 다지기 위한 구호처럼, 때론 영적인 면에서의 자기 최면을 위한 도구 정도로 전락하게 만들어 버렸다는 생각이 들기도 합니다.

오래전 〈수사반장〉이라는 드라마가 있었습니다. 그 드라마에서 자주 다루는 소재 중 하나가 기독교 계통의 사이비 종교 관련 사건이었습니다. 그중 한 장면이 수십 년이 지난 지금도 생생히 기억이 나는데 교주와 신도들이 '할렐루야'를 약간 다르게 마치 희화해서 사용하는 것이었습니다. 그 장면을 보던 어린 제 마음에 뭔가 불편하고 아린 마음이 들었던 것이 오래도록 기억에 남습니다.

위의 예를 포함해 1990년대 이후 우리나라의 드라마, 영화, 코미디, 오락물 등 모든 대중적 컨텐츠와 일반 대중들의 생활 속에서도 '할렐루야'와 '아멘'이 얼마나 희화되고 그 본뜻을 왜곡하여 우리 주님과 주님의 몸된 교회를 욕되게 하는 상황이 되었는지 모릅니다. 이는 우리 그리스도인들이 외치는 구호와 우리의 삶의 양식이 얼마나 괴리되어 있는지를 보여주는 바로미터 같아서 착잡한 마음이 듭니다.

정녕 우리는 주님만 의지하여 결코 주님의 이름을 더 이상 더럽히고 망령되게 하는 일이 없어야 하겠고, 진정 '할렐루야'와 '아멘'의 힘과 능력을 우리의 삶 속에 회복해야 하겠습니다. 이 세상 끝날까지 함께해 주시겠다고 약속하신 주님께서 지금도 살아 계셔서 우리와 함께하고 계십니다. 그 주님을 항상 찬양하고 그 구원의 은혜를 영원히 기뻐해야 하는 우리에게 '할렐루야'와 '아멘'은 우리의 호흡이요, 우리의 생명인 것입니다. 이 말씀이 살아야 우리의 호흡도 우리의 생명도 살아날 것입니다.

주님의 부활을 기념하는 아침, 허공만 맴도는 공허한 '할렐루야'를 외치기 전에, 지난 세월 귀한 말씀을 더럽히고 왜곡되게 하는 일에서 결코 자유로울 수 없는 나의 죄와 허물을 눈물로 회개하여 다시금 진정한 '할렐루야'와 '아멘'을 노래하고 그 내용을 삶으로 증거하는 은혜를 간절히 구합니다.

Soli Deo Gloria
오직 주님께만 영광

할렐루야(G. F. 헨델)
서울모테트합창단

오라토리오 '메시아' HWV 56(G. F. 헨델)
서울모테트합창단

할렐루야(G. F. 헨델)
요아힘 셰퍼 트럼펫 앙상블

알렐루야(춤추라, 기뻐하라 KV165 중, W. A. 모차르트)
소프라노/레굴라 뮐레만

6 오직 주님께만 영광(바흐 칸타타)

Friede sei mit euch!

Wohl uns! Jesus hilft uns kämpfen
und die Wut der Feinde dämpfen,
Hölle, Satan, weich!

Friede sei mit euch!

Jesus holet uns zum Frieden
und erquicket in uns Müden
Geist und Leib zugleich.

Friede sei mit euch!

O Herr, hilf und lass gelingen,
durch den Tod hindurchzudringen
in dein Ehrenreich!

Friede sei mit euch!

너희에게 평강이 있을지어다!

복되어라! 예수께서 우리의 싸움을 도우시고
내 원수의 광포함을 가라앉히시나니
지옥과 사탄은 물러가라!

너희에게 평강이 있을지어다!

예수께서 우리에게 평강을 주시고
우리의 지친 몸과 마음에
생기를 불어 넣으시도다

너희에게 평강이 있을지어다!

오 주여, 우리가 죽음을 통하여
당신의 영원한 나라에 들어가도록
도와주시옵소서

너희에게 평강이 있을지어다!

바흐, 칸타타 BWV 67
Bach / Halt im Gedächtnis Jesum Christ

예수 그리스도를
기억하라

주님의 고난을 기념하는 절기인 사순절이 부활절 전 40일의 기간을 의미하는 것은 그리스도인이라고 하면 모두 아는 내용이고 누구든 이 기간을 경건히 지내려 하는 것이 보통입니다. 그러나 그 인내의 시간을 보내고 맞이하는 영광과 감격의 부활 절기는 그보다 더 긴 부활 후 50일간 이어진다고 하는 것은 잘 알려지지도 않고 그렇게 중요한 절기로 잘 지키려 하지도 않는 것이 한국뿐 아니라 전 세계 교회의 분위기인 것 같습니다. 즉, 주님의 고난을 묵상하는 시간이 길었던 만큼 부활의 기쁨을 누리는 시간도 그만큼 길었고 부활에서 성령강림 주일까지 이어지는 50일의 기간으로서 퀸콰게시마(Quinquagesima)라고 불렀는데 교회의 역사에서 사순절이나 대강절을 지키는 전통보다 더 오래된, 그야말로 초대교회 교회력의 효시가 된 대축일의 기간이었고 '성 50일', 혹은 '대 50일'이라고 부르기도 했습니다.

초기 기독교의 부활절이 갖는 의미는 예수 부활의 사건이

주는 기쁨과 승리와 영광의 정서가 당시 교회의 정신을 지배했다는 것이고, 이 부활의 정신은 모든 전도 활동의 원동력이 되고 말씀 설교의 토대가 되었다는 것인데, 이러한 역사적 사실을 현대의 그리스도인들이 충분히 공감하거나 온전히 되찾아 회복한다는 것은 거의 불가능하게 여겨질 정도로 대단한 것이었다고 전해집니다. 그 부활절의 정신과 정서를 대변하는 말이 바로 '할렐루야'였으며 50일간의 대축제 기간에 모든 공예배와 집회에서 부활의 정신을 선포하는 중심적 표현으로서 할렐루야를 사용했고 나아가 초대 교회 이후 그리스도인의 정체성을 드러내는 대표적인 단어로 자리 잡게 되었습니다.

그런데, 이와 같이 귀한 뜻을 담고 있던 부활 절기의 전통이 왜 현대까지 이어지지 않았는지, 또 이에 대한 교회의 전승 과정 속에서 무슨 신학적 교회사적 또는 정서적 문제가 있었던 것인지 참으로 의아하고도 궁금한 일입니다.

자료를 찾아보니 중세시대로부터 무슨 이유에서인지 사순절이 부활절의 자리를 빼앗아가기 시작하고 죄의식과 자기 연민의 애원의 기도가 '할렐루야'의 감격을 대신하는 현상이 나타났는데 교회와 성도들이 하나님의 위대한 대속의 은혜를 기뻐하고 찬양하기보다 자신의 연약함에만 매달리고 그것을 해결하는 것에만 집중하게 되었다고 하는데 이는 중세시대 교회 타락의 역사와 큰 관련이 있다는 생각이 듭니다.

즉, 당시의 대다수 평범한 사람들은 말씀에 대한 지식이 부족했고, 모든 인간이 갖고 있는 죄의식과 구원에 대한 불확실성으로 인해 나타나는 불안에 대하여 하나님의 크신 사랑과 예수 그리스도의 대속의 은혜와 그 모든 구원의 역사를 이루어가시는 성령의 은사를 통해 해결하는 것이 아니고, 오히려 성령께서 하실 일을 교회와 사제들의 권위를 세우는 도구로써 악용했다는 것을 부정할 수가 없을 것입니다.

종교개혁을 거치면서 말씀으로 돌아가고 초대교회의 정신으로 돌아가자고 하는 노력을 계속했음에도 불구하고 현대의 교회에 이르기까지 주님의 고난을 묵상하고 자신의 연약함에 집중하는 시간은 한없이 길고, 우리의 죄를 속량하고 새 생명을 주신 부활의 기쁨과 감격을 누리는 시간은 찰나와 같이 지나쳐 버리는 불균형의 부활절을 지키는 상황이 계속 이어져 온 것입니다.

원래 십자가는 주님의 고난만을 상징하는 것이 아니고 사망 권세를 이기고 승리하신 주님의 영광을 상징하고, 그 주님의 은혜를 힘입어 우리도 부활할 것을 믿는 부활 신앙의 기쁨과 감격을 상징했는데, 안타깝게도 한쪽의 의미, 즉 사람들이 구원의 감격은 상실하고 죄의 문제에만 머물게 하는 반쪽짜리 신앙의 심볼을 만들어 버린 것입니다.

기독교는 부활의 종교요 십자가 또한 그 부활 신앙을 상징하는 것이므로 이제 부활의 정신과 영광의 십자가와 함께 부활의 정신을 함축한 '할렐루야' 정신을 회복하는 것이 너무도 중요한 일 아닌가 생각이 됩니다. 그렇기에 사순절 기간에 드리는 예배의 설교와 찬양이 주님의 고난을 기리는 내용을 집중하여 다루듯, 부활 절기의 예배에도 그 절기에 맞는 설교와 찬양을 하는 것이 교회의 오랜 전통이요 참 기독교의 정신을 이어가는 일이기에, 목회자들과 교회음악 지도자들이 이에 좀 더 관심을 가지기 바라고 신학교에서도 이와 관련한 연구와 교육이 더 이루어지기를 간절히 소망합니다.

교회력에 맞추어 칸타타를 작곡했던 바흐의 작품들을 보면 부활주일은 물론 부활 후 첫째 날(월), 둘째 날(화), 셋째 날(수)을 위한 칸타타는 물론 부활 후 첫째 주(Quasi modo geniti), 둘째 주(Misericordia Domini), 셋째 주(Jubilate), 넷째 주(Cantate), 다섯째 주(Rogate)를 위한 칸타타를 모두 여러 작품씩 남기고 있음을 볼 때 당시 루터교회가 부활절의 교회력 전통을 얼마나 충실히 지키고 있었는지를 알 수 있습니다.

바흐의 칸타타 67번 Halt im Gedächtnis Jesum Christ(예수 그리스도를 기억하라)는 부활 후 첫 번째 주일을 위한 칸타타로서 부활하신 예수 그리스도께서 주님의 부활에 대하여 믿지 못하고 두려워하며 숨어 지내던 제자들이 모여 있던 곳에 직접 찾아가셔서 고난당하신 흔적과 부활하신 영광의 몸을 보이시는 장면을 배경으로 하고 있습니다. "너희에게 평강이 있을지어다 아버지께서 나를 보내신 것 같이 나도 너희를 보내노라 …… 성령을 받으라"(요 20:19-23) 하시며 위로와 권면을 주시는 장면을 중심으로 작곡된 곡입니다.

오늘도 끝 모를 코로나19로 지치고 낙심하고 어쩔 줄 몰라 하는 가련한 죄인인 우리에게 부활하신 주님께서 친히 찾아오셔서, 우리를 구원하시려 당하신 고난의 흔적과 부활하신 영광된 몸을 보이시며 긍휼한 마음과 인자하신 음성으로 말씀하십니다.

너희에게 평강이 있을지어다
아버지께서 나를 보내신 것 같이 나도 너희를 보내노라
성령을 받으라

참 은혜롭고 감사한 말씀입니다.

Soli Deo Gloria
오직 주님께만 영광

칸타타 BWV67 'Halt im Gedächtnis Jesum Christ'
예수 그리스도를 기억하라(J. S. 바흐)
서울모테트합창단

부활절 칸타타 모음(J. S. 바흐)
몬테베르디 합창단, 지휘/존 엘리엇 가디너

부활절 오라토리오 BWV249 'Komm, eilet und laufet'
(J. S. 바흐)
네덜란드 바흐 소사이어티

부활절 칸타타 'Halleluja! Lobet den Herrn'(J. 파헬벨)
라 카펠라 두칼레

Ein feste Burg ist unser Gott,
ein gute Wehr und Waffen,
Er hilft uns frei aus aller Not,
die uns jetzt hat betroffen,
Der alte böse Feind
mit Ernst er's jetzt meint,
groß Macht und viel List
sein' grausam Rüstung ist,
auf Erd' ist nicht seinsgleichen.

Mit unsrer Macht ist nichts getan,
wir sind gar bald verloren;
es streit' für uns er rechte Mann,
den Gott hat selbst erkoren,
fragst du, wer er ist?
Er heißt Jesus Christ,
der Herre Zebaoth,
und ist kein andrer Gott,
das Feld muss er behalten.

Und wenn die Welt voll Teufel wär

und wollten uns verschlingen,

so fürchten wir uns nicht so sehr,

es soll uns doch gelingen,

der Fürst dieser Welt,

wie sau'r er sich stellt,

tut er uns doch nicht,

das macht, er ist gericht':

ein Wörtlein kann ihn fällen.

내 주는 강한 성이요 방패와 병기 되시니
큰 환난에서 우리를 구하여 내시리로다
옛 원수 마귀는 이때도 힘을 써 모략과 권세로
무기를 삼으니 천하에 누가 당하랴

내 힘만 의지할 때는 패할 수밖에 없도다
힘 있는 장수 나와서 날 대신하여 싸우네
이 장수 누군가 주 예수 그리스도 만군의 주로다
당할 자 누구랴 반드시 이기리로다

이 땅에 마귀 들끓어 우리를 삼키려 하나
겁내지 말고 섰거라 진리로 이기리로다
친척과 재물과 명예와 생명을 다 빼앗긴대도
진리는 살아서 그 나라 영원하리라

아멘

바흐, 칸타타 BWV 80

Bach / Ein fest Burg ist unser Gott

내 주는
강한 성이요

 2015년부터 2019년까지 매해 루터와 바흐의 발자취를 순례하는 소중한 경험을 하였습니다. 찾았던 그 순례의 장소마다 어려 있는 역사적 사건과 소소한 구체적인 일화들을 접하며 많은 감동을 받았습니다. 순례지 한 곳 한 곳마다 특별한 의미가 있었고 들었던 역사적 사건들의 상황을 머릿속에 그리며 내가 그 시대에 살았다면 어떤 입장을 취했겠으며 또 그 상황을 어떻게 견뎠을까 하는 상상을 하며 개혁자들의 강인한 의지와 그에 따른 고단한 삶 또한 볼 수 있는 기회가 되었습니다.
 경북 영주(풍기)에 소수서원이라는 유서 깊은 명소가 있습니다. 퇴계 선생이 세웠다 하고 우리나라에서 제일 오래된 사립대학으로 알려져 있고 국내 다른 모든 서원들이 그렇듯 소박하고 단아한 경치를 품은 명소로서 많은 관광객들이 찾는 꽤 유명한 곳입니다. 그 소수서원과 서원에서 공부하던 선비들과 관련해 전해 내려오는 이야기가 있습니다. 조선 세종대왕의 6남이었고 폐위되었던 단종과 가까웠던 금성대군이 귀양살이를 하던 중 단종의 복위를 계획하다가 발각되어 그와 그의 가족들과 추종세력인 선비들이 모두 몰살되었는데 죽임당한 이들의 피가 7킬로미터(약 20리)를 흘러 내려갔다고 합니다. 그래서 이후 피가 흘러간 마지막 지점의 마을 별칭이 피끝리가 되었다고 하니 잔인한 숙청의 비극을 실감케 합니다.

순례했던 도시들 가운데 경북 영주의 피끝리 같은 별칭은 비교도 안 되는 더 비참하고 가슴 아픈 비극의 역사를 간직한 도시가 있었습니다. 매년 거의 같은 도시들을 순례했지만 외형적으로 화려하거나 유적지가 많은 것도 아닌 소박한 뮐하우젠(Mühlhausen)이라는 도시가 바로 그곳인데 가면 갈수록 애잔한 마음이 드는 도시입니다. 종교개혁자 중 한 사람이자 루터와는 다르게 교회 개혁뿐 아니라 국가 사회 개혁을 함께 이뤄야 한다는 생각으로 매우 적극적이고도 과격한 방법을 선택해 농민 전쟁까지 치르며 개혁을 하려 했던 토마스 뮌처의 본거지였던 도시입니다.

즉 로마가톨릭교회에만 항거한 것이 아니고 당시 정치권력에도 항거를 했다는 것인데 전쟁에 패하면서 몰살된 농민들의 수가 10만여 명에 이른다 하고 그들의 피가 수십 킬로를 흘러 내려 갔다고 전해지고 있으니 그 참혹함은 상상 이상일 것입니다. 그리고 실패한 혁명으로 인해 뮐하우젠은 독일 역사 가운데 수백 년 동안 정치 사회적으로 가장 홀대받고 배척의 대상이 돼 왔으며 그 영향이 현대까지도 이어지고 있다고 하는 슬픔의 도시입니다.

뮐하우젠은 중세시대 제조업과 무역이 성행한 유럽에서 가장 크고 발달한 대도시였다고 하는데 농민 전쟁 사건의 영향으로 지금은 옛 명성의 흔적을 찾을 수 없는 조금은 초라한 분위기의 소도시가 돼버렸습니다. 독일의 종교개혁 관련 성지를 찾다 보면 이런 애잔한 감동을 주는 곳이 너무도 많고 옛 명성은 간 곳 없는 그곳의 소박하고 애틋한 분위기가 마치 시간이 멈춰 버린 듯한 느낌을 받게도 합니다.

루터와 같이 성경을 중심으로 교회 개혁을 주장한 개혁자들이나 뮌처와 같이 성령 운동과 함께 사회개혁까지 주장했던 개혁자들이나 그 개혁의 노선과 관계 없이 개혁자로서 겪어야 했던 외로움과 고독, 갈등과 원망, 비난과 조롱 그리고 끊임없는 죽음의 위협 등은 그저 삶의 안락함만을 추구하는 수준에 머물러 있는 저와 같은 보통 사람들의 머리로는 상상할 수 없는 고통이었을 것입니다.

그 슬프고 애잔한 맘을 갖게 하는 쓸쓸한 분위기의 뮐하우젠에서의 여정 가운데 그나마 마음을 달래줬던 일은 약관의 바흐가 봉직했던 성 바실리 교회와 그곳에서 바흐가 직접 설계했다는 가장 독일적이라고 하는 오르간을 볼 수 있다는 것이었습니다. 특히 그 오르간의 전면 나무판에 새겨져 있는 SOLI DEO GLORIA(오직 주님께만 영광)라는 바흐 평생의 지표가 된 말씀이 젊은 시절부터의 바흐의 신앙고백이었음을 얘기하는 것 같아 마음에 늘 깊은 감동과 위로를 받습니다.

바흐의 삶을 자세히 살펴보면 음악적 능력뿐 아니라 신학과 말씀에 대한 통찰력 역시 뛰어났음을 알 수 있습니다. 즉 루터의 종교개혁 정신과 그에 대한 신학과 말씀의 근거까지 모두 꿰고 있는 최고의 음악 신학자요 음악 목회자였습니다.

그렇기에 그의 음악은 하나님에 대한 최고의 표현이요 말씀에 대한 최고의 해석이요 듣는 모든 사람에게 최고의 설교로 다가가게 되는 것입니다. 종교개혁의 기치를 높게 들고 끝까지 견디게 한 마르틴 루터가 작곡한 이 찬송 〈내 주는 강한 성이요〉를 바흐는 음악적으로 어떻게 변주하고 또한 어떻게 주석하고 설교하는지 같이 들어보시면 좋겠습니다.

Soli Deo Gloria
오직 주님께만 영광

칸타타 BWV80 'Ein feste Burg ist unser Gott'
내 주는 강한 성이요(J. S. 바흐)
서울모테트합창단

칸타타 BWV79 'Gott der Herr ist Sonn und Schild(J. S. 바흐)
스위스 트로겐 교회 합창단, 지휘/루돌프 루츠

칸타타 BWV192 'Nun danket alle Gott'(J. S. 바흐)
바흐 재단 합창단&오케스트라, 지휘/루돌프 루츠

Ein feste Burg ist unser Gott(J. 발터)
드레스덴 성십자가 소년 합창단

Wachet auf, ruft uns die Stimme
der Wächter sehr hoch auf der Zinne,
wach auf, du Stadt Jerusalem

Mitternacht heißt diese Stunde,
sie rufen uns mit hellem Munde:
wo seid ihr klugen Jungfrauen?

wohl auf, der Bräutgam kömmt;
steht auf, die Lampen nehmt
Alleluja!

macht euch bereit zu der Hochzeit,
ihr müsset ihm entgegen gehn

깨어라, 기쁜 음성 들려오도다
성탑 위 파수꾼이 외친다
깨어나라 예루살렘아!

지금은 깊은 밤
파수꾼이 크게 소리쳐 부르니
지혜로운 처녀는 어디 있는가?

신랑이 오고 있으니 준비하라
어서 일어나 등불을 밝혀라
할렐루야!

혼례 준비를 하고
그분을 맞으러 가자

바흐, 칸타타 BWV 140
Bach / Wachet auf, ruft uns die Stimme

깨어라,
기쁜 음성 들려온다

바흐의 140번 칸타타는 교회력으로 한 해를 마무리하는 마지막 주일인 삼위일체 후 27번째 주일을 위해 쓰여진 곡입니다. 이 주일은 매년 일정하게 돌아오는 주일이 아니고 마치 윤달이 오듯 부활절이 빨리 오는 해에만 존재하는 주일입니다. 교회력에 의한 전례 예배에 사용하려 할 때 해마다 쓸 수 없는 특별한 칸타타입니다. 이 칸타타는 바흐의 현존하는 200여 곡의 교회 칸타타 중에 가장 유명한 작품 중 하나로서 곡의 길이가 채 30분되지 않는 곡인데 매우 아름답고 감동 어린 곡들로 구성되어 있기에 많은 사람에게 사랑받는 작품입니다.

한 해를 마무리하는 삼위일체 후 27번째 주일을 위한 성경 본문은 마태복음 25장에 나오는 열 처녀의 비유(마 25:1-13)인데 이 비유는 종말적 신앙의 관점을 제시하고 마지막 때를 준비하는 지혜로운 자들의 삶의 자세를 보여줌과 동시에 그리스도의 다시 오심을 대망하는 성도들의 믿음을 보여주고 있습니다.

1. 합창

Wachet auf, ruft uns die Stimme

깨어라, 기쁜 음성 들려 오도다

성탑 위 파수꾼이 외친다

깨어나라 예루살렘아

지금은 깊은 밤

파수꾼이 크게 소리쳐 부르니

지혜로운 처녀는 어디 있는가?

신랑이 오고 있으니 준비하라

어서 일어나 등불을 밝혀라

할렐루야!

혼례 준비를 하고 그분을 맞으러 가자

이 곡은 우리의 왕이시고 참 신랑 되시는 예수 그리스도의 다시 오심을 프랑스 서곡 풍으로 표현하고 있는데 마치 말이나 마차를 타고 오는 것같이 짧은 부점이 반복적으로 나타나는 경쾌한 3박자 리듬이 곡 전체의 기본 틀을 이루고 있으며 제1 바이올린과 제1 오보에가 새 소식을 알리는 듯한 상행하는 선율로 곡을 이끌어가고 있는데 이러한 반복되는 부점 리듬과 선율들은 마치 미술 작품에서 보여주는 원근법을 음악으로도 표현해낼 수 있음을 보여줍니다. 코랄 판타지인 이 곡은 소프라노는 코랄을 노래하고 알토, 테너, 베이스는 리드미컬하고 힘찬 모방 기법에 의한 합창을 이어가는데 각 단락마다 독창적인 동기를 사용하여 매번 새로운 조형물을 만들어 가는 듯한 느낌을 주며 중간의 '할렐루야' 부분은 최고의 리듬과 선율의 표현으로 구원받은 성도들의 하나님을 향한 최상의 기쁨을 나타내고 있습니다.

2. 서창

Er kommt, er kommt

그가 오신다, 신랑이 오신다

그분이 오신다 그분이 오신다

신랑이 오신다

시온의 딸들아 이리 나와라

그분이 높은 곳에서

네 어머니의 집으로 발길을 재촉하시니

수사슴처럼 언덕을 넘어 신랑이 오신다

깨어라, 준비하라, 저기 그분이 오신다

3. 아리아 (이중창)

Wann kömmst du, mein Heil?

나의 주님 언제 오시나이까?

나의 주님 언제 오시렵니까?

등불을 밝혀 두고 당신을 기다립니다

하늘 잔치의 문을 여소서

예수여 오소서!

나 곧 가리라

사랑하는 나의 신부여

내가 베푼 잔칫상에 어서 오라

나 곧 가리라

이 곡은 갈 바를 알지 못해 구원자를 찾아 간절히 간구하는 가련한 인간의 영혼을 노래하는 소프라노와 우리의 구원이시고 참 신랑 되시는 예수 그리스도의 신실하심과 따뜻한 위로를 노래하는 베이스의 너무도 아름다운 이중창입니다. 소프라노와 베이스가 주고받는 애틋한 이중창에 솔로 바이올린의 오블리가토는 곡의 고상함을 한층 높여 주는 역할을 하고 있습니다.

4. 코랄

Zion hört die Wächter singen
시온은 파수꾼의 노래를 듣고

시온의 딸들이 파수꾼의 노래를 듣고
기뻐하며 잠 깨어 주를 맞이하네
주께서 큰 은혜의 빛을 비추시며
하늘에서 내려오신다
이제 오신다 주 예수! 하나님의 아들
호산나! 우리 모두 그 분을 따라
주의 잔치에 참예하세

이 곡은 일반인에게도 꽤 알려진 유명한 곡이고 다른 악기나 기타 연주 형태로도 많이 변주되어 연주되는 곡으로서 바이올린, 비올라 전체가 뚜띠로 테마를 연주하고 테너 솔로(혹은 합창)로 코랄을 노래하는 구성입니다. 현악으로 연주되는 테마 선율은 구원의 비밀에 대해 마치 스스로 질문하고 대답하듯 하기도 하고 이야깃거리를 막힘 없이 풀어가는 스토리텔러의 이야기를 듣는 것 같기도 합니다. 바흐 자신도 이 곡을 좋아해서 후에 이 곡으로 건반을 위한 코랄 전주곡을 만들기도 했고 또 전해지는 해석은 이 곡의 선율이 예식에 참여하는 지혜로운 처녀들이 춤추는 행렬에 대한 묘사로 보기도 합니다.

5. 서창

So geh herein zu mir

오라, 나의 선택된 신부들이여

나와 같이 가자, 선택받은 나의 신부여
영원토록 나의 진실을 너에게 맹세하노니
너를 맞이하는 마음은 내 팔의 봉인 같고
너의 슬픈 눈에 다시 기쁨이 오리니
이제 잊어버려라
온갖 걱정과 고통, 너를 괴롭히던 모든 것들을
너, 나의 팔에 기대어 입맞춤을 나누자

6. 아리아(이중창)
Mein Freund ist mein
나의 친구는 나의 것

나의 그대여,
그대는 나의 것 그리고 나는 너의 것
사랑은 영원하라
나, 그대와 꽃동산 거닐리라
영원한 기쁨을 나누며
그곳에 영원한 우리의 사랑이 있네

이 곡은 오보에가 밝고 명랑한 선율을 연주하고 2번 곡에서
애틋한 이중창을 했던 인간의 영혼을 노래하는 소프라노와 구원
의 주님 마음을 노래하는 베이스가 대화 형식으로 성도와 그리
스도, 혹은 교회와 그리스도가 연합한 기쁨과 행복의 노래를 부
릅니다.

7. 코랄

Gloria sei dir gesungen
영광의 노래를 당신께 드리리니

영광과 승리의 노래를 주님께 불러라
천사들이 하프와 거문고로 화답하는 노래를
진주로 단장한 궁궐 천사로 에워싸인 보좌
영광과 불멸의 천상이여
아무도 본 일이 없고 들어보지 못했던
찬송이 넘치는 곳 하늘나라, 영원한 본향이여
우리는 한없이 기뻐하고,
영원히 달콤한 천상의 기쁨을 노래하리

이 세상의 모든 그늘진 곳에 찬란한 빛을 비추듯 영광스러운 주님의 나심과 다시 오심을 만방에 선포하듯이 벅찬 감격을 노래합니다. 그리고 이후 이어질 강림과 성탄의 기쁨을 대표하는 In dulci jubilo(달콤한 천상의 기쁨 속에서)의 가사를 노래하며 작품의 끝을 맺습니다.

우리의 구원을 위해 성육신하시고 친히 고난을 당하사 우리를 죄로부터 자유케 하시고 이후로 다시 오셔서 우리를 영원한 영광의 본향으로 인도해 주실 우리 주님의 은혜와 하나님의 크신 사랑을 생각합니다.

Soli Deo Gloria
오직 주님께만 영광

칸타타 BWV140 'Wachet auf, ruft uns die Stimme'
깨어라 기쁜 음성 들려온다(J. S. 바흐)
서울모테트합창단

깨어라 기쁜 음성 들려온다(J. S. 바흐)
요요마, 크리스 타일, 에드가 마이어

깨어라 기쁜 음성 들려온다(M. 프레토리우스)
라 카멜라 두칼레, 지휘/롤랜드 윌슨

깨어라 기쁜 음성 들려온다(오라토리오 '사도 바울' 중, F. 멘델스존)
본 주교구 교회 성가대, 지휘/슈테판 모어

Gloria sei dir gesungen
mit Menschen und englischen Zungen,
mit Harfen und mit Zimbeln schon,

Von zwölf Perlen sind die Pforten,
an deiner Stadt; sind wir Konsorten
der Engel hoch um deinen Thron,

Kein Aug hat je gespürt,
kein Ohr hat je gehört
solche Freude.

Des sind wir froh, io, io,
ewig in dulci jubilo.

영광의 노래를 당신께 드리리니
영광과 승리의 노래를 주님께 불러라
천사들이 하프와 거문고로 화답하는 노래를

진주로 단장한 궁궐 천사로 에워싸인 보좌
영광과 불멸의 천상이여

아무도 본 일이 없고 들어보지 못했던
찬송이 넘치는 곳 하늘나라,
영원한 본향이여

우리는 한없이 기뻐하고,
영원히 달콤한 천상의 기쁨을 노래하리

바흐, 칸타타 BWV 140
Bach / Wachet auf, ruft uns die Stimme

창단 31주년을
맞으며

1989년 7월 14일은 유난히 무더운 날이었습니다. 20대의 파릇한 젊은 음악인들이 모여 합창음악의 아름다움과 하나님 찬송함의 가치를 함께 나누고자 의기투합했던 날이었습니다. 그 젊은이들은 그 일이 얼마나 가치 있는 일인지 깊이는 몰랐고 그런 일을 감당한다고 하는 것이 또 얼마나 힘든 일인지도 더더욱 잘 몰랐을 때였습니다. 그렇지만, 그들의 음악을 사랑하는 마음과 그 음악을 허락하신 하나님을 향한 순수한 열정은 그 무엇에도 비교할 수 없을 정도로 가치 있는 것이었습니다.

그 순수한 열정을 지키고자 노력해 온 지난 30여 년의 세월에 말할 수 없는 애환이 있었는데 그 어려움 가운데서도 오롯이 버티며 함께해 준 귀한 단원들의 눈물 어린 헌신과 노력은 세월이 갈수록 마음속에 깊은 감동으로 다가옵니다.

창단 초기에도 바흐의 몇 작품을 연주하고 했었지만 1996년부터 본격적으로 바흐의 삶과 작품에 더 깊은 관심을 갖게 되었고 본격적으로 연주하기 시작했습니다. 벌써 25년 전(사반세기가 흐른) 1996년 겨울 정기연주에 올렸던 바흐 칸타타 140번(Wachet auf, ruft uns die Stimme; 깨어라, 기쁜 음성 들려온다)을 소개합니다. 지휘자로서 생각할 때 비록 아직 부족한 점 많은 연주였다 여겨지지만 초창기 멤버들의 순수한 열정은 물론 모든 단원들의 단단한 실력과 건강한 젊음을 느낄 수 있는 연주입니다. 30여 년 긴 세월 선한 길로 인도해 주신 에벤에셀의 하나님께 감사드리고 지금도 우리와 동행해 주시는 임마누엘의 하나님께 찬송을 드립니다.

Soli Deo Gloria
오직 주님께만 영광

칸타타 BWV140 'Wachet auf, ruft uns die Stimme'
깨어라 기쁜 음성 들려온다(J. S. 바흐)
서울모테트합창단

깨어라 기쁜 음성 들려온다 BWV645(J. S. 바흐)
바클레이 브라스

깨어라 기쁜 음성 들려온다(M. 프레토리우스)

깨어라 기쁜 음성 들려온다 BWV645(J. S. 바흐)
오르간/톤 코프만

Preise dein Glücke, gesegnetes Sachsen,
weil Gott den Thron deines Königs erhält.
Fröhliches Land,

danke dem Himmel und küsse die Hand,
die deine Wohlfahrt noch täglich lässt wachsen
und deine Bürger in Sicherheit stellt.

너의 행운에 환호하라, 축복받은 작센이여
하나님이 네 왕에게 왕관을 씌우셨으니
복된 땅이여

하늘에 감사하며 그의 손에 입 맞추라
그가 네 날들을 더 풍요롭게 하고
백성들을 평화롭게 지켜줄 것이다

2019 라이프치히 바흐 페스티벌 공연 실황

Bach / Cantata BWV 215, 206

내 평생의
감사

세계적인 음악 축제인 105년 전통의 2019 독일 라이프치히 바흐 페스티벌(2019 Bachfest Leipzig)에 초청받아 연주를 했던 것이 벌써 과거가 되었습니다. 저희 서울모테트합창단에서는 2000년대 초부터 독일 라이프치히에 있는 바흐 협회(연구소, Bach Archiev Leipzig)에 페스티벌에 참여할 수 있는 가능성에 대해 계속 타진했습니다. 그러나 바흐 음악의 연구와 연주에 있어서 변방이라고 여겨지는 동양의 합창단에 좀처럼 관심을 보이지 않았습니다. 그렇게 꽤 오랜 기간 여러 가지 방법으로 접촉을 시도하고 애를 써도 연주할 수 있는 가능성과 기회는 주어지지 않을 것 같았고, 저희 합창단의 분위기는 '이제 모든 희망을 포기해야 하나?' 하는 상황으로 흘러가고 있었습니다.

그러던 중 2013년, 바흐 음악의 세계 최고의 권위자 중 한 분인 헬무트 릴링의 내한 연주에 협연의 기회가 주어졌고, 함께 연주한 릴링 선생은 "평생 수많은 합창단들과 바흐를 연주해 왔지만 서울모테트합창단처럼 바흐 음악을 잘 이해하고 그 뉘앙스와 발음까지 잘 표현하는 합창단은 그리 많지 않았다"는 격려의 말씀과 함께, 본인이 감독으로 있는 독일 튀링엔 바흐 페스티벌에 저희를 초청해 주었습니다.

그렇게 성사된 2015년 봄 튀링엔 바흐 페스티벌에서의 뮐하우젠과 슈말칼덴, 두 번의 연주는 꽤 좋은 반응을 얻게 되었고, 우리의 음악 해석과 연주력에 대해서도 어느 정도 평가가 되는 계기가 되었습니다. 그리고 후에 라이프치히 바흐 아르히브(협회)가 우리를 평가할 수 있는 중요한 참고 사항이 되었다고 합니다.

거기에 더해 서울모테트합창단 창단 멤버였고 몇 번의 연주 때 협연차 내한했던 재독 성악가 이건욱 선생이 20여 년 전에 라이프치히에 정착하여 훌륭하게 활동해온 바 한국 음악가들에 대한 신뢰가 생기는 계기가 되고 우리의 연주에 결정적인 산파 역할을 해주었습니다.

저희들이 바흐의 음악에 대하여 비록 일천한 지식과 부족한 연주의 경험을 갖고 있었지만, 저희가 연주한 바흐 칸타타와 모테트에 대해 세계와 독일 전역에서 모인 수많은 바흐 전문가들과 애호가 분들로부터 진정 어린 찬사와 분에 넘치는 칭찬을 듣기도 하였습니다. 이와 같이 감격적인 일은 저와 합창단 모든 구성원들의 지난날의 수고에 대하여 자비하신 주님께서 주시는 위로의 메시지와 같았고, 또한 저희가 지키며 살아왔던 음악에의 신념에 대하여 전적으로 지지해 주신다고 하는 메시지를 듣는 것 같았습니다.

협연을 위해 함께 동행해 주셨던 강혜정, 김정미, 김세일, 정록기 선생님, 그리고 합창단원들과 오케스트라의 모든 멤버까지, 총 80여 명의 인원이 보름여의 여정 동안 너무도 꿈과 같은 경험을 했습니다.

우리 인생에 음악이라는 선물을 주시고 바흐라는 훌륭한

롤 모델을 보내주신 하나님께 감사드리고 저에게 그 귀한 음악을 하게 하시고 바흐를 흠모하는 마음을 주심 또한 감사드립니다. 그리고 이제까지 같은 마음으로 험한 세월을 함께해 준 모든 합창단의 동역자들께 깊이 감사드리고, 끊임없는 후원과 기도로 함께해 주신 모든 후원자님들과 이 모든 것을 친히 이루신 하나님께 다시 한 번 찬송과 영광을 올려 드립니다.

Soli Deo Gloria
오직 주님께만 영광

칸타타 BWV215 'Preise dein Glücke',
BWV206 'Schleicht, spielende Wellen' (J. S. 바흐)
서울모테트합창단(2019 라이프치히 바흐페스티벌 연주실황)

모테트 BWV227 'Jesu, meine Freude' (J. S. 바흐)
서울모테트합창단(2019 라이프치히 바흐페스티벌 연주실황)

모테트 BWV225 'Singet dem Herrn ein neues Lied'
(J. S. 바흐)
서울모테트합창단(2019 라이프치히 바흐페스티벌 연주실황)

칸타타 BWV147 'Jesus bleibet meine Freude' (J. S. 바흐)
서울모테트합창단(2019 라이프치히 바흐페스티벌 비공식 앵콜)

4

클래식 명곡과

나의
노래

1 오, 사랑스러운 음악이여

음악은 나의 영을 달래네
근심을 기쁨의 가락으로
내 슬픈 마음에 다시 희망을
내 가슴에 평안을

내 님의 꿈속에 찾아가
신비의 가락으로 속삭여
전해다오 내 마음의 사랑을
님의 마음을 달래다오

전해다오 나의 음악이여
하늘의 거룩함을 가지고
내 깊은 사랑으로 찬양하여라
사랑의 메아리

음악은 나의 영을 달래네
근심을 기쁨의 가락으로
내 슬픈 마음에 다시 희망을
내 가슴에 사랑의 메아리

내 슬픈 마음에 다시 희망을
가슴의 평안을

하늘의 크신 축복 나리시라

엘가, 사랑의 인사

Elgar / Salut d'amour

하나님의
사랑의 인사

에드워드 엘가(1857-1934)는 시기적으로 근현대에 살았지만 고전적인 작곡 기법을 따른 낭만주의 작곡가로 볼 수 있는데 다른 대작곡가에 비해 음악적 형식이나 구성, 독창성 면에서 아주 특별하다는 평가를 받지는 못하지만 훌륭한 관현악 기법과 고상하고 기품 있는 분위기의 작품들을 써서 영국을 대표하는 최고의 작곡가로 평가받고 있습니다.

음악과 관련된 직업을 갖고 있던 아버지 밑에서 자란 엘가는 어려서부터 피아노와 바이올린 등을 거의 독학으로 익혔으며 음악과 관련된 책이라면 닥치는 대로 읽을 정도로 음악에 대한 열정이 남달랐고 독일의 라이프치히 음악원에 유학하려고 독일어를 열심히 공부하며 준비하기도 하였다고 전해집니다.

어려운 가정 형편으로 인해 라이프치히로의 유학을 포기한 엘가는 한때 변호사 사무실에 고용되어 일하면서도 주체할 수 없이 타오르는 음악과 문학에 대한 열정을 엄청난 독서량으로 해소했다 하고 이후 하던 일을 그만두고 음악을 가르치는 일을 하다가 지방의 한 관현악단 지휘를 맡게 되면서 음악적으로 큰 성장을 하게 되고 그 경험이 이후 훌륭한 작곡가가 될 수 있는 초석이 되었다고 합니다.

엘가는 특별히 바이올린 연주 능력이 탁월했다고 전해지지만 그는 스스로 자신의 바이올린 소리에 만족하지 못해 바이올린 연주자 되기를 포기했다고 하는데 그의 최고 명작으로 꼽히는 〈사랑의 인사〉, 〈첼로 협주곡〉, 〈에니그마 변주곡〉과 〈위풍당당 행진곡〉 등에서 볼 수 있는 그의 수려한 소리를 통해 그가 현악기를 얼마나 완벽하게 다루었는지를 볼 수가 있습니다.

엘가의 나이 29세 때인 1886년, 귀족 가문 출신의 8년 연상 '캐럴라인 앨리스 로버츠'라는 여인을 제자로 맞이하게 되었고 오래되지 않아 둘은 사랑에 빠지게 되는데, 가난한 무명 작곡가를 좋아할 리 없었던 앨리스의 아버지가 그녀의 상속권까지 박탈할 정도로 반대를 했지만 이를 무릅쓰고 그들은 결혼에 이르게 되는데, 그녀의 헌신과 두 사람의 사랑은 평생 특별한 것이었습니다.

"아내로서 천재를 보필하고 그가 성공할 수 있도록 도와주는 일이야말로 한 여인으로서 일생을 바칠 만한 충분히 의미 있고 가치 있는 일이라고 생각한다"라고 말했던 앨리스는 엘가의 충실한 아내이자 매니저였고 그가 작곡한 음악의 최고 애호가이자 비평가가 돼주었으며 남편의 마음을 평생 지지해 주며 오로지 음악에만 집중할 수 있도록 헌신적으로 도와주었기에 엘가와는 떼어놓고 생각할 수 없는 진정한 평생의 반려자였습니다.

엘가 자신도 아내가 자신과 결혼함으로 얼마나 크고 많은 것을 포기해야 했는지 잘 알았고, 좋지 않았던 가문과 어려운 가정 형편, 거기에 품었던 꿈마다 늘 포기하며 살 수밖에 없었고, 결혼 후에도 계속되는 실패로 인해 대인 기피증까지 있었던 자신이 결코 포기하지 않고 결국은 성공의 길을 갈 수 있도록 격려하고 도와줬던 그녀의 사랑과 격려의 위대함을 너무도 잘 알고 있었습니다. 1920년 자신에게 그런 절대적인 존재였던 앨리스가 세상을 떠나자 엘가는 창작에 대한 모든 의욕을 상실하고 낙향하여 십여 년을 음악을 잊어버린 사람처럼 살다가 1934년 세상을 떠났다고 합니다.

1888년 엘가가 31세 때 앨리스와의 약혼에 즈음하여 자신의 마음에 깃든 사랑의 설렘과 감동 그리고 감사한 마음을 담아 작곡해 헌정했던 곡이 바로 〈사랑의 인사〉입니다. 작곡했던 당시에는 독일어에 관심이 많았던 앨리스를 위해 독일어 'Liebesgruss'(사랑의 인사)라는 제목을 붙였다가 정식으로 악보를 출판할 때, 이유는 모르겠으나 불어로 'Salut d'amour'(사랑의 인사)라는 제목을 붙여 출판했다고 전해지고 있습니다.

'사랑의 인사'라는 제목으로 쓰인 이 곡을 깊이 생각하다 보니 사랑의 원천이 되시는 하나님께서 우리를 향하신 그 크신 사랑을 '예수 그리스도를 통한 사랑의 인사'로 보여주셨고 지금도 '성령님을 통한 끊임없는 사랑의 인사'로 보여주고 계심을 생각하니, 이보다 큰 은혜 더 큰 섬김이 세상에 또 어디에 있겠는가 하는 생각이 듭니다.

우리도 '우리 구주 예수님과 성령님을 통한 사랑의 인사'로 함께해 주시는 살아 계신 하나님의 그 절대적 사랑의 은총을 입은 사람들로서, 우리의 평생에 우리와 함께 살게 하신 모든 사람에게 그 귀한 '하나님의 사랑의 인사'를 전함으로, 천사도 흠모할 만한 복된 섬김의 삶을 살아야 할 거룩한 의무를 지니고 있다는 것을 마음속에 깊이 새기며 또한 감사하게 됩니다.

영국 복음주의 신학의 보루요 최고의 설교자였던 마틴 로이드 존스(Martyn Lloyd-Jones) 목사님은 설교를 통해 다음과 같이 말씀하셨습니다. "성령의 감화 감동하시는 은총은 오직 예수 그리스도의 구원의 은혜를 조명하기 위하여 존재하는 것이고, 예수 그리스도의 구원의 은혜는 오직 전능하신 하나님 아버지의 무한하신 사랑을 조명하기 위해 존재합니다." 즉 우리 신앙의 알파와 오메가는 '전능하신 하나님의 무한하신 사랑'이라고 가르치신 것이고, 죽을 수밖에 없는 인간에 대한 그침 없는 '하나님의 사랑의 인사'는 우리 성도들이 평생에 부를 '찬송의 제목이요 찬송의 내용'이라고 가르치십니다.

사랑의 인사/Salut d'amour(E. 엘가)
서울모테트합창단

사랑의 인사(E. 엘가)
바이올린/장영주

수수께기 변주곡 중, '님로드'(E. 엘가)
지휘/레너드 번스타인

세레나데(E. 엘가)
아카데미 세인트 마틴 인 더 필즈 실내 관현악단

Du holde Kunst, in wieviel grauen Stunden,
wo mich des Lebens wilder Kreis umstrickt,
hast du mein Herz zu warmer Lieb entzunden
hast mich in eine bessre Welt entrückt!
in eine bessre Welt entrückt!

Oft hat ein Seufzer, deiner Harf entflossen,
ein süßer heiliger Akkord von dir
den Himmel bessrer Zeiten mir erschlossen,
du holde Kunst, ich danke dir dafür
du holde Kunst, ich danke dir!

너 우아한 예술(음악)이여,
얼마나 이 암울한 때에,
인생의 잔인한 현실이 나를 조여올 때,
너는 나의 마음에 따뜻한 불을 지피었고
나를 최상의 세상으로 인도하였다네!

종종 한숨이, 너의 하프에서 흘러나왔고,
달콤하고도 신성한 너의 화음은
천상의 최고의 시간을 내게 열어주었지,
너 기품 있는 예술(음악)이여
그렇기에 나는 너에게 감사하노라!

슈베르트, 음악에 붙임

Schubert / An die Musik

나는 너에게
감사하노라

음악을 전공하는 사람이 아니라도 학생 시절 누구든지 한 번쯤은 듣거나 노래해 본 경험이 있는 참 소박하고 아름다운 가곡, 〈음악에 붙임〉(An die Musik)을 소개합니다. 600여 곡에 달하는 슈베르트(Franz Peter Schubert)의 가곡 중 가장 유명한 곡이기도 하고, 단순하지만 호소력 넘치는 선율의 곡입니다. 일반적으로 성악을 전공하는 사람들에겐 이 곡이 전공 공부를 시작한 이후 얼마 되지 않는 시기에 부르는 거의 첫 번째 독일가곡이었을 것입니다. 그만큼 널리 알려진 곡이지만 한편으로는 전공자든 비전공자든 비교적 단순한 멜로디의 쉬운 곡으로 여겨 만만히 생각하거나 의미 없이 흘려보내기도 하는 그런 곡입니다.

그러나 이 곡은, 지금같이 암울하고 미래를 예측할 수 없는 불안한 시대에 음악이 가지고 있는 본질적 가치와 참 위로자로서의 기능을 우리 모두에게 다시금 되새기게 해주는 훌륭한 노래라고 생각합니다.

이 곡의 시를 쓴 프란츠 폰 쇼버(Franz von Schober)는 오스트리아의 부유한 귀족 가문 출신의 시인, 극작가, 배우로 10대 후반에 만난 슈베르트의 절친이었고 최고의 후견인이 돼준 인물입니다. 그는 슈베르트의 천재성을 그 누구보다 먼저 알아보았고 정서적으로나 경제적으로 극단적 환경에 처해 있던 친구를 안타깝게 생각한 나머지 친구를 위해 자기의 집을 기꺼이 내주고 슈베르트가 세상을 떠날 때까지 함께 살며 우정을 나누었던 형제 같은 친구였습니다. 그렇기에 그는 슈베르트의 음악을 통해 늘 위로와 감동을 받았을 것이고 슈베르트의 음악적 능력뿐 아니라 인간적 면모에 이르기까지 그의 모든 것을 가장 잘 아는 사람이었을 것입니다.

이 곡은 슈베르트나 다른 작곡가의 수많은 예술가곡들에서 흔히 볼 수 있는 화려한 장식이나 기교를 배제한 매우 단순한 멜로디와 반주로 구성된 곡이지만, 들으면 들을수록 세월이 가면 갈수록 그 안에 담아내고 있는 내면의 아름다움이 한없이 넘쳐나와 단순미의 극치를 느끼게 하는 곡입니다.

저는 이 곡을 노래하거나 들을 때마다 우리나라 도예작품 중에 소박하지만 그 아름다움의 끝을 헤아릴 수 없는 달 항아리 백자를 떠올리곤 합니다. 달 항아리 백자는 너무도 단순하고, 화려한 조형미를 일체 드러내지 않지만, 그 단순함이 오히려 우주를 품은 것 같은 헤아릴 수 없이 큰 스케일을 느끼게 하는데 이 노래가 바로 그런 느낌의 노래라고 생각됩니다.

이렇게 단순한 모양인데,
어찌 그리도 많은 조형미와 공간감을 느끼게 하는지…….

이렇게 단순한 멜로디인데,
어찌 그리도 많은 감흥을 불러일으키게 하는지…….

나는 너에게 감사하노라

이렇게 단순한 색깔인데,
어찌 그리도 많은 색채와 빛의 조화를 느끼게 하는지…….

이렇게 단순한 구성과 하모니인데,
어찌 그리도 많은 상상의 나래를 펼 수 있게 하는지…….

저에겐 늘 그런 느낌을 주는 최고로 아름답고 우아하며 가장 심오한 사색의 길로 인도해 주는 귀한 곡입니다. 이 곡의 가사를 읽고 음악을 듣고 있노라면 음악의 의미와 가치를 다시금 생각하게 함과 동시에 그 음악을 창조하시고 우리 인간으로 하여금 그 귀한 음악을 누리며 살게 해 주신 하나님의 은혜에 한없는 감사를 드리게 됩니다.

지금과 같이 수많은 사람들이 극단적인 어려움을 겪고 있는 상황에서 볼 때 하나님을 알게 하고 인간의 마음을 위로하는 음악(찬송)이 있음에 감사하게 되고, 주님의 백성들을 한없이 위로하고 합력하여 선을 이루실 하나님을 찬양하는 찬송이 없었다면 우리의 삶이 얼마나 더 삭막하고 힘들었을까 하는 생각을 하게 됩니다. 듣는 모든 분께 음악을 통해 부어 주시는 주님의 위로와 평강이 함께 하시길 기원합니다.

An die Musik/음악에 붙임(F. 슈베르트)
서울모테트합창단

 An die Musik (피아노 솔로, F. 슈베르트)
피아노/제럴드 무어(1967년 은퇴 공연 앵콜)

 An die Musik(F. 슈베르트)
베이스/한스 호터

 An die Musik(F. 슈베르트)
소프라노/엘리자베트 슈바르츠코프

Du bist die Ruh, der Friede mild
die Sehnsucht du, und was sie stillt
Ich weihe dir voll Lust und Schmerz
zur Wohnung hier mein Aug' und Herz

Kehr ein bei mir und schlisse du
still hinter dir die Pforten zu!
Treib andern Schmerz aus dieser Brust!
voll sei dies Herz von deiner Lust

Dies Augenzelt von deinem Glanz
allein erhellt, o füll es ganz

그대는 나의 안식이요, 부드러운 평화
그대는 나의 갈망이요, 그리고 갈망의 충족이로다
나는 당신에게 충만한 환희와 고뇌를 바치고
이곳에 머물기 위해 나의 마음과 두 눈을 바치노라

오라 내 곁으로 오라 그리고 당신이 닫아주오
고요히 당신이 들어온 후 뒤의 문을 닫아주오
이 가슴에서 다른 고뇌는 몰아내라!
이 마음을 당신의 환희로 가득 채워라

이 눈의 장막을 당신의 광채로
홀로 밝혀주오, 오 그것을 완전히 채워주오

슈베르트, 그대는 나의 안식
Schubert / Du bist die Ruh

슈베르트
예찬

서양음악 역사에 길이 빛나는 작곡가 중에 너무 불행하고 고통스럽고 어려운 삶을 살았거나 요절한 작곡가들이 많이 있었지만, 그중에 가장 애처롭게 여겨지는 작곡가는 단연 프란츠 페터 슈베르트(Franz Peter Schubert)입니다.

슈베르트는 1797년 태어나 1828년 세상을 떠났으니 31년의 짧은 인생을 살았습니다. 요절한 작곡가로 알려진 모차르트(35년)나 멘델스존(38년)과 비교해도 매우 짧은 인생을 살았던 예술가였던 것이죠. 그렇게도 짧았던 그의 삶을 살펴볼 때 정말 놀라운 것은 작곡을 시작한 10대 후반부터 세상을 떠날 때까지 불과 10여 년 동안 600여 곡의 가곡과 9곡의 교향곡, 수많은 기악 독주곡과 실내악곡, 합창과 교회음악 등 모두 합쳐 1,000여 곡의 방대한 작품을 남겼다는 것입니다.

슈베르트는 어려운 가정환경과 약한 몸(지독한 약시 등), 거기에 못생긴 외모까지, 자신의 존재 가치를 인정하지 못하고 자

신의 재능과 능력 또한 과소평가한 나머지 겸손을 넘어 열등의
식에 사로잡히게 되어 정상적인 대인 관계도 힘들어할 정도였다
고 전해지고 있습니다. 그래서 그런 그의 성격과 재능을 안타까
워하던 각계의 친구들이 그를 집에서 나오게 하고 그의 재능을
세상에 알리기 위해 온갖 기발한 방법들을 동원했던 기록이 남
아 있을 정도입니다.

지금에 와서는 슈베르트 역시 서양음악 역사에 큰 족적을 남
긴 위대한 작곡가로 평가를 받고 있지만 그는 사는 동안 늘 자신
의 부족함을 한탄했다고 합니다. 그리고 그는 생전에 모차르트를
동경했고 베토벤의 음악과 삶에 존경심을 갖고 흠모하며 살았기
에 죽을 때 자기를 베토벤 곁에 묻어달라고 유언을 할 정도였습
니다. "어떻게 하면 모차르트같이 창의적이고 수려한 작품을 쓸
수 있을까, 어떻게 하면 베토벤같이 견고하고도 깊이 있는 작품
을 쓸 수 있을까" 하며 두 대가들에 자신의 재능과 능력이 미치지
못한다고 절망스러운 마음을 자주 표현하곤 했습니다.

그렇지만 제가 오랜 세월 만나왔던 슈베르트의 음악은 모차
르트의 기발한 천재성과 그에 따른 의외성과 즉흥성, 그리고 수
려한 멜로디의 흐름과 명랑함에 수줍음의 옷을 입힌 것과도 같
은, 그야말로 어떤 작곡가의 음악보다 모차르트의 음악과 많이
닮았다고 생각합니다. 그리고 슈베르트의 음악은 베토벤이 갖고
있던 견고한 악곡의 구성과 어떤 도전에도 흔들리지 않을듯한
내면적 힘 위에 겸손이라고 하는 따뜻한 옷을 입힌 것 같다는 생
각이 듭니다. 그야말로 '수줍은 모차르트' '따뜻한 베토벤'이라
는 별명을 붙이고 싶은 생각이 듭니다. 또 이 별명들을 바꿔서 표
현한다면 모차르트는 '명랑한 슈베르트'이고 베토벤은 '강인한
슈베르트'라고 말할 수도 있겠습니다.

'Du bist die Ruh'(그대는 나의 안식)은 슈베르트가 작곡한
600여 곡의 가곡 중에서 가장 아름다운 노래 중 한 곡이고 노래

부르기 또한 가장 어려운 곡 중 하나일 것입니다. 독일의 낭만 시인 뤼케르트(F. Rückert)의 시에 붙인 노래로서, 인간의 고뇌와 종교적(신앙적) 이상향에 대한 갈망을 노래한 매우 철학적인 시에, 고상하고 절제된 음률로 그 이상을 향한 동경의 마음을 아주 적절히 표현했으며 슈베르트의 천재성과 최고의 음악성을 드러낸 매우 아름다운 작품입니다.

슈베르트는 선대 후대의 모든 작곡가들의 모습에서는 볼 수 없는 그만의 독특한 그 무엇인가가 있는 작곡가인데 모차르트와 같이 직관적인 상상력에 의한 악상과 멜로디 창작 능력에 있어서는 정말 탁월하고 특별한 작곡가라는 생각이 듭니다.

하나님께서 그의 삶에 주셨던 극단의 어려움과 고통을 천재적 음악성과 뛰어난 감수성으로 승화시켜 모든 인류를 위로해 주는 귀한 음악의 유산을 남긴 슈베르트는 진정 위대한 예술가입니다. 슈베르트와 그의 작품들을 선물로 주셔서 우리를 한없는 위로와 평강의 길로 인도해 주신 하나님께 감사하지 않을 수 없습니다.

Du bist die Ruh/그대는 나의 안식(F. 슈베르트)
서울모테트합창단

 Du bist die Ruh/그대는 나의 안식(F. 슈베르트)
테너/페터 슈라이어

 피아노 5중주 '송어' 4악장(F. 슈베르트)
티토 앙상블

 아르페지오네 소나타(F. 슈베르트)
첼로/로스트로포비치, 피아노/벤자민 브리튼

너희 모든 나라들아 여호와를 찬양하며
너희 모든 백성들아 그를 찬송할지어다

우리에게 향하신 여호와의 인자하심이 크시고
여호와의 진실하심이 영원함이로다

할렐루야

모차르트, 피아노 협주곡 20번
Mozart / Piano Concerto No. 20

마음을 설레게 하는
단조 음악

제가 특별히 단조 음악을 좋아한다고 했습니다만 그중에서도 어린 시절 제 마음 깊은 곳에 잠재되어 있던 감수성을 일깨워주고, 이후의 삶에도 큰 영향을 준 인생 작품은 모차르트의 교향곡 40번(g minor)과 피아노 협주곡 20번(d minor)이었습니다. 이 곡들은 지금도 언제 어디서 어떤 상황에 듣게 되든지 제 마음을 설레게 하는, 마치 사춘기 첫사랑 같은 곡입니다.

저는 어려서부터 음악적인 환경에서 자라났고 예고에 들어가 당시로서는 비교적 일찍 음악을 시작했지만 예고에 입학한 첫해 제게는 여러 가지로 참 고민이 많았습니다. 아버님의 강한 반대를 무릅쓰고 시작한 음악이고 맘속엔 열정이 가득했지만 나보다 더 일찍 더 체계적으로 음악을 공부해 온 탁월한 친구들과의 비교와 내 자신의 음악가로서의 미래에 대한 걱정, 그리고 교회 관련 문제로 인한 가정적 어려움 등 어린 나이에 꽤 무거운 고민을 안고 있었기에 표정이 항상 심각한 나머지 선배들이 '인상

파'라는 별명을 붙여주기까지 하였습니다. 당시엔 아직 어렸기에 삶의 모든 질문에 대해 명쾌한 답이 있을 리 없었고 꼬리에 꼬리를 무는 질문만이 생각의 틀을 쥐고 흔드는 상황이었습니다.

그러던 어느 날, 고등학교 1학년 가을의 끝자락 어느 날의 일입니다. 한 달에 가볼 만한 음악회가 손에 꼽을 만큼 적었던 시기라 변변치 않은 주머니 사정에도 가능한 열심히 음악회를 찾아다녔습니다. 평소에는 친구들과 어울려 다니곤 했었는데 그날은 왜 그랬는지 저 혼자 음악회를 갔습니다. 아마도 제가 초등학교 시절부터 미국의 클리블랜드 심포니(죠지셀)의 연주로 듣기 시작해 내 마음의 애정 음악 일 순위가 되어 있던 모차르트 교향곡 40번을 연주했기 때문일 것입니다. 학교에서 수업을 마치고 급하게 버스를 갈아타고 장충동 국립극장에서 열린 국립교향악단(홍연택 지휘) 연주회에 갔습니다. 저녁 식사도 못 하고 시간에 맞추느라 뛰어서 겨우 도착해 1층 객석으로 들어갔지만 자리를 찾아 앉을 여유가 없어서 혼자 1층 후면의 나무 벽에 기대어 연주를 듣게 되었습니다.

모차르트 교향곡 40번(g minor)의 1악장 제시부 첫 주제를 연주하는 제1 바이올린 파트의 선율(미레레 미레레 미레레시, 시라솔 솔파미 미레도도)이 온갖 번민에 싸여 고민하던 제 마음속 질문과 그에 대한 대답을 선율과 화음으로 반복해서 계속 이야기하는 것 같았습니다. 이에 감수성 예민했던 어린 저의 눈에서는 음악적 감동과 함께 번민과 갈등의 감정이 뒤섞인 진한 눈물이 흘러내렸는데 그날의 그 감동은 두고두고 제 음악 인생에 있어 특별히 기억되는 순간이 되었습니다.

그리고 이후, 그날을 다시금 생각하게 되면서 저 자신이 얼마나 음악을 사랑하는 사람인지를 스스로 깊이 깨닫게 되었고, 이제까지 음악을 해오면서 언제 어디서나 음악 앞에서 설레는 맘을 잃지 않는 음악가로 살 수 있도록 해주었습니다.

그해 겨울방학 시작할 무렵 제게 또 한 곡의 인생 음악이 찾아왔는데 모차르트 피아노 협주곡 20번(d minor)이었습니다. 같은 단조 음악이지만 교향곡 40번의 대화하는 듯한 다소 정겨운 느낌의 진지함과는 달리, 피아노 협주곡 20번의 1악장은 매우 진지하고 심각하게 강한 어조로 질문하는 듯한 오케스트라 서주부에 논리적이고 정확한 어조로 대답하듯 피아노가 이야기합니다. 2악장은 번민에 사로잡힌 사람의 마음을 위로하며 한없이 따뜻하고 정겨운 말로 친절히 위로의 마음을 건네는 음악이고 3악장은 시작 부분의 아르페지오에 의한 주제와 악장 전체에 흐르는 명랑하고 건강한 리듬이 온갖 번민에 싸여 고민하는 이들에게 명쾌한 답을 주는 것 같은 음악입니다.

　　고등학교에 들어가고 끝없는 고민으로 불안했던 저의 마음을 다잡아주고 저의 음악에 대한 자세와 인생의 방향을 올바로 잡는데 귀한 역할을 해준 참으로 고마운 인생 음악입니다.

　　소개해 드리는 2악장 로망스는 합창이 오케스트라 역할을 하고 시편 117편의 텍스트를 노래하며 피아노의 협연을 도와주는 편곡으로 되어 있으며 20세기 명 피아니스트 중 한 분이자 모차르트 음악의 스페셜리스트였던 게자 안다(1921-1976)를 기념하여 개최되는 게자 안다 국제 콩쿠르에서 2009년 우승한 한국예술종합학교 이진상 교수 협연으로 함께한 2014년 서울모테트 합창단 25주년 기념음악회 실황입니다. 이진상 교수는 깊이 있는 해석과 견고한 테크닉, 아름다운 피아노 소리로 정평이 나 있는 세계적인 피아노 연주자입니다.

　　누구나 삶의 자리에서 고뇌와 번민이 없을 수 없는데 하나님께서는 교회음악과 찬송뿐 아니라 대가들이 작곡한 일반 명곡들을 통해서도 우리를 끊임없이 위로해 주시고 인생의 갈 길을 비추어 주시는 그런 풍성한 은혜를 주셨습니다.

　　한 신학자의 말씀이 기억납니다. "이 세상에 존재하는 모든 음악은 사탄적인 것을 제외하고 모두 하나님과 하나님의 창조 세계를 노래하고 있다." 즉, 이 말씀은 찬송과 교회음악은 하나님의 하나님 되심을 직접 노래하는 것이기에 인생의 최고의 덕목이 되는 것이고 그 외의 음악들도 하나님의 창조 세계를 노래하는 것이므로 이 또한 궁극적으로 하나님을 찬양하는 것이고 하나님께 영광 돌리는 것입니다.

피아노 협주곡 제20번 KV466 2악장(W. A. 모차르트)
피아노/이진상, 서울모테트합창단

피아노 협주곡 제20번 KV466(W. A. 모차르트)
피아노/크리스토퍼 박, 지휘/파보 예르비

교향곡 40번 KV550(W. A. 모차르트)
지휘/레너드 번스타인, 보스턴 심포니 오케스트라

바이올린 협주곡 3번 KV216(W. A. 모차르트)
바이올린/힐러리 한, 슈투트가르트 방송 관현악단,
지휘/구스타보 두다멜

2 산과 바다에 우리가 살고

산 너머 남촌에는 누가 살길래
해마다 봄바람이 남으로 오네

꽃이 피는 사월이면 진달래 향기
밀 익는 오월이면 보리 내음새

어느 것 한 가진들 실어 안 오리
남촌서 남풍 불 때 나는 좋대나

산 너머 남촌에는 누가 살길래
저 하늘 저 빛깔이 그리 고울까

금잔디 넓은 들엔 호랑나비 떼
버들가지 실개천엔 종달새 노래

어느 것 한 가진들 실어 안 오리
남촌서 남풍 불 때 나는 좋대나

김규환, 남촌

어느 것 한 가진들
실어 안 오리

　언급한 바 있지만 제가 태어난 곳은 경기도 광릉(현 남양주 진접)입니다. 지금은 서울에서 불과 30~40분 정도면 갈 수 있는 곳이지만 제가 어렸을 땐 북한과 가까운 접적 지역이라 해서 국토와 경제 개발에 있어 사각지대와 같은 곳이었습니다.

　서울에 근접한 지역이었음에도 70년대 중반까지 전기가 들어오지 않던 곳이죠. 그야말로 산과 들을 맘껏 누비며 자연과 함께 뒹굴던 꿈같던 어린 시절이었습니다. 선친께서 공무원이셨기에 농사를 손수 짓는 것은 많지 않았지만 우리 소유의 논밭과 키우던 가축들도 있었기에 나름 시골 전원생활을 제대로 경험했다고 볼 수 있습니다.

　전기도 들어오지 않던 시골 생활이었지만 그 당시 경험할 수 있는 문명의 이기가 하나 있었는데 그 유일한 문명의 이기는 바로 트랜지스터 라디오였습니다. 벽돌 크기의 라디오에 본체와 거의 같은 크기의 배터리를 등에 업고 있는 모양이었습니다. 여름날 멍석을 깔아 놓은 집 안마당에서 이른 저녁을 먹은 온 가족들이 둘러앉아 석양을 벗 삼아 듣던 라디오는 최고의 낭만이었고 지금까지도 추억거리가 되었습니다. 당시 라디오를 통해 들었던 음악과 드라마 뉴스 등 각종 정보가 유년시절 제게 미지의 세계에 대한 동경과 함께 많은 상상력을 갖게 해 주었습니다.

그 라디오를 통해 울려 나오던 "이회택 선수, 이회택 선수", "신동파 선수, 신동파 선수" 하던 스포츠 중계와 무슨 토크쇼 형식의 프로그램에서 박학다식의 대명사였던 학자 양주동 선생의 위트 넘치는 이야기를 들었고 오랫동안 인기를 끌었던 라디오 드라마 프로그램 '김삿갓 북한 방랑기'의 나레이터 소리가 지금도 기억납니다. 그러나 뭐니 뭐니 해도 라디오 청취의 백미는 음악을 듣는 것이었는데 지금은 원로들이 된 젊은 통기타 가수들의 노래와 민족 수난의 역사 속에 국민들과 애환을 함께하며 한 시대를 풍미했던 옛 가수들의 노래는, 저에겐 이후 심취하게 된 클래식 음악 못지않은 감흥을 주었다 할 수 있겠습니다.

당시 국내에 클래식 음악이 활성화되지 못했던 시기였기에 음악의 재능 뛰어났던 많은 사람이 대중음악인으로 활동했는데 후에 생각해 본 것이지만 당시 대중가요 가수 중에 음성이 좋은 분들이 참 많았는데 그들이 클래식을 했으면 훌륭한 성악가가 되었을 것입니다.

그중에 1950년대 후반 데뷔하고 70년대 초반까지 국내 가수 중 음반을 가장 많이 내고 큰 인기를 얻었던 박재란 님(본명 이영숙)의 청아한 음성과 나무랄 데 없는 발성, 정확한 발음과 고상하고 뛰어난 음악성에서 나오는 노래는 그녀를 내 마음속 최초의 프리마돈나로 자리 잡게 했습니다.

박재란 님은 10대 중반의 나이에 미 8군 무대에 데뷔했고 이후 우리나라 서양음악과 교회음악 선구자였던 고 박태준 선생께 발탁되어 그분의 문하에서 음악의 기초를 다지게 되었습니다. 이후 그녀를 수양딸 삼은 박태준 선생께서 붙여 준 박재란이라는 예명으로 데뷔했다고 합니다. 음악에 대한 탄탄한 기초를 배경으로 그녀는 당시 대세였던 트로트풍의 노래를 하지 않고 폴카, 트위스트, 룸바, 탱고, 삼바, 부기우기 등 매우 다양한 장르와 다양한 분위기의 노래를 모두 소화할 수 있었는데 그런 뛰어난 음악성을 바탕으로 어렵던 시절 밝고 희망적인 노래들을 많이 불러 크게 인기를 얻었던 것입니다.

그녀가 20대이던 1965년(혹 1958년) 발표한 노래가 바로 〈산 너머 남촌에는〉(남촌)이었는데 이상향을 동경하는 마음을 담고 있는 이 시는 우리나라 최초의 근대 서사시인 〈국경의 밤〉의 작가인 파인 김동환 선생의 시에 기타리스트 겸 작곡가 김동현 선생이 곡을 붙인 작품입니다. 하와이안 기타 반주를 배경으로 박재란 님의 아름다운 음색과 세련된 음악성으로 부른 노래는 어린 제 마음에 꽤 큰 감흥을 주었고 많은 사람이 오랫동안 기억하는 노래가 되었습니다.

이같이 온 국민의 마음속 추억의 노래로 남아 있던 〈산 너머 남촌에는〉의 노랫말로 작곡된 〈남촌〉이라는 클래식 합창곡이 있습니다. 박재란 님의 노래가 발표된 지 수십 년이 지난 80년대 초 KBS 어린이 합창단을 지휘하셨던 고 김규환 선생이 쓰신 합창곡(1979년 작곡)으로 이 또한 많은 사람의 사랑을 받는 명합창곡입니다. 하와이안 기타 반주에 흥겨웠던 박재란 님의 노래에 비해 차분하고 진지한 흐름의 합창곡 〈남촌〉을 처음 접했을 때, 이 곡의 가사가 그 곡의 가사와 같은 것인가 하고 생각도 하고 실제로 가사를 확인해 보기도 할 정도로 분위기가 다른 곡이었고 좀 어색한 감도 있었습니다.

그러나 김규환의 〈남촌〉은 아주 차분한 분위기에 논리적으로 시를 풀어 가는데 기, 승, 전, 결의 가사의 내용을 서정적으로 표현했고 슈베르트 가곡풍의 유절가곡 형식을 취하고 있고 무엇보다 곡 전체에 흐르는 부드럽고 온화한 분위기와 물 흐르는 듯 자연스러운 흐름의 참 아름다운 곡입니다.

특히 이 곡의 노랫말 중 "어느 것 한 가진들 실어 안 오리"라는 구절은 앞부분에서 시각, 청각, 후각을 망라한 봄철이 전해주는 정겨운 풍경을 여러 가지로 이야기하고 그것들과 함께 '또 다른 그 무엇이라도 모두 다 가져다줄 것 아닌가?'라고 하는 정말로 멋진, 강한 긍정의 표현이라는 생각이 듭니다. 이 멋진 가사를 작곡자는 그냥 지나치지 않고 음악적으로도 가장 느낌이 풍성하고 멋스러운 선율과 화성으로 표현을 하고 있는데 '기, 승, 전'에서 '결'로 넘어가는(A-B-A'의 구조로 볼 땐 A'으로 돌아가는 부분) 부분의 음 진행을 노래의 처음과 살짝 바꿔('어느 것'의 '어' 부분) 클라이맥스의 긴장을 이어주는 위로부터 끌어내리는 선율의 흐름으로 최고의 표현을 했습니다.

고 김규환 선생님이 평생 많은 곡을 남기셨지만 저는 이곡을 선생님 최고의 인생작으로 생각하며 가곡의 왕 슈베르트의 봄노래 명가곡들인 Frühlingsglaube(봄의 신앙), Frühlingstraum(봄의 꿈), Im Frühling(봄에)에 견줄 수 있는 작품이라고 생각합니다.

남촌(김규환)
서울모테트합창단

산 넘어 남촌에는(김동현)
박재란

Frühlingsglaube/봄의 찬가(F. 슈베르트)
소프라노/엘리 아멜링

Im Frühling/봄에(F. 슈베르트)
소프라노/군돌라 야노비츠

새야 새야 파랑새야
녹두밭에 앉지 마라
녹두 꽃이 떨어지면
청포장수 울고 간다

새야 새야 파랑새야
우리 논에 앉지 마라
새야 새야 파랑새야
우리 밭에 앉지 마라

아랫녘 새는 아래로 가고
윗녘 새는 위로 가고
우리 논에 앉지 마라
우리 밭에 앉지 마라

우리 아버지 우리 어머니
손톱 발톱 다 닳는다
새야 새야 파랑새야
우리 밭에 앉지 마라

위여 위여 위여 위여
새야 새야 파랑새야
우리 논에 앉지 마라

새야 새야 파랑새야
전주고부 녹두새야
윗 논에는 차나락 심고
아랫 논엔 메나락 심어

울 오래비 장가갈 때
찰떡 치고 메떡 칠걸
네가 왜 다 까먹느냐
네가 왜 다 까먹느냐

위여 위여 위여 위여
새야 새야 파랑새야
우리 논에 앉지 마라

새야 새야 파랑새야

모든 이의 삶의
대상이신 하나님

우리의 전래 민요로 유명한 〈새야 새야 파랑새야〉입니다.
동학 농민 혁명을 배경으로 생겨났다고 전해오는 우리의 전래
민요이자 동요이기도 한, 참 아름답고 서정적이며 애잔한 감정
으로 가득 찬 명곡입니다. 19세기 말 격변하는 국제 정세 속에서
큰 혼란을 겪던 우리나라는, 외세를 타파하려는 자주적 움직임
이었으나 신분제와 봉건제도를 유지하려 했던 '위정척사파'와
신분제와 봉건제도의 불합리성을 개혁하고자 했으나 외세의 도
움을 얻으려 했던 '개화파'의 첨예한 대립 속에 자유와 평등 자
주의 가치를 통해 부정부패와 외세에 항거한 것이 민초들에 의
한 동학 농민 혁명이었습니다.

외형적으로 볼 때 비극으로 막을 내린 사건이었으나 우리
민족의 홍익인간 정신의 뿌리를 잘 드러내고 근대적 의미에서의
인간의 존엄 사상과 정치 사회의 이상향을 올바로 제시하고 온
세상에 드러낸 매우 중요한 역사적 사건이었습니다. 구한말 민

초들의 고달픔과 절망적인 심리를 잘 표현한 주제 멜로디는 위 아래로 도약과 반 진행을 거듭하고 그 주제를 반복해서 모방하여 진행하고 부정부패에 대한 울분을 담은 가사와 외세에의 강한 거부감을 드러내는 가사 부분에서는 더 큰 도약과 드라마틱하고 절규하는 듯한 애절한 선율과 리듬으로 표현을 했습니다.

이 곡을 채보, 편곡한 채동선(1901-1953) 선생은 전남 보성 출신으로 경기고등학교를 중퇴하고 일본의 와세다대학 영문과 졸업(1924) 후 독일 베를린에 유학, 바이올린과 음악이론을 전공하고 귀국(1929)하여 우리나라 양악 초기에 교육자로 연주가로 중요한 역할을 감당했던 선구자입니다. 그가 남긴 많은 작품 중 인기 있는 명가곡 〈그리워〉(망향, 고향)가 대표적인 작품인데 한 곡의 멜로디에 세 편의 시가 붙은 특이한 이력의 곡입니다.

벌써 20년이 지난 일입니다. 2002년 한·일 월드컵 기념으로 일본 문화청에서 주최하고 동경 혼성합창단이 주관하여 아시아 문화 교류의 일환으로 한국, 대만, 싱가포르의 합창단을 초청하여 국제 합창 축제를 개최하였는데 저희 서울모테트합창단이 그 자리에 초대되어 연주할 기회가 있었습니다. 그 축제에 참가하면서 여러모로 놀라기도 감동하기도 했습니다.

그 첫째는, 일본 합창단의 수준이 생각했던 것보다 너무도 훌륭했다는 것과, 그럼에도 불구하고 그들은 음악에 대해 너무도 겸손하고 진지한 태도를 갖고 있었던 것인데, 그들의 그런 모습이 너무도 인상 깊고 큰 감동이 되었고 지금까지도 그들의 겸손한 모습이 너무도 생생하게 기억이 납니다.

두 번째는, 그들의 치밀하고 꼼꼼한 일처리와 친절함을 들 수 있습니다. 예전 1990년대에 일본에서 연주를 했던 경험이 있었지만, 그땐 우리가 행사 주체가 아니어서 그들의 일하는 스타일을 직접 경험할 기회는 없었는데, 그해에는 일본 사람들과 직접 일을 하며 그들의 일하는 스타일을 알게 되었고 세심한 준비성과 철저한 책임감에 사뭇 놀라지 않을 수 없었습니다.

세 번째는, 저에게 예상치 못한 수준의 질문을 해온 한 기자의 모습이 너무도 인상적이었습니다. 당시 국제 행사에서 연주하는 것이니 우리의 음악(한국가곡 민요와 창작 합창곡)을 소개해야 하겠다는 생각으로 프로그램을 짰고 그중엔 민요 〈새야 새야 파랑새야〉와 창작곡 〈엄마야 누나야 강변 살자〉(이건용 곡) 등이 포함되어 있었습니다. 그때 인터뷰 요청한 그 기자가 위에 언급한 두 곡에 대해 질문을 많이 했고, 특히 〈새야 새야 파랑새야〉에 대한 질문은 너무도 예리했으며 곡의 내용과 작곡가에 대해 많은 공부를 하지 않고는 도저히 할 수 없는 내용의 질문들을 계속 하였는데 그때 일본인들의 훌륭한 면을 새로이 볼 수 있는 계기가 되었습니다.

모두가 알고 있듯이 일본은 19세기 중반 메이지유신 이후 아주 적극적인 근대화와 기술직에 대한 편견 없는 정서를 배경으로 수십 명의 노벨상 수상자 배출은 물론 학문과 기술, 산업과 경제에서 세계 정상의 위치를 꽤 오래 구가하고 있었습니다. 이는 2002년 제가 느꼈던 일본인들의 그 훌륭한 장점에 기인한 것 아니었겠나 생각이 됩니다.

일본 사람들같이 소박하고 겸손하며 작은 일에도 충실하고 최선을 다하는 사람들이 기질적으로 볼 때 하나님의 뜻을 가장 잘 실천하며 살 수 있는 사람들이라 여겨지는데, 서양 문물을 적극적으로 수용했던 그들이 근대 서양의 정신적 뿌리였던 기독교를 받아들이지 않았다는 점이 의아하게 여겨질 정도이고 참 안타깝게 생각되기도 합니다.

1990년대 후반 일본의 국력이 하늘을 찌르던 시기에 제가 섬기던 교회 목사님께서 설교 말씀 중에 "일본과 같이 하나님을 모르는 사람들은 삶의 궁극적 대상이 없는 사람들이기에 겉으로 볼 땐 부러울 것 없이 형통한 것 같아도 실상은 가장 가련한 사람들이고, 하나님 없는 형통한 삶이 오히려 하나님의 심판이다"라는 말씀을 하신 적 있습니다. 비록 우리에게 고통을 준 일본, 그들에 대한 올바른 인식과 극일의 정신도 중요하지만, 신앙적 관점에서 긍휼의 마음으로 일본을 바라볼 필요도 있음을 새삼 느끼게 되었습니다.

아울러 일본의 복음화를 위해 섬기시는 모든 선교사님들과 외로이 그러나 참으로 신실하게 주님을 섬기는 소수의 일본 크리스천들, 그리고 아직 복음을 듣지도 못하고 알지도 못하는 일본의 많은 백성들을 위해 중보기도하는 것이 우리에게 일본이라는 나라와 이웃하여 살게 하신 하나님의 뜻이 아닐까 다시 생각을 해보게 됩니다.

새야 새야 파랑새야(전래민요, 채동선 편)
서울모테트합창단

새야 새야 파랑새야(김민경 편)
소프라노/강혜정

고향(채동선)
소프라노/조수미

그리워(채동선)
바리톤/공병우

세노야 세노야

산과 바다에 우리가 살고
산과 바다에 우리가 가네

세노야 세노야

기쁜 일이면 저 산에 주고
슬픈 일이면 님에게 주네

세노야 세노야

기쁜 일이면 바다에 주고
슬픈 일이면 내가 받네

세노야 세노야

산과 바다에 우리가 살고
산과 바다에 우리가 가네
기쁜 일이면 저 산에 주고

세노야

기쁜 일이면
저 산에 주고

　　오래전 많은 국민들의 사랑을 받고 국민가요처럼 불리워지던 고은 시, 김광희 곡 〈세노야〉입니다. 대중음악 가수에 의해 발표되었던 곡이지만 시가 갖고 있는 아름다운 함축적인 언어와 절제 있는 정서가 매우 돋보이고, 클래식 음악 작곡가의 곡이어서 그런지 대중음악의 감성은 물론 예술가곡의 이성적 영역까지 충분히 커버하는 곡이라고 생각이 됩니다.

　　우리가 때로 인생을 노래하거나 자연을 노래하는 훌륭한 시와 노래를 음미하다 보면, 인생에 대한 지혜를 얻음은 물론이요 신앙적 깨달음과 영적인 상상력까지 얻게 되는 경우가 많은데 이 곡도 그런 아름다운 시, 아름다운 노래라는 생각이 듭니다. 가사의 내용을 말씀에 적용해 신앙적인 차원에서 묵상해 보았습니다.

　　산과 바다에 우리가 살고
　　산과 바다에 우리가 가네

하나님이 주신 인생, 하나님이 주신 자연과 하나님이 베푸시는 섭리 아래 모두가 전심으로 하나님의 말씀에 순종하며 살아야 함을 가르쳐 줍니다.

기쁜 일이면 저 산에(바다에) 주고

살아가며 하나님께서 마음에 주시는 기쁨은 이 세상 만물과 더불어 그 기쁨의 근원이 되시는 주님을 늘 기뻐하고 찬송하라 하시는 것 같습니다.

슬픈 일이면 님에게 주네(내가 받네)

이는 "즐거워하는 자들로 함께 즐거워하고 우는 자들로 함께 울라"(롬 12:15) 하신 말씀을 따라 더불어 살게 하신 모든 이들과, 삶의 자리마다 겪게 되는 기쁨과 슬픔을 함께 나누며 살아가야 함을 가르쳐 줍니다.

세노야 세노야

이 말은 예부터 서해의 어부들이 물질하며 노동의 고충을 덜어내려 부르던 노동요의 추임새였다고 합니다. 인생을 살아가며 감당해야 할 짐을 지고 감에 있어서, 그 운명을 받아들이고 주어진 상황에 최선을 다할 때 사람들의 입에서 절로 노동요가 나오듯, 하나님의 은총을 입은 성도들은 삶의 자리마다 항상 주님 주신 약속의 말씀을 읊조리고 찬송하며 살아가야 함을 가르쳐 주는 것 같습니다.

인생의 고단함을 온몸으로 느끼며 어려운 시기를 살아가는 이 시대의 모든 가장과 부모들의 마음에 깊은 공감을 주는 노랫

말이고 마음 깊이 감흥을 일으키는 그윽한 선율이 참 아름답습니다. 휴가철을 맞아 고향 집이나 산과 바다에서 부모 형제는 물론, 따뜻한 정을 나누며 함께 하는 모든 분들과 함께 들으시면 좋겠습니다.

 세노야(고은 시, 김광희 곡, 김동환 편)
서울모테트합창단

 세노야
양희은

 세노야
최양숙

 세노야
나윤선

내 맘에 한 노래 있어

Conductor Park Cheeyong's 'Song of Songs'

지은이 박치용
펴낸곳 주식회사 홍성사
펴낸이 정애주
국효숙 김은숙 김의연 김준표 박혜란 손상범
송민규 오민택 임영주 차길환 허은

2022. 4. 25. 초판 1쇄 인쇄   2022. 4. 29. 초판 1쇄 발행

등록번호 제1-499호 1977. 8. 1.
주소 (04084) 서울시 마포구 양화진4길 3   전화 02) 333-5161   팩스 02) 333-5165
홈페이지 hongsungsa.com   이메일 hsbooks@hongsungsa.com
페이스북 facebook.com/hongsungsa
양화진책방 02) 333-5161

• 잘못된 책은 바꿔 드립니다. • 책값은 뒤표지에 있습니다.

ISBN 978-89-365-0380-2 (03230)